[英]尼古拉斯·洛德(Nicholas Lord) 著

王秀梅　侯撼岳　苏津冬　崔鑫铭 译

# 国际商业活动中的企业合规

## 英国和德国的反贿赂实践

Regulating Corporate Bribery in International Business

Anti-Corruption in the UK and Germany

Routledge
Taylor & Francis Group

法律出版社
LAW PRESS · CHINA
北京

Regulating Corporate Bribery in International Business: Anti-Corruption in the UK and Germany / by Nicholas Lord / ISBN: 978-1-4094-7055-7


---

著作权合同登记号
图字：01-2023-0652

**王秀梅**

法学博士，北京师范大学法学院教授、博士生导师，中国廉政法制研究会副会长、刑法学研究会常务理事，国际刑法学协会副主席。曾赴美、德、英等国访学，任多个国际研究机构执委会委员以及国际期刊编委。主持国家社科基金重大和重点等项目，出版个人专著、译著、合著40余部，在海内外学术期刊发表论文200余篇。2009年入选教育部新世纪优秀人才支持计划，2017年获国际反腐败教育与研究卓越奖，2023年获第五届中国法学优秀成果二等奖。

# 翻 译 组 成 员

**侯撼岳** 北京师范大学法学院博士研究生

**苏津冬** 山东省青岛市人民检察院检察官助理

**崔鑫铭** 北京市大数据中心研究员

尼古拉斯·洛德这本著作的非凡之处在于,他分析了在国家层面,将国际公约转化为国内法规范且有效执行的复杂性和动态性。基于此,在学术和政策制定层面,他给反腐败论著带来了一个更加开阔的视角,使他们对各国反腐败举措和议程的言辞表达和实际情况有了实质性和有据可依的理解。

艾伦·道格,英国诺森比亚大学

Alan Doig, Northumbria University, UK

尼古拉斯·洛德在这项概念新颖、研究透彻的比较研究中指出,企业跨国贿赂是无法量化,但仍被假定是普遍存在的,并进一步说明了为什么打击企业跨国贿赂的努力很少超越象征性意义。鼓励自我规制以及与违法犯罪者达成和解往往是解决问题的最好方式。

皮特·吉尔,英国利物浦大学

Peter Gill, University of Liverpool, UK

这本书的卓越之处是罕见的,它用通俗易懂而又详尽的内容探讨了当代社会,尤其是英国和德国,在处理国际商业活动中企业跨国贿赂时的困难处境。跨国企业利用贿赂赢得或维持在海外司法管辖区的合同,而这些国家通常是大多数非政府组织所关注的贫穷国家。尼古拉斯·洛德极具说服力地指出,历史传统遗留了诸多问题,致使起诉跨国和复杂有组织企业犯罪中的国际合作变得十分复杂。通过对案例的深入研究,他还指出,这些历史传统有助于我们理解将主权行为体实施的刑事制裁作为控制企业非法行为的执行机制的局限性。经过深思熟虑,他扩大了这些案例研究的范围,以讨论在近期预防性司法研究中被忽视的规制和刑事司法重叠的问题。

迈克尔·利维,英国卡迪夫大学

Michael Levi, Cardiff University, UK

# 致　　谢

如果没有以下个人和组织的支持、合作和指导，这项研究将难以进行。

非常感谢我的同事迈克尔·利维（Michael Levi）和亚当·爱德华兹（Adam Edwards），感谢他们在整个研究过程中的支持和建议，以及对手稿的评议。

还要感谢苏珊娜·卡尔斯泰特（Susanne Karstedt）和特雷弗·琼斯（Trevor Jones）对手稿早期版本的反馈。

还必须感谢英国、德国、法国和瑞士参与研究的所有个人和组织，特别是英国反严重欺诈办公室（the Serious Fraud Office，SFO）以及德国的两个检察官办公室和警察部门。没有他们的参与，研究难以顺利推进。

还要感谢我的父母和海伦的无穷无尽的支持。我还要感谢经济和社会研究理事会（the Economic and Social Research Council，ESRC）为完成这项研究提供资金。

尼古拉斯·洛德

Nicholas Lord

2014 年 9 月

献给我的父母，感谢他们所做的一切，尤其感谢他们鼓励我追寻自己的兴趣并坚持长时间深入学习；感谢海伦，感谢她一直以来的陪伴，也感谢她在本书研究和写作中的不断支持。

# 目　　录

# 图表目录

## 一、图



## 二、表

# 第一章　概　　述

> 企业对以下一种或多种类型的受害者实施了犯罪：消费者、竞争者、股东和其他投资者、发明者和员工。此外，企业还通过税收欺诈和贿赂公职人员的行为实施了危害国家的犯罪。这些犯罪并不是孤立的和无意的违反技术规范的行为，而是蓄意的和始终一致的……企业的犯罪行为，就像职业小偷一样顽固：大部分罪犯都是惯犯（Sutherland，1983：227）。

本书主要是关于在国际商业交易中使用贿赂手段以赢得或维持海外商业合同和商业利益的企业的规制（以下简称“企业跨国贿赂”）。此类贿赂至少涉及两个自愿参与或同意参与的主体，他们可以主动提供、承诺给予，或被动要求、同意接受贿赂和引诱（当然，受贿者可能会更加主动地索取贿赂，上述是法律上的区分）。这些贿赂行为通常发生在企业海外业务中，企业向外国政府官员实施的行为（当然，“由私对私”行贿，即商业贿赂，也会发生，但本书的重点是“由私对公”的贿赂问题）。这些贿赂的形式五花八门，从现金支付（可能会有数十亿英镑）到间接招待行为（包括购物旅行、体育赛事门票等），再到非货币形式的好处，如为自己或自己社交圈内的人员提供性服务或就业机会。这类贿赂背后,通常是为了确保企业实体的利益,而使公职人员实施或不实施某些违反公职人员职责的行为。包括为企业达成或延续价值数百万英镑的合同等,但不可避免的是,个人获取利益的目的通常暗含其中。

已知最著名的是英国最大的军火制造商 BAE 系统公司(BAE Systems)丑闻。1985 年,英国和沙特阿拉伯政府签署了最初的 al-Yamamah Ⅰ武器交易合同(随后于 1988 年签署了 al-Yamamah Ⅱ武器交易合同),双方一致同意,由英国提供 72 架龙卷风战机和 30 架鹰式战机以及其他国防设备,以此换取石油(每天高达 600,000 桶)。为了达成估值 430 亿英镑的交易,BAE 系统公司被指定为总承包商。然而,为了促成交易,BAE 系统公司涉嫌支付超过 60 亿英镑行贿和利诱贿赂,通过抬高国防设备的价格来获得贿赂资金,以便提供“回扣”。这种“回扣”贿赂包括向沙特阿拉伯官员提供奢侈的旅行、购物、嫖娼等活动以及私人飞机、现金等。

2006 年,由于时任英国首相托尼·布莱尔(Tony Blair)暗示存在国家安全问题,在英国政府的压力下,英国反严重欺诈办公室(Serious Fraud Office, SFO)①暂停了对此贿赂案的调查。据悉,沙特阿拉伯威胁英国,如果继续调查,将停止提供反恐协助和情报。同样,沙特阿拉伯威胁要退出 100 亿英镑的欧洲台风战机的购买合同,这将使英国经济利益受到威胁。该理由不应当被接

① 英格兰、威尔士和北爱尔兰负责企业跨国贿赂的主要机构,参见第五章。

受,因为出于经济考量而停止调查是违反国际公约的(参见第四章)。有关各方对BAE系统公司的审查,将推动对该公司为保证国防设备销售而在其他地区实施的贿赂行为的调查,包括捷克共和国、罗马尼亚、卡塔尔、智利和坦桑尼亚等。这一案件最终以英国反严重欺诈办公室同意与BAE系统公司就其在坦桑尼亚发生重大贿赂的指控达成“辩诉交易”而结束,尽管BAE系统公司只承认了相对轻微的会计违规行为而未承认行贿行为。作为这笔交易的一部分,BAE系统公司支付50万英镑的罚款,同时向坦桑尼亚支付2950万英镑的特惠金(*ex gratia payment*),经双方同意,将终止所有英国反严重欺诈办公室对BAE系统公司的调查,英国反严重欺诈办公室不会调查或起诉任何BEA系统公司人员在2010年2月5日之前的所有行为(无论该行为是否被披露)。负责审判的比恩法官(Mr. Justice Bean)对与BAE系统公司达成的解决方案表示了几点担忧。[①]

BAE系统公司案件只是越来越多被调查案件中的一个,这些案件表明,非犯罪化的大型商业企业卷入了海外贿赂丑闻。这些案件包括涉及跨国企业(Multi-national Corporation,MNC)的大型案件,如西门子、葛兰素史克、富乐斯多、牛津出版社、英诺斯派、惠普以及曼氏集团等。随着国际社会要求调查和起诉此类案件的压力增加,这份名单越来越长。这在商业报刊上得到了广泛

① http://www. judiciary. uk/Resources/JCO/Documents/Judgments/r-v-bae-sentencing-remarks. pdf < Accessed 10/11/2013 >.

宣传,在主流报纸、广播和电视上也有不同程度的报道。

因此,正如前文艾德文·萨瑟兰(Edwin Sutherland,1883—1950)所说,“企业犯了罪”。萨瑟兰开创性地将企业认定为惯犯,挑战了早期犯罪学家关于低级罪犯个人和社会病理学的观点(Croall,2001:2)。法律[①]和规范争议的是,企业(法人)本身是否构成犯罪并因此承担责任,或者企业中的个人(自然人)是否应受处罚。然而,很明显,在萨瑟兰提出的设想中,国际商业环境下的企业组织文化和结构创造了各种贿赂发生的条件:困难之处在于判断这种便利条件是有意还是无意的,以及是否可以在法庭上或向监管机构加以证明,并达到所需的证明标准。

随着商业交易跨国性的不断增强,白领犯罪的机会以及外部风险提升的可能性也随之增加,那些涉及贿赂的人员利用这些条件以规避被起诉(Gibbs et al.,2010)。例如,企业利用海外司法管辖内的第三方和中间机构进行贿赂,进而达成或维系合同,以使这种行为与应当承担责任的人员分离。全球市场扩大了白领犯罪和风险交易的影响,正如我们在全球经济危机和次贷危机中所看到的那样(Gibbs et al.,2010:544)。国家在国际背景下,如何处理这些与海外贿赂有关的“企业罪犯”,是本书的重点。

虽然在罪犯性质方面存在争议,但在某种程度上,贿赂和腐

---

① 例如,某些司法管辖区(如英国)承认企业刑事责任,而其他司法管辖区(如德国)则不承认,参见本书第四章。

败的影响也是如此。有些人会接受这种贿赂的存在，并认为在“灰色”市场中，企业往往默认合规商业活动与此类违规商业活动之间具有相互依存关系，进而认为这是企业发展所付出的必要代价。例如，正规企业为促进业务，在海外贸易中顺应他国文化对贿赂的需求或期待，以保证业务顺利开展。例如，沙特阿拉伯驻美国前大使班达尔·本·苏尔坦(Bandar bin Sultan)，也是阿拉伯联盟亚玛玛军火交易的重要参与者，就支持这种立场：

我对腐败指控是这样理解的。在过去的30年里，我们已经施行了一个价值近4000亿美元的发展计划。你不可能以低于3500亿美元的成本完成这些工作。现在，如果你告诉我，国家建设这个只花费了3500亿美元而不是4000亿美元，有500亿美元被我滥用了或者腐败了，我会告诉你：“是的！没错！”但是，我在任何时候都会接受。更重要的是：你是谁，为什么告诉我这些？我的意思是，我每次都能在欧洲看到这些丑闻。我想告诉你的是：那又如何？这些腐败不是我们创造的(Prince Bandar bin Sultan, quote from PBS Frontline Documentary, Black Money, 2009)。

其他人则认为，腐败和贿赂在政治、社会、经济和环境方面具有毁灭性的危害和后果(参见第二章；see also Rose-Ackermann, 1997; Delaney, 2007; Transparency International, 2013)。特别是在那些有大量企业贿赂的发展中国家(尽管比例未知)：

腐败是一种潜伏的瘟疫,对社会产生了广泛的腐蚀性影响。它破坏民主和法治,侵犯人权,扭曲市场,降低生活质量,使得有组织犯罪和恐怖主义猖獗,并对其他人类安全构成威胁。这一邪恶现象在所有国家都存在,无论大小、贫富。但在发展中国家,其影响最具破坏性。腐败严重伤害了穷人,因为他们挪用了用于发展的资金,削弱了政府提供基本服务的能力,助长了不平等和不公平,阻碍了对外援助和投资。腐败是经济表现不佳的关键因素,也是减轻贫困和促进发展的主要障碍(Kof Annan, former UN Secretary-General, in the foreword to the United Nations Convention against Corruption (UNCAC) 2003, 2004: iii)。

后一种观点认为,腐败是一种有害的"坏"活动(而不是达到目的的一种手段,即腐败行为本身并不有害),反贿赂和反腐败已经提上议程,特别是创建旨在协调跨司法辖区的反贿赂和腐败行为的法律性(和规范性)国际公约。自1997年经济与合作发展组织(OECD,以下简称"经合组织")《关于打击国际商业交易中行贿外国公职人员行为的公约》(the Anti-Bribery Convention)(以下简称《经合组织反贿赂公约》)出台及其随后在各国实施以来,控制企业在国际商业中的贿赂行为已列入各国政府的议程。对跨国贿赂没有持积极执行立场的主权国家,正面临诸如经合组织、联合国(the United Nations,UN)等国际组织、政府间组织以及包括透明国际(Transparency International,TI)等非政府组织在内的国际反腐败机构的严厉批评。许多国际举措为解决这些犯罪提供了反腐指导框架,例如,《经合组织反贿赂公约》,联合国的相关公约,以及诸如欧盟和欧洲理事会等主导的区域性公约。这些反腐指导框架通常包括监测和评估机制,例如,反腐败国家集团(the Group of States against Corruption,GRECO)和经合组织所成立的反贿赂工作组就主要承担监测与评估责任。这些机制运行中的概念界定以及评估标准等方面虽然受到质疑,但仍被用于审查国家层面反贿赂、反腐败政策与执法措施是否具有有效性。

腐败和企业贿赂是非常严肃的事情,与之相关的道德、社会、经济、政治、环境方面的损害导致有关各方寻求刑事司法和其他的控制机制。但在国家刑事司法层面执行国际框架并不是一蹴而就。例如,当各国签署和批准国际框架时,一些司法管辖区内往往没有足够的基础设施和资源来执行这些框架(Shover and Hochstetler,2006:107)。腐败较为严重的国家可能会减少执法活动,而较强的国家则有能力影响国际条约的订立,进而通过抵制犯罪化或拒绝批准条约来保护其商业活动(Michalowski and Bitten,2005)。目前还没有被广泛接受或者有效的跨国立法、执法的机构与机制,但跨国规制和标准制定模式已经被提出(see for example Braithwaite and Drahos, 2000; Djelic and Sahlin-Andersson,2006; Abbot and Snidal,2013)。然而,执法当局仍受制于不同的国内运行机制和管辖权限制。其中的关键矛盾显而易见:简而言之,国家迫于压力,需要利用脱离现实基础的国家内部执法框架对跨国企业贿赂作出回应,同时,在实操层面面临文化和内外部的压力。

在国家层面,企业跨国贿赂的特殊性质给执法造成了巨大困难:这类贿赂中的具体行为、相互关系、实施过程都是有组织且跨司法管辖区的(如通过中间人或第三方贿赂、洗钱等),同时往往界限模糊(如互相提供合法服务)。此外,这类行为具有隐蔽性,所涉及的主体通常同意进行此类活动(如双方都能在腐败交易中获益),因此也缺乏可以明确预计的后果(如行为几乎没有造成直接损害)。国家在试图进入企业的子系统时(内部文化和程序)面临理解和权力上的问题(see Gill,2000; Mayntz,1993)。

在经验性研究方面,跨国商业贿赂及其管控受到犯罪学学术界精英的关注,但这种关注并不切实,研究不够充分,并且在理论和概念层面仍然不足,对 2000 年至 2013 年主要犯罪学刊物内容的简单分析可以佐证这一点。[①] 这段时间,《英国犯罪学杂志》(*British Journal of Criminology*)仅刊登了两篇与企业跨国贿赂研究直接相关的文章,这两篇文章与本书的实质性重点直接相关,主题分别为:“被占领期内的伊拉克所存在的新自由主义统治罪行的分析”(Whyte,2007),以及“对于腐败问题的比较研究”(Zimring and Johnson,2005)。后者为一次公共演讲稿。相较之下,在同一时期,该杂志发表了 315 篇以“谋杀”为主题的文章,以及 207 篇关于“盗窃”的文章。同样,美国著名的《犯罪学》(*Criminology*)杂志在企业跨国贿赂问题上发表的文章数为零:虽然有一些关于

① 目前还不清楚这一时期有多少关于跨国腐败的文章提交给权威杂志。文章作者在提交这些期刊的过程中,也可能(直接或间接地)受到阻碍,以至于选择在其他地方提交(或者根本不提交)。

“腐败”的热门文章，但这些文章主要集中研究警察腐败和低水平的腐败问题。这一趋势在许多其他著名的犯罪学期刊上也有所反映。①

无论是在国际组织及其公约的官方表述中，还是在犯罪学研究中，如何控制企业跨国贿赂的议题都未得到充分研究和理论化。犯罪学的研究专注于国家内部的（定义非常多样的）白领和企业犯罪，而非跨国家的此种类型的犯罪。因此，本书引入了规制理论的概念，以理解和构建在广泛规制格局中正在出现的管控举措。此外，本研究为相对抽象的犯罪学领域提供了一种以比较研究和经验研究为基础的深刻见解，以帮助我们了解企业跨国贿赂执法对策（如刑事起诉和民事制裁）、自我规制（如业务规划和私营部门对私营部门的监管）以及两者兼顾的混合模式（如自我报告和自我审查）。除对更广泛的概念性、实质性问题作出重大贡献外，本研究还涉及跨国警务和监管。当公共财政面临巨大压力而政府采取紧缩措施时，本研究还能在快速发展的公共政策领域作出贡献。高成本、劳动密集型的刑事执法是这场争论的一部分，同时，将控制企业跨国贿赂和其他犯罪行为的替代措施纳入本研究之中，是对这一宏观社会背景和公共财政的及时关注。

① 本研究分析了2000年至2013年，6本主要犯罪学期刊的内容。以“企业贿赂”（corporate bribery）、“企业腐败”（corporate corruption）、“跨国贿赂”（transnational bribery）、“外国贿赂”（foreign bribery）等关键词和短语，对所有出版物的标题、摘要和全文进行搜索。随后，对发现的出版物进行系统分析，以确定其具有相关性并可以用于本研究。

在本书的写作过程中,我希望重新思考和质疑规制框架与规制理论,并提出新的见解。现有研究往往倾向于通过狭义概念审视规制问题,将重点放在正式的监管机构上(如国家监管机构),而将重点放在非国家机构上时,则关注以控制犯罪行为为初衷而建立的规制机制。但是,行为改变的原因是多样的,也可能是企业为创造利润而采取的举措带来的影响,这种影响往往更间接。

考虑这一点,本书采用了一个具有广泛性和包容性的"规制"的定义(参见本书第三章),其特点在于,融合了直接和间接参与规制协商的国家(如调查和检察机关)和非国家(如私营企业、非政府组织和政府间机构)"规制"主体。从这个意义上来说,规制可被视为"规制者"与"被规制者"之间的一种社会关系,在这种关系中,合规效果和行为变化的实现需要通过这些社会主体的相互作用与协商。在这个背景下,分析的焦点可以从对正式监管机构(及其策略)的单一关注以及狭义的概念,转移到更深层次的议题,即深刻认识那些塑造企业和市场行为的过程、实践和相互关系。应当从群体规制的视角审视规制格局,而不是仅关注个别企业,以便分析那些有组织地被提出或出现的混合对策,因为这些对策不仅有直接或间接的影响,而且共同作用于规制企业在市场中的行为。因此,从群体层面而非单个企业的层面来审视规制格局,能使此类研究和分析更加丰富和深入。

如何监管和改变企业的行为是核心议题,对这些术语的思考有利于该问题的概念化和理论化发展。然而,需要注意的是,那些旨在规制企业跨国贿赂的国家或非国家监管机构仍在规制格局中发挥基础性作用。这并不是说规制责任应该从这些主体上转移，而是公共部门和有关的非国家主体应该（并且确实）在规制中发挥主要的作用。因此，本书将回归国家处理贿赂的正式政策性措施中。

## 一、研究框架

上述内容提出了一些重要的问题，这些问题体现了本书在经验研究中所探求的核心议题：

第一，在国际组织的压力下，一个国家如何将企业跨国贿赂作为一个重要的公共政策问题进行重新建构并对此种行为进行控制？

第二，鉴于国际上的压力，国家在执法层面的应对框架和政策会在多大程度上分化或者趋同？

第三，如何界定这些问题，不同的司法管辖区如何对其进行回应与规制，以及从这些比较和对比中能够学到什么？

第四，我们如何判断针对贿赂和腐败的对策是"丰富的"还是"足够的"？

这些问题意味着需要在定性层面对控制和监管手段进行分析。其中，重要的是了解调查人员、检察官和其他（反腐败）主体在实践中进行规制时，所需要采取或面对的具体手段、实施过程和相互关系，这些手段、过程和关系可能是必要的，也可能是偶发的。规制时所处的社会背景和由此发展起来的各方关系（如规制者和被规制者之间）也使这种局面更加复杂。这种定性方法以比较研究为基础:因为在跨国(与国内)犯罪的控制问题上,比较研究是必要的。理论上,在可比较的司法管辖区内,可以通过比较主管部门和规制框架是如何回应这些问题的,来了解这些情况。

英国①和德国都充分参与了企业跨国贿赂的规制,在进行比较研究时,两者在这几个关键问题方面的异同尤其重要,比较异同有利于对规制模式进行分析。例如,透明国际(2012)进度报告的数据表明,自《经合组织反贿赂公约》生效一直到2011年年底,德国已结案的案件(无论是通过刑事起诉、民事诉讼还是司法调查)有176起(其中超过16起属于重大案件),而英国到2012年8月已结案23起(全部都是重大案件)。尽管数字上存在显著差异,但重大案件的执法数量和个人起诉的情况却逐渐趋同(英国于2008年审结了第一起案件)。随后,透明国际(2013)的报告提出了一种新的分类方法,即根据各国最近4年执行期内的情况,实行积分制度并进行排名(不是对原始累计数字的排序,参见本书第八章)。在这两种制度下,英国和德国被归类为《经合组织反贿赂公约》的"积极执行者"。②

英国和德国的制度和法律背景不仅存在相似性,也有着显著差异,这有助于论证本书的主要论点,即规制方式如何适用于多

① 尽管使用了"英国"这一词语,但特指英格兰、威尔士以及北爱尔兰,并不包括苏格兰,因为苏格兰是与跨国企业贿赂(和其他罪行)相关的独立司法管辖区。

② "积极执行"(active enforcement)是通过任意阈值进行评估,并考虑4年内全球出口份额以及海外贿赂的调查、案件和定罪数量情况而确定的。

个管辖区,而不是仅基于某个管辖区的特性。例如,英国和德国都是重要的经济主体,都是八国集团的成员,而且都曾在欧盟的世界出口中占有最大的份额(鉴于对跨国腐败的关注,这一点意义重大)。值得注意的是,这两个管辖权区域内的反腐败执法体系结构不同。可以认为,英国是一种集中式制度,而德国的制度较为分散。此外,英国承认企业刑事责任,而德国由于法律中长期存在的哲学原则,则不承认企业刑事责任的存在。

本书混合了批判性现实主义方法论框架中的正式和非正式的研究方法,开展了经验性研究;基于此,进行了引述,提出了见解。在现有样本数量很少的情况下,想要接触这方面的专家是具有挑战性的,不过我仍有机会接触到英国和德国在这方面的关键组织和个人。我对英国和德国的调查人员和检察官进行了 20 次正式的半结构化采访。在英国,由于反腐败执法的集中性,只有一个在全国范围内有管辖权的国家机构(不包括苏格兰),即英国反严重欺诈办公室,因此可用的样本很少(尽管其他机构提供了援助,参见本书第五章)。但是,我仍然能够在不同的实践中,接触英国反严重欺诈办公室的调查人员和检察官,并将其作为样本。在德国,反腐败制度较为分散,地方检察官和警察承担了主要责任,并没有专门的反腐败机构。我所接触的两位受访者所在联邦州采取了积极的反腐态度,同时是相关反腐活动的主要参与者,他们随后充当了检察和调查机构、部门的把关人。我与那些在实践和战略中的警务和检察部门负责人进行了面谈。所有的采访都讨论了这两个国家的相关政策,同时,在国际层面上,基于两国的文化、体制和法律背景,特别关注了侦查、调查、起诉和预防等问题,以及该制度的定位。

我还对两个政府间组织的代表和一个在应对跨国企业腐败和贿赂方面具有高度影响力的非政府组织的代表进行了正式采访。英国和德国的律师也接受了采访,他们对白领犯罪有大量的起诉和辩护经验,此外,我还采访了特定国家的专家。访谈既包括正式的国家政策应对措施,也涉及规制格局的变化及其特性,以及非国家层面的应对举措。

在不承认对研究结果的所有权以及成果传播不受限制的情况下,很难获得对商业机构的正式访问权,并研究其反贿赂和反腐败的举措。因此,必须在间接、非正式的封闭环境下接触私营部门的主体。在我参加的几次反腐活动和会议上,我接触了企业内部的反贿赂和腐败合规主体,所以得以观察并与主要的反腐败参与者交流。在许多情况下,我与这些主体进行了谨慎交谈,以获得其对企业内部的自我规制举措,对国家相关举措的看法和理解,以及了解他们准备如何保证内部行为的合法性,同时与负责部门进行互动与协商。我还参与了一些在线网络互动访谈,行业专家和法律专家讨论了贿赂和腐败的不同方面,听众可以实时提交问题。此外,我还通过访谈和电子邮件与提供反腐服务的企业进行了交流。从对话中可以了解他们提供的服务和产品的性质,以及如何鼓励企业进行合规。

最后,我继续对以下与法律法规相关的双语文件进行广泛分析,这些文件包括国际和区域公约,执法部门、国家部门内部或对外公开的报告和文件，国际的、政府间和非政府组织给出的报告，企业政策，媒体文章，法院诉讼以及英国国会会议事录，私营部门的出版物以及法院文件。

## 二、主要论点

在回答上述问题的同时，本书旨在展示如何从执行、自我规制和混合机制的各个方面来理解英国和德国的新兴对策。虽然很难确定规制的有效性，但必须承认，只有通过这些机制才能实现某种程度的规制。关于控制机制的影响，由于缺乏此类机制实施之前和之后的有效数据，所以难以确定到底是哪个因素发挥了作用。

因此，最重要的论点是，虽然英国和德国的反腐败机构存在巨大差异（如集中式或分散式制度、企业刑事责任、法律文化差异）[①]，但由于其受国家管辖权的限制，在执行上面临相似的困难，包括若干程序、证据、法律、财政和结构方面的障碍。尽管如此，这两种制度都在向类似的检控制度靠拢（如为企业进行民事和解的谈判）。混合机制和自我规制机制的出现补充了国家正式的执行和规制举措，甚至有观点认为，强制执行、自我规制和具有创新性的混合机制足以有效规范企业跨国贿赂行为。事实上，

① 尽管本书中使用了“反腐败机构”（anti-corruption authority）一词，但应该指出的是，在英国和德国都没有正式的反腐败机构存在。相反，对腐败和贿赂的调查和起诉是由几个机构和部门负责并进行的（参见本书第五章）。然而，这个词通常用来表示所有这些反腐败机构。

情况并非如此。相反,本书的关键论点是,这些机制尽管有助于应对企业跨国贿赂,在某种程度上也实现了规制,但在处理一些问题时“失灵”,导致即使是在执行法律意愿很高的地方,国家机构也默认企业跨国贿赂的存在。

### 三、全书结构

为了论证这些论点,本书的结构如下。第一章以引言的方式,为读者介绍本书的研究目的,并对主要观点进行了更具体的评述。第二章研究重点转向企业跨国贿赂。首先,界定了企业跨国贿赂的概念。其次,讨论了为什么我们需要规制企业跨国贿赂。最后,为了奠定研究基础,提出了两个案例,即英诺斯派有限责任公司案(以下简称“英诺斯派案”)和西门子股份有限公司案(以下简称“西门子案”)。之所以选择这两个案例,部分原因是这些案件在当时受到了广泛关注,以及受访者在这些案件的调查、起诉或者评估中发挥了直接作用。以上案件突出说明了跨国犯罪中的某些特定问题,而对于对此类贿赂具有管辖权的主体而言,这些问题是显而易见的,但对于读者来说则不尽然。因此,这一讨论能使得读者更了解该问题,并解释了为什么需要对企业跨国贿赂进行控制和规制。对这两种情况有大量了解的读者可以选择进入下一章。

第三章对本书所研究的规制框架问题进行了界定。分析和批评了从“警务”到“规制”,从“旧”到“新”的治理模式的转变,及其在跨国问题中的应用。本书借鉴了爱德华兹和吉尔(Edward and Gill)(2002)的理论框架,以了解合法和非法市场中的主体规制问题。该框架提出了与跨国有组织犯罪有关的执法和非执法对策的混合理论。这一做法将重点从对个人犯罪和正式监管机构的关注,转移到对犯罪主体以及犯罪活动、犯罪行为发生的"市场"上来。企业跨国贿赂本质上是一种市场现象,因为它涉及合法市场中的合法活动,但也涉及依赖"灰色"市场的非法活动,许多跨国商业活动都是在这里开展的(例如,贿赂在文化上也许可以被接受,但在法律上则不被接受)。本章运用该框架对企业跨国贿赂的规制领域出现的各种机制进行分析,并提供经验性研究的观点。

对所有规制和框架而言,法律都是其基本组成部分。第四章表明,在国际和区域两个层面,经合组织和联合国等组织为阐释"企业家道德精神",制定了法律性公约,概述了不受欢迎的贿赂和腐败犯罪,并且规定国家在签署和批准后必须执行有关条款。同样,在区域层面,欧盟(EU)和欧洲理事会(CoE)已在会员国之间就反贿赂和反腐败问题制定了公约,并提出了要求。这些国际和区域性公约、法律文书在国家层面显著地推动了反腐败立法,且各国立法在很大程度上是一致的[尽管德国尚未批准《联合国反腐败公约》(UNCAC)]*。然而,各国仍然存在显著的差异,例如,英国承认企业刑事责任,而德国不承认。这些差异可以在国

* 根据联合国官网资料,德国于 2014 年 11 月 12 日批准了《联合国反腐败公约》,即在西门子公司案件发生之时以及本书写作之时,德国尚未批准该公约。——译者注

际公约及其监督和评估机构(如反对腐败国家集团和经合组织的贿赂问题工作组)的“功能对等”范围内共存,这意味着不需要统一和协调各国的国内法来实现控制腐败和贿赂的目的。因为更重要的是实现公约“目标”,而不是统一、协调各国的反腐败机制。

政府间和区际组织、机构的政策倡议影响了现有法律制度下的规制机制。英国和德国制定了诸多法律以应对跨国贿赂。然而,这些政策倡议对执法程度以及各国与企业进行谈判的方式,特别是在自我规制方面的影响较小。例如,英国和德国反腐败部门所采取的规制策略的各个方面表明,两者在决策中都倾向于利用民事手段而不是刑事制裁,当然,在检控政策上的趋同是同时由多个先行因素决定的。早在政府间组织和区际组织的政策倡议提出前,文化、法律框架以及程序、证据、财政和结构方面的障碍就已经形成并出现,都对政策响应产生了影响。

第五章则对规制环境,以及第四章所研究的法律的实施情况进行了分析。更具体地说,第五章的重点在于,在英国(集中式)和德国(分散式)两种截然不同的执行制度背景下,国家层面负责反腐的部门和主体如何发现并调查此类企业跨国贿赂行为,以及每个系统和结构存在的优势与局限。本章对集中式和分散式的两种执法系统进行了介绍,并讨论了侦查和调查中的关键措施及其异同和结构性障碍,概述了此类调查中的证据难题。在这些实践中,分析了自由裁量权的重要性,以及对执法对策的合法性的影响。关键问题在于,无论是集中式还是分散式,无论是以灵活还是僵化的法律框架为指导，正式和非正式的自由裁量实践都会带来法律和实践的冲突，从而降低执法对策的合法性（如本书第五章所界定）。

第六章在分析第五章执法程序的基础上，对两个司法管辖区的检控政策进行了详细分析。通过对检控政策的分析，我们才能更好地了解执法对策。凭借刑法方面的专业素养，英国和德国的检察官与调查人员发现了刑事执法中的困难，并试图探索可供使用的现有的“工具”。本章分析了英国和德国执法框架内的各种机制，并概述了从传统执法实践（付诸刑事诉讼）到扩大国家机构和责任当局职权范围内非刑事替代措施的转变。

第六章首先分析了英国和德国刑事诉讼的适用、优点与局限，除第五章讨论的结构和证据问题外，特别关注了最严重的企业制裁问题，其也被称为“企业死刑”，暴露了法律、程序和财政上的执行障碍。因此，非刑事替代措施得到越来越多的适用，特别是旨在确保企业文化变革的民事机制。这一章的关键点在于，英国和德国的调查人员与检察官旨在通过一系列不同的执法机制来达到“协商”规制的目的，从使用刑事起诉，转变为强调属于非刑事强制执行形式的自我规制，其以民事金融和解与混合执法机制为特征，包含自我报告、自我清理、自我规制等各种形式。

鉴于第五章和第六章详细说明了执法对策所遭遇的障碍，第七章的关键论点如下：信息不对称意味着单靠刑事和规制措施不太可能大幅减少跨国贿赂，规制效果有限，因此需要自我规制机制加以补充。本章将这些自我规制的实践概念化，自我规制或许可以在高度受控(国家高度干预)和高度自主(最小化或没有国家干预)之间找到平衡。从分析来看,这些机制源于微观层面(如个别企业)、中观层面(如个别市场)和宏观层面(如多部门或跨国积极行动),并源于三个主要"领域"(国家、商业和政府间或非政府组织)。这些机制涉及国家和非国家的"规制"主体,反映不同的正规程度(如强制性自愿),可以是特定的或普遍的,影响可能是直接的或间接的。

关于上述执法、自我规制和混合机制的分析所引发的讨论引出了一个问题:我们如何判断这些举措是"充分的"还是"足够的"?帮助我们找到标准,以判断对策是"充分"还是"足够"。第八章讨论了我们如何去理解"规制绩效"的问题。无论针对现有案件,还是针对所有执法对策,都难以判断应对举措的有效性。只有当我们理解此类犯罪的级别(如程度和范围)和组织时,才能对国家和非国家反企业跨国贿赂的行动及其充分性进行正确评估。如何理解执法与自我规制的程度,以及我们如何制定一个适当的"阈值",来比较执法和自我规制的水平,是这一章的关键内容。

如果理解"规制绩效"是国家层面的一个严重问题,在跨国层面,要解决这个问题将更加困难,因为无法获得关于危害和执法活动的连续数据。第八章旨在讨论规制绩效,为了使规制绩效更具有价值,该章继续分析了绩效程度和范围的必要性,探索了可用数据,以确定范围并审视当前的绩效指标。有人认为,鉴于认知局限,目前的绩效指标无法提供有效的标准以准确衡量执法水平。相反,旨在理解企业跨国贿赂组织以及干预、预防、破坏策略相关影响的研究和警务部署,提供了一个更加有用的“规制绩效”指标,即可运用潜在数据来源和模型对其进行理解。

最后,作为结论的第九章进行了批判性审视,对这一假设进行了质疑:在规制环境中出现的执法模式、自我规制和混合机制是否真的为处理企业跨国贿赂提供了充分的手段。许多企业贿赂目前未被发现,因此,无法了解在直接当事方之外是否存在腐败。除了在其他调查中被报告或者引起注意的贿赂行为外,英国和德国的调查人员和检察官缺乏对企业跨国贿赂问题的范围和程度的全面、合理估计。这些案件在英国和德国都得到了集中记录,并体现在了执法当局对该问题的了解情况,即当局对这些案件的范围和程度认知如何上。

经合组织等政府间组织根据其各自公约的要求所整理出来的执法数据,以及透明国际等国际组织整理出来的执法数据,对于我们理解腐败的程度和范围,提供了最广泛的视角。但这些数据使用的是原始数据,而不是已经处理的预估案件比例,这就给比较研究不同司法管辖区的执法水平带来了障碍。尽管如此,这些数据可以被用来确定一个阈值,如透明国际报告呈现的那样,用以衡量执法数据,例如,将调查和起诉的案件数量作为衡量国家的执法是否“积极”的指标。像透明国际这种组织也试图补足对程度和范围的理解,并且通过感知研究就问题的严重性提供深刻的见解。即便如此,这些数据仍然被各种方法论的局限性所影响。

关键的问题是,即使是这些(相对保守的)案件估计都超过了英国和德国的执法能力,在紧缩时期更是如此。难以对企业进行刑事诉讼,向民事和解、协商转变,有效利用资源的必要性,跨国调查的证据压力,自我规制实践的不确定性,等等因素都制约了英国和德国应对企业跨国贿赂的政策。因此,尽管执法机制、混合机制和自我规制机制的结合有助于应对和实现一定程度的反贿赂规制。但是,即便是在一些执法的意愿较高的地区,采取默认立场仍是政府机构进行妥协的一种方式。

# 第二章 什么是传统的企业跨国贿赂以及为什么要对其进行规制

## 一、概述

本章旨在更详细地界定“企业跨国贿赂”概念，并探讨对这一概念的理解和应用。贿赂是腐败的主要行为方式之一，因此，旨在打击腐败的国际公约将其作为焦点问题（参见第四章）。在本书中，贿赂和腐败这两个术语经常交替使用，企业跨国贿赂已经成为腐败的一种形式。[①] 本章首先对不同学科的腐败和贿赂概念进行了宽泛理解，进而引出所要分析的关键问题；随后，再将概念具体限缩到企业跨国贿赂。尽管如此，仍然需要讨论为什么要规制企业跨国贿赂。该行为在社会、经济和政治方面的危害是主要原因，而这些“危害”的概念由一些核心国际组织进行界定。因此，为进一步回答该问题，本章还对以上“危害”进行了讨论。最后，为了读者能够深入理解企业跨国贿赂的性质，本章对英国英诺斯派案和德国西门子案进行了分析。

---

① 当然，“贿赂”和“腐败”这两个概念是可以进行区分并加以分析的，前者包括两个主体，后者可能只涉及个人。

## 二、腐败与贿赂的定义

腐败的定义很多,但分析的焦点有所不同,可以立足于多种学科(for an overview see Shihata,1997),如政治学(see Doig,1984,2003; Doig and Theobald,1999; Montinola and Jackman,2002;Gerring and Thacker,2004;Goodin,2010)、经济学(see Rose-Ackermann,1999; Lambsdorff,2007)、法学(see George et al.,2000)和社会学(Defem,1995)。对这些定义的分析对于本研究并无突出贡献,只能说这类概念具有广泛性、包容性以及诸多共性,下文对其中一些进行了介绍。

例如,在政治学领域,约瑟夫·奈伊(Joseph Nye)(1967:419)①提供了一个早期的定义,将腐败视为"私人关系(个人、亲密的家庭、私人团体)中的个人为获得金钱或地位而在公共角色中偏离自己正式职责的行为;或者存在针对某些特定类型的利用个人影响力的行为而出台的规定,而此类个人违反了以上特定规定"。这一定义解决了私人和公共角色之间界定的问题,指出了其关键差异,具有重要意义,并将重点放在了公职人员身上,从更具有可操作性的定义中可以看出这一点(参见下文)。德莱姆(Deflem)(1995:243)提出了一个更符合社会法学的定义,将腐败定义为一种"社会关系的移植":两个或两个以上的主体通过

① 值得注意的是,在讨论"腐败对于国家经济而言是否有作用"这一问题时,奈伊的研究还经常被用作肯定说的论据。

转换金钱或权力之间的媒介，从而改变两者的相互关系，进而规避法定程序对于这种关系的规制。该定义强调了必要社会关系的关键性作用，这些社会关系在规范框架内（社会所构建的法律）刻画了腐败交易的特征。多伊格（Doig）（2006：116）也强调了这种关系的性质：

腐败是指任何一方或双方滥用或误用“正常”关系，而无论这种关系是真实的还是人为的。此外，一方做出有利于另一方的决定或采取有利于另一方的行动（或没有做出决定或采取行动），也需要对他人进行欺骗及有关双方进行串通。

这一定义确定了对此类关系滥用和误用中的关键问题，即作为与不作为都在其中。这些关键问题的分析对研究企业跨国贿赂的实施具有根本性的意义。

除学术界，反腐败和贿赂的公约（参见本书第四章）都没有对腐败进行定义，而是将一系列腐败行为规定为犯罪（OECD，2008a：22），也就是说，公约所提供的是内容性定义而不是分析性定义。这些公约为腐败的犯罪化规定了国际标准，规定了可能属于“腐败”的具体罪行。这也适用于国家立法：从刑法的角度来看，较广泛的定义会导致较少的起诉和定罪。然而，在政策方面，在国际层面，对于“腐败”的定义更为常见，其中一项经常被引用的是全球非政府组织“透明国际”（TI）的定义，其指出：

实践中理解的腐败的定义，是指滥用被赋予的权力以谋取私利。“透明国际”进一步区分了“依照规则”的腐败和“违反规则”的腐败。前者是疏通费，是通过行贿要求受贿者在法律规定其应当做的事情而获得优惠待遇，而后者则是为获得好处而行贿，使受贿者实施违反法律的行为（TI website）。[①]

这一定义涵盖范围广泛的腐败活动。正如经合组织（2008a：22）所指出的，这一定义有益于制定政策、提高意识以及拟订反腐败战略、行动计划和腐败预防措施。除上述学术概念外，在实际的社会环境中也常常需要使用可操作的定义。每个国家都有旨在解决企业贿赂和腐败问题的法律和法规，第四章讨论了英国和德国具体的法律情况。一般来说，贿赂的定义是：

提供、承诺、给予、接受或索取好处的行为，以诱使他人实施违背法律、道德和信任的行为。这些引诱的形式可以是礼物、贷款、费用、奖励或其他好处，例如税收、服务、捐赠等（IT，2009b：5）。

如此界定贿赂给国家机构带来了困难，因为这些机构和主体关注的是非法行为，而不是“不道德”的行为。在贿赂和贪污腐败的“灰色地带”，合法但不道德的行为也是非政府组织和其他

① http://archive. transparency. org/news _ room/faq/corruption _ faq # faqcorr1 <Accessed10/11/2013>.

第三方部门组织关注的问题。腐败和贿赂的道德定义(比法律更宽泛,包括合法但不可取的行为)或许能够摆脱狭隘而受限的概念,但对反腐败机构而言,法律上的定义在操作层面更加重要。这些对贿赂的定义引导我们关注在企业跨国行贿过程中存在的必要和偶然的关键主体、关系、过程、对象和就业环境。

然而,重要的是要警惕诸如“贿赂”和“腐败”这种单一和抽象的概念,这些概念能够反映政治、学术或实操中对理论和表达目的的期望。换言之,它们是被主观构造的,不具备明显和客观的特质。从分析的角度来看,将重点放在贿赂所涉及的过程上更为有用,比如,如何获得贿赂财物,如何识别潜在的受贿者等(参见本书第八章;also Levi,2007:779 more generally)。此外,在不同的社会和法律文化中,贿赂的概念可能具有不同的含义。关键在于,贿赂在文化上的特定结构在多大程度上可以延伸到其他文化环境中而不丧失其意义,这是问题的关键所在,也是政策制定国际公约者在制定旨在统一对贿赂理解的国际公约,规范国际商业中的企业贿赂行为和“规制范围”时所面临的一个重要问题。然而,贿赂的概念可以通过那些被贴上贿赂标签的过程和行为来理解,比如,利用招待来获取商业合同,从而获得市场优势。在英国和德国,可以独立于“贿赂”的概念理解此类行为及其意图,导致政策趋同的国际公约(参见本书第四章)可能使贿赂的概念具有更大的跨文化“弹性”(see Edwards and Gill,2002)。

## 三、企业跨国贿赂的界定

正如本书所提及的,企业跨国贿赂至少涉及两个自愿或同意(例如,提供、许诺、要求,或者是被动接受和索取)的主体,以及不同形式的诱因,现金贿赂(可能共计亿万英镑)、更间接的招待(如体育赛事门票、购物游览等)或非货币的利益(如提供性服务等),其目的在于确保在国际商业背景下,通过违反公职人员职责(广泛的法律定义,参见本书第四章)的某些行为(包括作为与不作为)而获得组织性收益,不过通常是个人受益(例如,一位资深政治家接受或要求企业贿赂,以便利该组织在本国达成商业合同)。国家和国际法律禁止此类作为或不作为的行为。

换言之,本书的重点是企业贿赂,也就是说,此类贿赂涉及企业内部的个人在商业环境下为企业利益而实施的行贿行为——就法律主体而言,可以区分"法人"(企业实体)和"自然人"(个人)。然而,企业在国内的贿赂行为不是重点,而是跨国贿赂,其明确包含跨国企业。因此,这项研究审视了进行国际商业活动的企业,这些企业的业务活动至少跨两个司法管辖区域,并同时受特定国内法和国际法的管辖。

当然,还有其他形式的腐败和跨国腐败发生,但为了进行概念性和经验性研究,我们要审视的是对企业跨国贿赂的控制和规制情况。表 2.1 概括了公职人员和私营职员企业贿赂的主要因素,贿赂可能发生在国内或跨国,可能是"主动"或"被动"的(参见本书第四章)。贿赂可能发生在私人和公共主体之间(公共贿赂)或私人主体之间(商业贿赂)。本书经验性研究的重点是"公共贿赂",这种贿赂也是国际组织和非政府组织关注的重点。贿赂可以是给予或提供的,也可以是接受或索取的,但其意图始终是诱导非法或不道德的作为或不作为。

**表 2.1　公职人员和私营职员企业贿赂情况**

| 贿赂形式 | 提供贿赂主体 | 接受贿赂主体 | 跨国/国内 | 主动/被动 |
|---|---|---|---|---|
| 公共贿赂(私—公) | 企业(董事会成员、员工、子公司、中介机构、代理人等) | 公职人员(外国或者国内的国家代表,如政客、国有企业、警察等) | 均存在 | 均存在 |
| 商业贿赂(私—私) | 企业(董事会成员、员工、子公司、中介机构、代理人等) | 私营职员(竞争对手、供应商/承包商等) | 均存在 | 均存在 |

## 四、我们为什么需要规制企业跨国贿赂

我们在第一章中提到,正如在科菲·安南(Kofi Annan)关于腐败对社会"腐蚀作用"的声明中看到的那样,政府间和非政府组织以及其他"有道德的企业家"(如慈善机构、活动家)对腐败的危害提出了许多共同的主张。这些观点可能是基于经验性研究结果得出的,但也时常反映了一种有根据的道德观念(规范判断)。在任何情况下,学术界和反腐败组织都一如既往注意腐败的某些后果。罗斯－阿克曼(Rose-Ackermann)(1997:

42 –6)概括了腐败的六个主要影响,这些影响在当代案例中仍然存在:

第一,政府承包和私有化效率低下;

第二,使用迟延和繁复流程来诱导支付;

第三,对腐败款项的低效使用(如所得款项转入非法活动);

第四,损益分配不公;

第五,政治合法性受到损害;

第六,减缓增长,使发展效益不平等地分配。

同样,德莱尼(Delaney)(2007:419)注意到,经济发展和增长减缓加剧了社会的不平等;而且也会带来政府公信力损害的严重后果。此外,透明国际指出,腐败可能对政治、经济、社会和环境方面都有极其严重的影响(参见下文)。罗斯–阿克曼(1997:42)的以下看法也与此相关:

腐败会造成效率低下和不公平。它可能破坏国家的政治合法性。腐败也证明了国家与私营部门打交道时存在更深层次的问题。最严重的代价不是贿赂本身,而是他们揭示了一种潜在的可能性:官员为了获取回报而行为异化。

由于这些危害,许多社会主体和组织认识到减少腐败和贿赂的必要性,并将如何控制腐败和贿赂这一议题提上政治议程。企业跨国贿赂渗透社会的各个方面，包括微观层面（如个别官员）、中观层面（如机构中普遍存在腐败现象），以及宏观层面（如行业、市场以及经济制度）。在国际法律体系的各个领域都可以看到贿赂导致的后果。透明国际指出，腐败会对政治、经济、社会和环境产生重大影响。①

在政治上，腐败会给民主和法治造成重大障碍，因为法治的形成不仅取决于正式规则和规章的存在和移植，而且还需要文化、体制方面的保障和支持（Krygier，1999：71）。一旦腐败进入这些领域，法治可能会受到破坏：希哈塔（Shihata）（1997：456）在讨论关于腐败的法律文献时明确指出，“律师们大多承认腐败现象已经司空见惯……法治被有影响的人或有能力、愿意支付款项的人所代替，他们尤其担心腐败到达司法部门，导致司法系统异化的情况”。因此，在民主制度中滥用这些部门和机构来谋取私利可能缺乏合法性。罗斯－阿克曼（1997：45）指出，“系统性的腐败破坏了政府，特别是民主政体的合法性。公民可能会认为政府只是向出价最高的人服务。腐败逐渐破坏了政府以民主价值取代钱权交易的主张”。透明国际认为，这会对已建立的民主政体造成重大损害，对新兴民主政体更是如此，这种腐败阻碍了应当承担责任的政治领导层的发展，并造成人们对政治领导人和当

---

① TI discussion of ‘costs of corruption’，available at：http://www.transparency.org/whoweare/organisation/faqs_on_corruption#costsOfCorruption <Accessed 10/11/2013>.

局的普遍不信任。[①] 正如克拉格(Cragg)(1998:654)建议的那样,“对法律的尊重成为牺牲品”,并且“损害公众对法律和法律机构的信心”。温莎和盖兹(Windsor and Getz)(2000:757)进一步指出,腐败的直接影响包括对民主体制的破坏。然而,这些文献仅仅呈现的是,在接受贿赂的国家和政府中,腐败的程度和后果是什么,而非产生贿赂的国家和政府本身是什么样的。

在经济上,腐败会耗尽国家财富,阻碍公平市场结构的发展,扭曲竞争,阻碍投资。[②] 正如莫罗(Mauro)(1997:6-7)所言:“经验研究证据表明,腐败会降低投资,并在很大程度上阻碍经济增长。”莫罗进一步指出,腐败会导致人才分配不当,因为经济激励措施会诱使有才华和受过教育的个人从事有利可图的工作,而不是生产性的工作(这对于大多数行业都是相同的,如毕业生涌向金融服务行业而非英国制造业)。发展中国家的援助也可能被破坏或误用,导致税收流失,进而不利于经济发展。例如,公共采购合同的不当分配可能导致基础设施和公共服务的质量下降。如果贿赂敲诈出现在公共福利领域,政府支出结构也可能被歪曲。例如,腐败往往将稀缺的公共资源引向经济收益小但关注度高的项目,如大坝、发电厂、管道和炼油厂;而不是基础设施项目,如学校、医院、道路和农村水电供应。[③] 尽管外国援助机构也有责任,因为这些基本建设项目是援助的有效方式,但腐败仍是

① 参见透明国际关于“腐败成本”的讨论。
② 参见透明国际关于“腐败成本”的讨论。
③ 参见透明国际关于“腐败成本”的讨论。

主要原因。公共投资中的这种腐败会严重损害经济增长(see Tanzi and Davoodi,1998)。然而,尽管公共项目合同和建筑业似乎有很多腐败现象,特别是工业部门的“公共工程合同和建筑”被认为是行贿最多的行业[see Ti(2011a)Bribe Payers Index],但腐败并不局限于此。

因此,腐败会对投资产生影响。斯马辛斯卡和魏(Smarzynska and Wei)(2000)考察了特定东道国的腐败程度对外国直接投资者通过合资企业或全资子公司进行投资的这两类选择的影响。一方面,腐败使当地的透明度降低,因此增加了外国投资者利用地方合作伙伴以避免地方官僚主义的价值。另一方面,腐败降低了外国投资者和国内合作伙伴之间的争端被公平裁决的可能性,以及投资者无形资产被有效保护的水平。他们的经验性研究发现,腐败减少了外来投资,并将所有权结构转变为合资。然而,美国企业更有可能在腐败国家保留全部所有权,但不太可能对外国直接进行投资(尚不清楚是因为这些企业有更高的道德和社会责任,还是因为受到严格法律框架和执法机制的管辖)。私营部门也受上述腐败现象的影响,因为“腐败”制度中,最“物美价廉”的产品生产者不会获益,真正获益的是支付最多贿赂的生产者。因此,理性的生产者会把资源从质量转移到贿赂支付上(Nichols,2000:631),有道德的企业可能会因此错失合同,导致市场扭曲。

在社会上,腐败会破坏人们对政治制度、机构和领导者的信任，导致公众的失望和冷漠，从而使民主社会式微。[①] 透明国际认为，这是最具破坏性的影响：一个软弱的民主社会为暴君以及民选的、无良的领导人扫清了道路，使国家资产变成个人财富。[②] 因此，持续的腐败侵蚀了社会平等。穷人进一步处于不利地位，因为有效的基础设施被抛弃，资金进入官员的口袋（Delaney，2007：420－421）。在这种文化中，索贿和行贿成为一种规则，那些不愿意遵守该规则的人可能移民，从而使这个国家失去最有能力和最诚实的公民。腐败可能带来环保条例的缺失或执法的懈怠，进而导致环境恶化。同时，立法历来倾向于由北向南转移污染行业，而国内外机构对自然资源的开采则破坏了自然环境。[③] 此类破坏环境的项目很容易成为从公共资金中谋取私利者的目标，进而成为资本优先考虑的对象。

透明国际对腐败成本的讨论显然是主观的、象征性的，而且其方法肯定是片面的。透明国际没有具体说明腐败所产生后果的程度和形式——可能产生重大后果的是达到一定数量或者是特定的腐败行为，而不是大多数腐败行为（按数量计算）。前述补充文献为这些论点提供了经验研究的支持。企业跨国贿赂问题在微观、中观和宏观层面渗透社会的各个部分，使得负责调查和起诉的相关机构遭遇困难。例如，德国检察官如何调查德国企业为了维持商业合同给一个非洲小城镇国家官员行贿带来的影

① 参见透明国际关于“腐败成本”的讨论。

② 参见透明国际关于“腐败成本”的讨论。

③ 参见透明国际关于“腐败成本”的讨论。

响？英国的监管机构如何才能追踪到通过多个国际银行账户和“空壳公司”向接收方发送贿赂的“现金流”？如本书第五章、第六章、第七章所述，这些都是规制对策所遇到的阻碍。

## 五、腐败成本的量化

是否有可能量化腐败成本？透明国际通过三个要点进行了简要论证，①简短的回答是“不能”。第一，贿赂支付没有公开的记录，因此，我们每年付给腐败官员的款额并不明晰（政府机构和私营企业控制和调查此类腐败的成本进一步增加了这一复杂性）。第二，贿赂采取多种形式，不仅是货币，还包括优惠、服务、礼物等。第三，研究最多涉及腐败程度与民主化、经济发展或环境退化等现象之间的关联性，但社会成本难以量化。例如，被称赞的科学家或企业家这种人才流失到其他国家的损失无法估量，社会成本的估算也不足以反映某些社会影响，如文盲或医疗保障不足等。因此，正如透明国际所指出的那样：“对于任何试图量化腐败成本的尝试，人们普遍持怀疑态度。”②

由于这些危害以及国际上对形成法律框架和执法实践有很大影响力的关键参与者对此的论述（无论是基于证据还是道德），许多社会主体和组织已经承认减少腐败和贿赂的必要，并

---

① TI discussion on ‘quantifying the costs of corruption’ available at: http://archive. transparency. org/news_room/faq/corruption_faq#faqcorr5 <Accessed 10/11/2013>.

② 参见透明国际关于“腐败成本的量化”的讨论。

将对其进行控制的议题提上政治议程。最后的结果是,腐败和贿赂的控制与监管由签署和批准以上框架的主权国家进行。

## 六、基本问题研究

为进一步明确问题研究基础以及向读者介绍这些组织和企业跨国贿赂特性,本书采取了案例分析的方式,这有助于充实"腐败""贿赂""企业跨国贿赂"等概念。后文将分析两起案例:在英国调查和起诉的英诺斯派案;以及到2014年为止在德国起诉的最大贿赂案件,即西门子案。受访的英德两国的调查人员和检察官经常利用参与这些案件的实际经历作为论据来论证其观点,并提供这些案件的细节,使案件的呈现更加具体。

### (一)英诺斯派案

1. 英诺斯派有限责任公司*(Innospec Ltd.)[①]

2010年3月18日,英诺斯派有限责任公司(以下简称"英诺斯派")在南华冠法院被指控贿赂印度尼西亚国家石油和天然气公司(Pertamina,一家印度尼西亚国有石油公司)的雇员以及其他印度尼西亚政府官员,以确保燃料添加剂四乙基铅(Tetraethyl Lead,TEL)的销售。英诺斯派总部位于英国柴郡,是英诺斯派股

---

* 英诺斯派股份有限公司(Innospec Inc.)是英诺斯派有限责任公司(Innospec Ltd.)的母公司。文中如无特殊说明,"英诺斯派"指英诺斯派有限责任公司。——译者注

① SFO press release available at: http://www.sfo.gov.uk/press-room/release-archive/press-releases-2010/innospec-limited-prosecuted-for-corruption-by-the-sfo.aspx <Accessed10/11/2013>.

份有限公司的子公司，这家公司已经在美国纳达斯克上市，[①]是铅基抗爆震燃料添加剂四乙基铅的制造商。因为健康和环境问题，在欧洲或美国，四乙基铅不能在机动车产业销售，但该公司却仍然能够在印度尼西亚等国家继续合法生产和销售。英诺斯派的“指导思想”在政府高级官员大规模系统性的腐败中发挥了作用（Judiciary of England and Wales，2010）。他们在印度尼西亚指定代理人为公司的利益采取行动，争取获得或维持关于四乙基铅的合同。在2002年2月14日至2006年12月31日（起诉期间），该公司向代理人支付了1170万美元。这些佣金使代理人能够向印度尼西亚国家石油和天然气公司工作人员以及其他高级管理层或部长级公职人员行贿，这些人可以通过购买和影响四乙基铅的订单来支持该公司。这些支出确保了印度尼西亚国家石油和天然气公司优先选择四乙基铅，而不是其他的无铅替代品。代理人依照该公司指令行事，该公司也授权他们支付贿赂款项。该公司承认，他们明知佣金的一部分资金将用于行贿。该公司还设立了“特别基金”，以促进与那些在政治上或印度尼西亚国家石油和天然气公司内部有特别影响力的个人达成特定或一次性的约定。该特别基金表面上用来保护含铅添加剂行业的利益，实际上是一个贿赂基金，用于贿赂各部委的高级官员，意图阻止针对禁止四乙基铅或推行禁令的环境立法，以及寻求更高水平的收购活动，其每年持

① 纳斯达克证券交易所是一家美国证券交易所。“NASDAQ”最初是“全美证券交易商自动报价协会”（National Association of Securities Dealers Automated Quotations）的缩写。

续向印度尼西亚国家石油和天然气公司供应四乙基铅。印度尼西亚政府的无铅计划尽管在 1999 年就有最初构想,但直到 2006 年才得以真正实现,这一历程体现了腐败行为的影响。

2. 法律程序

根据联合国独立调查委员会于 2005 年 10 月 27 日提交的关于联合国石油换食品计划(Oil for Food Programme)的调查报告,当时美国司法部(the US Department of Justice,DoJ)正调查英诺斯派股份有限公司,但其仍于 2007 年 10 月将案件转送,随后英国反严重欺诈办公室涉入此案件。2008 年 5 月 23 日,英国反严重欺诈办公室接手了该腐败案的调查。此后,该公司向英国反严重欺诈办公室披露,在 1999 年至 2006 年,该公司曾试图在购买四乙基铅的公共合同中影响印度尼西亚的决策者。正如英国反严重欺诈办公室关于本案的新闻报道所述,该公司在整个调查中提供了高度合作。

司法部长同意英国反严重欺诈办公室在 2009 年 11 月提起诉讼。[①] 英诺斯派于 2010 年 2 月 24 日被传唤,被指控的董事、行政人员、员工和代理人违背了 1977 年《刑法》(the Criminal Law Act 1977)第 1 节和 1906 年《防治腐败法》第 1 节的规定,支付或同意支付贿赂款项。经过两次审前听证,该案于 2010 年 3 月 18 日被列为法庭辩论和等待判决的案件。

---

① 英国《2010 年反贿赂法》规定,反严重欺诈办公室的负责人可以在未经司法部长同意的情况下提起公诉。

3. 处罚

英诺斯派同意接受经济处罚,英国反严重欺诈办公室与证券交易委员会(the Securities and Exchange Commission, SEC)针对该公司的支付能力进行了调查。这项调查的结论是,英国可获得的资金为 1270 万美元。该公司还同意支付为期三年的管控费用,英美两国均予接受。在美国,该公司就联合国石油换食品计划向美国司法部支付了 1410 万美元的刑事罚款,而根据美国 1977 年《反海外腐败法》(the Foreign Corruption Practices Act, FCPA)的规定,由于违反反贿赂以及在伊拉克境内活动有关的账簿和记录的规定,母公司英诺斯派股份有限公司则向证券交易委员会支付 1120 万美元的利润作为罚金,向外国资产管制办公室支付 220 万美元。

4. 法院判决

2010 年 3 月 26 日,英国皇家刑事法庭托马斯大法官(Lord Justice Thomas)作出刑事判决。托马斯大法官提出了一些关键问题,他反对当局与英诺斯派达成和解协议,并认为由于某些特殊情况,他被迫接受并限制了罚款,这是通过英国反严重欺诈办公室和证券交易委员会调查达成的。第一,美国法院已经认可了在美国达成的认罪协议,这反映了美国普遍的协商型司法,即通过辩诉交易达成民事或刑事和解以及适用不起诉和延期起诉协议。第二,英诺斯派已经认罪,并充分合作,提供了对起诉其他人有重大帮助的证据。第三,根据托马斯大法官的判决,判处英诺斯派巨额罚款会导致其破产,因此“影响了公司无辜的员工,对公司的养老金债务造成了相当大困难,并对公司在英国的‘清算’计划造成不利影响”(Judiciary of England and Wales,2010:12)。因此,考虑经济和公共利益问题(虽然根据《经合组织反贿赂公约》,这些经济因素不应影响起诉决定,参见本书第四章)。第四,如上所述,“全球和解”(global settlement)的前景已经向市场展现。托马斯大法官明确表示,他认为罚款不足以反映犯罪的程度。换言之,腐败(特别是公司的指导思想发挥重要作用时)需要刑事制裁,这种“认罪协议”不应侵蚀英国司法判决的基本宪法原则。他的结论是,“英国反严重欺诈办公室的负责人没有权力参与或订立此类协议,不应再次签署此类协议”(Judiciary of England and Wales,2010:13)。当时的英国反严重欺诈办公室主任理查德·奥尔德曼(Richard Alderman)在对托马斯大法官这一指导意见进行评论时指出:

这是一起开创性的案件,涉及英国反严重欺诈办公室向英国法院提出的全球和解。我非常感谢托马斯大法官对涉及的所有复杂问题给予详细的指导。这是一个非常重要的决定,它将引导英国反严重欺诈办公室找到在未来解决这些问题的方法(SFO website press release,2010)。①

① Quote from: http://www.sfo.gov.uk/press-room/press-release-archive/press-releases-2010/innospec-judgment.aspx <Accessed 10/11/2013>.

辩诉交易、和解协议、延期起诉协议等方式的可行性仍然是英国起诉政策中的重要议题(参见本书第六章)。

5. 关键问题

本案反映了一些与英国反严重欺诈办公室规制方式和起诉政策有关的现实问题,以及其与判决的紧张关系,这些问题在英国调查人员和检察官两方的引述中被提及:

> 因为英诺斯派与英国反严重欺诈办公室和其他美国机构的和解受到支付能力的限制,所以其仅对涉及自己的事实负责。我们定下的金额大约是1270万美元,如果高于这个数字的话,公司就会破产,没有人会得到任何东西(UK Investigator/Prosecutor Interview 114)。
>
> 我可以看到,英诺斯派现在已经关闭,因为他们已经把公司解决掉——作为个体,这太困难了,太昂贵了……如果一个企业宣称由于它不是地方性的,所以高级管理人员就不会从中获得个人利益;如果高级管理人员参与进来,他们就会被开除,这就是一个民事没收令的案例。对一家公司而言,他们只有像英诺斯派那样达成认罪协议,才能解决由于腐败文化影响而产生的犯罪行为所带来的后果(Former UK Investigator/Prosecutor Interview 113)。

这些引述,连同上述资料和托马斯人法官的评论,提出了一些重要的问题。首先,此案表明英国偏好使用民事协议处理类似问题而不是刑事制裁。刑事起诉(可能导致企业和个人被制裁,其中,对企业的制裁涉及“企业死刑”)的适用是否正被有限的资源(成本和困难)和其他经济考量(如支付罚款的能力会破坏企业提供的税收和就业)所限制都需要考虑。其次,上述问题引出了一个新的问题,立法和检控政策的道德基础是否被削弱,或者是否可以通过非刑事制裁来处理犯罪行为。民事制裁是否反映了犯罪的程度,这对规制手段意味着什么?同样,对于一家在欧洲和美国生产、销售禁止生产的汽车产品的企业是否应该被允许继续在其他国家进行贸易,也存在疑问。最后,如上所述,法院和执法当局之间的紧张关系使规制方式受到质疑,这同时引发了一个问题:具备该领域专业知识的调查人员和检察官能否按照美国模式进行“协商型司法”和“自我评判”,以及法院的角色是否需要调整。例如,对全面合作或自我报告的宽大处理是否适用于腐败犯罪,所有个人和企业是否因此在法律面前受到平等对待,这些问题将在本书第五章、第六章、第七章中讨论。

(二)西门子案

1. 西门子股份有限公司(Siemens AG)*

西门子股份有限公司(以下简称“西门子”)牵涉多个国家的行贿丑闻,随后的调查结果导致了其在德国、美国、意大利、俄罗

---

* 此处的“AG”,全称为“Aktiengesellschaft”,即德语中的股份有限公司,其所对应的是英国法中的“Public Limited Company”,也即公开有限公司。因为西门子为德国公司,因此,应当遵循德语用法,称为“Siemens AG”。——译者注

斯、尼日利亚和利比亚在内等多个管辖区内被规制和制裁。有关资料显示，西门子各种各样的丑闻层出不穷，贿赂方面估计总额有13亿欧元。① 例如，在2004年的一次调查中，米兰法院禁止西门子在一年内向意大利公共行政部门出售燃气轮机，因为其牵扯意大利的腐败丑闻。② 瑞士、希腊和列支敦士登也开展了进一步调查。然而，最受关注的是德国和美国的情况。截至2006年年底，西门子的5名高管因贿赂和挪用公款被德国当局逮捕。德国当局指控其涉及7年内向秘密银行账户（主要是瑞士和奥地利）支付高达4.2亿欧元的款项，以便通过支付贿赂赢得海外合同。自此，其他的个人也被调查和定罪。在另一项调查中，德国当局审查了关于非法支付的指控，其中包括为确保在联合国石油换食品计划（Oil-for-Food）中达成能源和医疗设备合同，西门子向萨达姆·侯赛因（Saddam Hussein）领导的伊拉克政府支付6位数的款项。

2. 腐败活动

西门子为赢得和维护海外合同而进行贿赂，涉及各种违法犯罪行为。美国司法部的一份报告就美国《反海外腐败法》管辖范围内的案件进行了调查，并列举了许多与“内部控制”“账簿和记

---

① See *The Guardian*: ‘*Siemens boss admits setting up slush funds*’, 27/05/2008. Available at: http://www.guardian.co.uk/business/2008/may/27/technology.europe <Accessed 10/11/2013>.

② 在上述涉及意大利国家电力公司（Enelpower）的意大利案件中，达姆施塔特地区法院判处两名西门子前员工缓刑，并命令西门子从利润中扣除3800万欧元。2009年，这些判决部分被推翻，部分得到支持。

录”有关的违规行为。[①] 所有罪行都发生在2001年3月至2006年11月。该报告指出,西门子有意回避并故意不实施内部会计控制制度。具体来说,西门子:(1)故意不实施足够的反贿赂合规政策和程序。(2)故意不对第三方银行账户和现金的使用实施充分监管。(3)故意不采取适当的方式调查和回应有关贪污贿赂的指控。(4)故意不惩戒参与贪污贿赂的员工。(5)故意不建立一个得到充分授权和有能力的公司内部的合规办公室。(6)故意不向审计委员会报告关于全球范围内已证实的贿赂指控。(7)限制对支付给所谓商业顾问的款项进行审计的数量和范围。(8)设立并利用某些机制,向第三方支付和隐瞒约13.615亿美元。(9)雇用西门子前员工为所谓的商业顾问,以建立贿赂的渠道。(10)在最高管理层提出与此类账户相关的合规风险后,仍继续使用账外账户进行腐败支付。(11)使用可拆卸的便利贴签署审批表、授权付款,以隐藏签名者的身份,并掩盖审计线索。(12)允许在违反西门子“四眼原则”(four eyes principle)的情况下,基于单一签名进行第三方付款,该原则原本要求西门子两名经理授权付款。(13)将所谓的商业咨询协议名称改为“代理协议”或类似的标题,为避免被发现而隐藏违反2005年商业咨询协议的行为。(14)故意不尽职预防和查明犯罪行为。(15)在知情的情况下,明知个人进行非法活动以及其他不符合合规和道德程

① Report available at: http://www. justice. gov/opa/documents/siemens-ag-info. pdf <Accessed 10/11/2013>.

序的行为，仍给予其实质性权利。（16）故意未采取包括监测和内部审计在内的，能发现犯罪行为并确保西门子遵守合规和道德计划的措施。（17）故意不定期评估西门子合规和道德计划的有效性。（18）故意不建立，或者虽然建立，但不宣传特定的合规系统。此类合规系统意义重大，使员工和代理人能够报告犯罪或获得相应的指导，得以正确处理潜在的犯罪或已实施的犯罪，而不用担心会被报复。（19）故意不采取适当的合规和道德规范激励措施。（20）在西门子获得相关项目后，签订所谓的商业咨询协议，且没有任何根据，也没有进行任何尽职调查。

关于账簿和记录，该报告清楚地表明，应当准确、详细、公正地反映西门子的各项交易和财物处置情况，但西门子故意虚构并伪造账簿、记录和账目。具体来说，西门子：（1）利用账外账户隐藏腐败支出；（2）在西门子获得相关项目后，有时无根据地签订所谓的商业咨询协议；（3）根据假发票向所谓的商业顾问支付款项；（4）在公司账簿和记录中，将贿赂作为咨询费和其他看似合理存在的费用；（5）在内部资产负债表账户中，将累计利益作为负债储备，随后根据需要，通过所谓商业顾问支出腐败款项；（6）使用可移动的便利贴，在批准表上签名并授权付款，以隐藏签名者身份，掩盖审计时可能被发现的线索；（7）起草和回溯虚假商业咨询协议，以证明第三方付款；（8）在公司账簿和记录中，将支付给伊拉克政府有关石油换食品计划的回扣，描述为代理人佣金。

3. 制裁

2007 年 10 月，慕尼黑地区法院就通信集团在尼日利亚、俄罗斯和利比亚的贿赂指控，判处西门子 2.01 亿欧元的罚款。法院决定将一名通信集团的前经理加入指控中，在 2001—2004 年，为代表西门子达成合同，该经理与其他成员一起对外国公职人员进行了 77 起贿赂。法院根据西门子因前雇员非法行为获得的经济利益进行罚款，罚款包括没收 2 亿欧元非法所得和 100 万欧元的行政罚款。[①] 除这些罚款外，慕尼黑检察官还对西门子前首席执行官、主席和董事会成员以及监事会成员等一些个人提起诉讼，指控其未能尽职履行监管职责。西门子本身也对董事会执行委员会成员提出损害赔偿要求(see TI,2009a：28)。在 2008 年 7 月，中层经理莱因哈德·西卡切克(Reinhard Siekaczek)被定罪，其是第一个被定罪的前雇员。他设立了一个行贿基金和幌子公司，吸收 4880 万欧元用于支付“咨询”费用。西卡切克被判处两年缓刑和 10.8 万欧元罚款。[②] 2009 年 12 月，6 名西门子前高管同意支付近 2000 万欧元的贿赂赔偿。最引人注目的是，从 1992 年到 2005 年，担任西门子公司董事长的海因里希·冯·皮尔(Heinrich Von Pierer)，

---

① 2007 年，西门子发布了一份新闻稿，详细说明了这些诉讼程序。Available at：http://www. siemens. com/press/pool/de/events/jahrespk2007/legal-proceedings-q4-2007-e. pdf <Accessed 10/11/2013>.

② See *Spiegel Online*：'*Former manager convicted of corruption*', 28/07/2008, available at：http://www. spiegel. de/international/business/0,1518,568504,00. html <Accessed 10/11/2013>.

支付了 500 万欧元的赔偿金，但仍为针对自己的指控辩护。[①] 西门子还接受了与德国税务当局达成的和解方案，为通信集团支付超过 1.79 亿欧元的利息以及退税款项。在 2008 年 12 月，慕尼黑检察官终止了对该公司的其他诉讼，达成了进一步的民事和解协议，包括西门子同意支付 25 万欧元罚款以及退还 39,475 万欧元利润。

在 2008 年 12 月，针对美国司法部对跨国贿赂的指控，西门子承认上述内部控制、账簿和记录条款的违规。西门子的三个子公司，西门子阿根廷、孟加拉和委内瑞拉有限公司，也承认存在违反美国《反海外腐败法》的行为。同样，美国证券交易委员会(SEC)同意与西门子解决其在亚洲、非洲和美洲向政府官员行贿超过 14 亿美元有关账簿和记录的指控。西门子同意向美国司法部支付 4.485 亿美元的刑事罚款，并向美国证券交易委员会返还非法所得 3.5 亿美元。西门子三家子公司每家支付了 50 万美元。除了货币结算，西门子还同意任命一名合规监督官。美国对西门子的指控包括其在法国和土耳其的子公司违反账簿和记录的行为，其中一些涉及联合国石油换食品计划。美国当局对西门子施加的罚款几乎是美国《反海外腐败法》相关案件先前所创罚款纪录的 20 倍。在 2007 年 4 月，对贝克 · 休斯(Baker Hughes)的罚款是 4400 万美元(see TI,2009a:54)。

---

① See *The Independent*: '*Siemens bribery deal close*',03/12/2009,available at: http://www.independent.co.uk/news/business/news/siemens-bribery-deal-close-1833088.html <Accessed 10/11/2013>.

总的来说,西门子支付了25亿欧元的罚款及和解费用,包括向德普律师事务所(Debevoise and Plimpton)以及德勤(Deloitte)、普华永道(Pricewaterhouse Coopers)两个会计师事务所等支付的律师和会计费用8.5亿欧元。①

4. 关键问题

西门子案揭示了一些更重要的问题,有些可以在英诺斯派案中看到,但还有其他问题。首要的是企业刑事责任,在德国没有该制度,尽管可以适用《违反秩序法》(行政法,参见本书第四章)让企业得到制裁。在德国检察官的采访中,可以得到以下对这一问题的共识:

> 当然,我认为,如果有一部适当的企业刑法,毫无疑问会更好,原因如下。例如,假设不是通知,而是通过郡法院向西门子传达关于通信集团的行政决议,有一个法院裁决,也有我们做过的通知。该决议的范围仅限于西门子通信集团,这是一笔总额2.01亿欧元的款项。为什么是2.01亿欧元?2亿欧元是退还的利润,100万欧元才是真正的罚款,那这当然是依法判处的最高处罚(German Prosecutor Interview 211)。

正如引文中所示,在德国,企业不会被刑事起诉,最高行政罚

---

① See *The Guardian*: '*Record US fine ends Siemens bribery scandal*', 16/12/2008, available at: http://www.guardian.co.uk/business/2008/dec/16/regulation-siemens-scandal-bribery <Accessed 10/11/2013>.

款是100万欧元。但是,利润可以被无限没收。因此,企业刑事责任的缺失是否会影响企业跨国贿赂的规制,这一问题意义重大。例如,缺乏刑事法威胁可能会影响企业合作的程度,这种刑法的缺失本身也具有重大的象征意义。在西门子案中,很多人都被成功起诉了,但这种缺乏企业刑事责任的做法是否增加了检察官和法院对个人的起诉压力?同样,企业本身也可能为其不当行为寻找"替罪羊",比如莱因哈德·西卡切克。此外,一旦我们超越了刑法范畴,就会出现一个问题:没收是否是适当的处罚措施?

考虑到全球性的调查及和解越来越多,西门子案还体现了企业跨国贿赂的跨国性。例如,美国和德国当局就西门子案展开了密切合作,但不同的法律框架、文化和操作对此类案件有什么影响?主权国家和民族独立国家如何超越其传统的执法框架,进行跨国侦查并利用不同的执法手段?以下各章将讨论这些问题。

## 七、案例比较

一些关键的执行机制都可以在这两种情况下看到。在英诺斯派案中,英国反严重欺诈办公室采取了一系列混合的制裁措施,不仅包括刑事罚款、民事和解和没收,还有在该公司设置一名监督员,在未来对该公司进行长达三年的监督。该公司采取了一些措施来重组和裁撤相关人员,并实施了一项加强的合规计划:这代表了一种因被刑事起诉而触发的强制自我规制形式。例如,因为英诺斯派提前认罪,所以它有资格获得超过50%的信贷;此外,其在调查中充分合作,以此减轻罪责,这是一种法律激励模式。在 2011 年 10 月，英诺斯派 3 名前高管被指控腐败。[①]

在德国，西门子面临行政上的罚款和利润退还，根据德国的法律，企业不可能受到刑事制裁，所以德国法院对个人提起刑事起诉并要求支付赔偿金。此外，还有合规监督员监督并向美国当局报告西门子的活动。与英诺斯派的情况相同，西门子在达成协议之前也实施了广泛的法律合规改革，现在其将合规方案作为“公认的诚信领导者”进行宣传。[②] 后一个例子强调了市场激励（通过积极营销企业的合规方案来增加利润和股价）在改变代表市场的自我规制行为方面的潜力。其他的规制机制也很明显，比如，民事执法机制的运用，国家层面强制推动西门子提高合规性，以及国家监督员的配置等。本书第六章和第七章分别讨论了强制执法和自我规制实践的结合。

## 八、结论

本书所理解和运用的企业跨国贿赂概念现已被定义。正如

---

① SFO press releases available at: http://www.sfo.gov.uk/press-room/press-release-archive/press-releases-2011/innospec-ltd-two-more-executives-charged-with-corruption.aspx and http://www.sfo.gov.uk/press-room/press-release-archive/press-releases-2011/innospec-ltd--former-executive-in-court-on-fraud-and-corruption-charges.aspx < Accessed 10/11/2013 >.

② See an external presentation from Siemens entitled ‘Siemens Compliance Program-Track Record and Challenges’ available at: http://www.siemens.com/sustainability/pool/collectiveaction/ourlearnings/pdf/Siemens_ComplianceProgram_EN.pdf < Accessed 10/11/2013 >.

上述讨论所表明的,关注点在于跨国企业在国际贸易中使用贿赂来赢得或维持在其他国家的合同,这些国家往往在文化上可以接受贿赂行为,并且是有所预期的发展中国家,这些国家的反腐败对策是不足的。这一定义包括“主动”和“被动”的贿赂因素,这一区分也存在于英国和德国法律中(参见本书第四章)。经验性研究关注的焦点是“公共贿赂”,而不是“商业贿赂”,而国际上的焦点往往是贿赂外国公职人员。如前所述,英诺斯派案和西门子案突出了企业跨国贿赂的复杂性和跨国性,因为这种大型企业在多个司法管辖区和高层次的商业交易中活动。我们通过这些案例可以对所研究的问题的性质进行语境化分析,为后续分析规制举措提供最重要的基础。

然而,正如(国际)国家政府、非政府组织以及学者所争论的那样,道德、社会、政治、经济和环境方面的危害进一步强化了规制腐败和企业跨国贿赂的重要性。关于腐败危害的观点可能基于经验性讨论发现,其往往也反映了有根据的道德观的问题(尽管确定下述问题在方法论上存在困难:这种“有根据的道德观”在多大程度上“有根据”?)。但是,在一些国家经济发展和增速放缓、社会不平等加剧以及社会对政府不信任的大环境下,腐败会破坏国家的合法性。在远离母公司所在地的司法管辖区,这些后果往往最为突出,西方自由民主政体(如英国和德国)的主管当局现在面临巨大的压力,并迫切需要做出回应。本书的重点在于,这两个司法管辖区能在多大程度上予以回应。

# 第三章　规制框架的形成和“警务—规制”政策

## 一、概述

无论是在国际组织及其公约的官方叙述中,①还是在犯罪学理论研究中,跨国有组织企业贿赂的控制问题都没有得到充分分析和理论建构。犯罪学领域的讨论主要集中于国内(而非跨国,参见本书第一章)白领和企业犯罪的问题上,因而对相关概念各有其定义。本书借鉴了规制领域的文献和理论,并将其应用于企业跨国贿赂的研究之中。本章首先基于企业跨国贿赂和跨国犯罪的复杂性,从更广阔的视角,去理解该领域的规制问题。警察和国家监管机构对此类犯罪的实践以及上述的理论挑战,促使当代规制理论进行了从“旧治理”(例如,传统警务)向“新治理”模式的转变(例如,引导和责任化)。其次对这些模型进行了讨论,并将其应用于企业跨国贿赂的研究之中,指出了这些模型的局限性。企业跨国贿赂的特殊性给规制理论带来了巨大挑战。因此,本章最后提出了一个适合该问题的分析框架。

本书借鉴了吉尔(2000,2002)提出的以及爱德华兹和吉尔

① 例如,经合组织和联合国。

(2000)共同提出的理论框架,以了解合法和非法市场中主体规制问题。该理论框架提出了执法和非执法对策的混合理论(与跨国有组织犯罪有关,但在当前情况下也适用)。正如本书其他关于现代规制理论的讨论所表明的那样,规制可以被广义地解释,其含义因此从研究正式的监管机构转变为认识国家与非国家主体的多样性,以及直接和间接的控制机制。从这个意义上说,这种方法将重点从对罪犯的关注转移到了对犯罪经营“市场”的关注,以及犯罪活动的发生上来。

## 二、在国际商业交易中控制企业贿赂:警务面临的挑战

商业交易越来越具有跨国性,这一特性为白领犯罪增加了机会,也增加了外部风险(Gibbs et al. ,2010: 544),使得涉贿人员规避被起诉的可能性增加。例如,企业在海外司法管辖区内利用第三方和中介行贿以赢得或维持合同,致使风险与应承担责任者分离。尽管英国《2010 年反贿赂法》旨在加强追责,保障法律对此类行为的惩罚,但是结果仍然不尽如人意(参见本书第四章)。

根据帕萨斯(Passas)(1999)的观点,跨境犯罪是“犯因不对称”的产物,它将政治、文化、经济和法律领域中的冲突、不匹配和不平等现象结合起来,并在全球化中加剧。虽然跨国规制及其标准制定的模型已经被提出(see below and Braithwaite and Drahos,2000;Djelic and Sahlin-Andersson,2006;Abbot and Snidal,2013),但目前仍然没有被普遍接受的或普遍有效的跨国立法、执法机构和机制。执法机关仍经常受到国内运作机制差异和管

辖界限的限制。关于向美国引渡英国商人[例如,国民西敏寺银行三人组(the Nat West Three)]和黑客[例如,加里·麦金农(Gary McKinnon)]的激烈法律辩论,体现了法律域外适用问题造成的紧张局势。此外,正如全球经济危机和次贷危机所展现出来的那样,全球市场扩大了白领犯罪和风险交易的影响(Gibbs et al.,2010:544)。因此,国家在试图规制跨国企业行为时,也面临一系列包括政治、经济问题在内的困难(Rothe, 2010:561; Snider and Bittle, 2011)。正是在这一背景下,为了应对企业跨国贿赂,国家被迫采用国际执法机制以应对企业跨国贿赂,但这种应对方式却与实践脱离,难以解决实际操作中所面临的内外部压力。这个问题不仅显而易见,而且非常关键。

在进行全球规制的尝试中,往往会遇到法律差异的问题,而旨在协调规制措施的国际条约又通常不具有强制性(Passas, 2002)。因此,各国没有义务批准有关条约,即便有关条约得到批准,也可能无法获得执行所需的资源(Chayes et al.,1998)。这从德国已签署(但在著述时尚未批准)《联合国反腐败公约》(参见本书第四章)中可以看出,在某些情况下,跨国企业甚至可能在“跨国漏洞”中运作(Rothe,2010:561,citing Michalowski and Kramer,1987)。例如,在对母公司责任难以确定的司法辖区,利用海外子公司开展业务。然而,并非所有跨国企业都具有犯罪性质,犯罪活动更有可能发生在受“引诱”的个人和企业有利可图的情况中,特别是当他们本身就倾向于实行这种行为,或者缺乏自我约束和可信监督之时(Gibbs et al.,2010)。因此,外部引诱、行为的偏好、较低的抵御诱惑的能力、在监督上的疏忽大意以及国际交易的特殊性质，对规制和执行提出了重大挑战（Gibbs et al.，2010：549－50）：虽然这样的解释较为受限，并且杂糅了理性选择、决定论、自我控制和机会理论，但确有利于理解贿赂可能发生的条件，并提供预防性和压制性的规制方法。

还有人辩称，强大的国家有能力影响国际条约的建立，从而通过抵制犯罪化或拒绝批准条约来保护本国企业的商业活动（Michalowski and Bitten，2005）。由于基础设施和资源不足，发展中国家也可能无法执行法律与条约（Shover and Hochstetler，2006）。因此，即使在国际层面可以通过警务和控制机制去规制跨国犯罪，并提供有用的国际公约和协定，最后也会因执行困难而受阻。反腐败执法是国家性的，企业跨国贿赂的调查和起诉只能通过相互的法律协助来实现（参见本书第五章）。英国和美国的法律适用范围较广，任何企业或公司都可能因为在这些国家投资或其投资与这些国家相关而受到调查或起诉。然而，通过众多金融机构而进行的国际商业交易具有匿名以及跨司法管辖区的特性，给规制带来了巨大困难（Elliot，2006）。同样，代理人与客户之间的疏远关系，国家间法律制度的差异，隐私的高度保密，以及直接受害者报告的缺失，都带来了诸多问题。因此，全球商业交易的性质为有效规制和执行造成了重大障碍（Gibbs et al.，2010：550）。虽然吉布斯等（Gibbs et al.）（2010）的工作重点是全球电子废弃物贸易，但他们提供的解决方案对国际商业交易中初露雏形的企业贿赂规制格局具有现实意义。他们建议，可通过结合预防手段、第三方规制和国家干预,以及使用“明智型”(Gunningham and Grabosky,1998)或“回应型”(Ayres and Braithwaite,1992)规制理论来促进更有效的实践,而不是直接颁布规则。这样的理论发展为当代的规制理论提供了基础(见下文)。

## 三、国家的限制——权力、理解与合法性

如前所述,由于跨国犯罪的跨境性质,在管理跨国犯罪方面所面临的挑战构成了一个复杂的领域,此为第一类困难。第二类困难是指国家管理和控制跨国企业犯罪的能力。学术界关于国家应对企业犯罪和犯罪行为的争论使得许多人认为,即使在发达国家,国家也不再能够在其领土范围内完全实现犯罪控制并提供安全、法治、有序的环境(Garland,2001),随之而来的是对非国家机构和主体“责任化”的关注(Garland,2001;O'Malley,1992)。如加兰(Garland)(1996:452)所述:“与之相关的是,中央政府试图不通过国家机构(警察、法院、监狱、社会工作等)直接采取行动,而是采取间接方式,以推动非国家机构和组织采取行动。”这种转变可以在“后凯恩斯主义警务”(post-Keynesian policing)的分析中看到,即社区警务重点强调了公众在一定程度上能被视为“有能力、有技术代理人”,他们能够以专家认可的方式进行自我管理,例如警察、保险公司、犯罪学专家等(O'Malley and Palmer,1996:146)。但这种责任策略是一个单向的过程,反映了国家推动(自我)规制的意图,但是(自我)规制的实践也可能

独立于国家的影响而出现(参见本书第七章)。

后来的研究同样表明,“在国家和政府间缺乏有效的规制框架来改善全球环境和社会问题的情况下”,私人“替代方案激增,包括自我规制、企业社会责任和公私部门合作”(Bernstein and Cashore,2007:347)。正如布雷斯韦特(Braithwaite)(2008:1,3)所指出的那样,“治理是一种比政府活动更广泛的控制活动”,“网络治理”模式使私营部门和公共部门向后福特主义或是其他更不稳定的系统转变。该转变一部分向外部转移,另一部分转移给协作团体,内外部门为了发展而竞争。对布雷斯韦特(2008:2)而言,在这种规制资本主义的背景下,那些未能适应网络经济和网络化治理的国家和企业无法主宰全球市场和全球治理。这类框架的关键是,犯罪控制和预防不仅是国家的责任,也不能由国家单独负责,私营机构和个人必须认清他们的责任,并说服他们去改变其行为,以减少犯罪发生的可能性并加强非官方的社会控制。在这种“远程治理”模式下,国家维持其所拥有的传统职能,同时担当起一个新的协调和激励角色,从而使“中央集权的国家机器”更强大、更有能力。这种模式也削弱了国家作为“公共代表和主要保护者”的观念(Garland,1996:454)。因此,传统上对“主权”和“国家”在犯罪控制方面作用的理解已被“治理”概念所取代,这些概念涉及“协调、引导、影响和平衡”公共和私人团体之间的相互作用(Kooiman,1993:255)。这也反映了福柯的“治理术”概念,即个人通过制度和各种社会实践进行治理的方式,可以被看作个人行使权力的机制(see Foucault,1991)。

加兰(1996,2001)概述了这一转变,而吉尔(2002:527-8)的研究有助于解释如何通过国家所面临的理解和权力问题来领会这种转变。复杂的经济世界中,社会和经济的子系统坚不可摧,这意味着国家和外界无法了解它们是如何工作的。如果需要从社会和经济系统提取信息并加以控制、规制,则要求被规制者具有一些重要的策略能力,但如果发现他们隐瞒了法律上有义务披露的信息,他们可能会受到惩罚(例如,新闻国际案和无数的企业犯罪案件)①。因此,国家不可能获得独立于被规制者的信息。如果这一问题能够得到解决,随之而来的是"权力"的问题,国家机构往往没有足够的权力和政策工具来影响各子系统的进程(Mayntz,1993:13-16)。正如迈因茨指出:

> 这一论断基本上是说,由于传统手段的固有缺点,国家无法(再)解决它所确定的经济和社会问题。由于国家无法将社会发展引向最好的方向,为了防止不必要的事态发展,要么寻找替代手段,要么放松国家中央的控制(Mayntz,1993:10)。

虽然理解和权力问题适用于合法的社会和经济活动,但在国家意图控制非法社会活动的情况下,它们的作用更大(Gill,2002:529,emphasis in original)。如果国家难以监控或者从大企

---

① See article in *The Guardian* (20/07/2011): '*News International "deliberately" blocked investigation*', available at: http://www.guardian.co.uk/media/2011/jul/20/news-international-deliberately-blocked-investigation <Accessed 10/11/2013>.

业获取有关其法律运作（例如，避税或维持竞争优势等）的信息，那么当企业隐瞒非法经营信息时（例如，对海外贿赂进行伪装），困难将加剧。

尽管如此，一些评论人士认为，国家的执法能力确实存在问题，此时可以通过政治意愿的改变、积极的检查措施和增加资源来解决执法不足的问题（see Slapper and Tombs，1999：186；see also Almond，2013；Pearce and Tombs，1998；Tombs and Whyte，2007）。这是因为“许多企业犯罪往往不是一次性支付佣金的行为，实际上是存在持续的状态或环境”（Slapper and Tombs，1999：185）。例如，在其他方面，国家可以通过增加资源支持的前瞻性方法来检测这种维系虚假记录和共谋关系的情况。

从后一种观点来看，企业犯罪的过程中，执法方面的不足往往是通过国家在企业犯罪（国家未能执法或未能有效执法，国家正积极加强与企业部门的联系等）中产生的共谋（尽管尚不清楚在何种情况下，不关心或不作为会被认定为共谋）来解释（Tombs 2011：70）。然而，即使在有明确政治意愿和资源的情况下，这些跨国问题仍然给主管部门造成了“真实”障碍，并也阻碍了执法（参见本书第五章和第六章）。这种做法表明“威慑作为一项影响执法活动和企业犯罪制裁的原则，具有相当大的潜力”（Slapper and Tombs，1999：187）。对于这些学者来说：

……有效的威慑模式是组织或企业遵法行为存在的条件之一。也就是说，在成功起诉之后，有可信的制裁以及侦查机制，使得企业能够遵守法律,这成为有效规制的核心内容(Slapper and Tombs, 1999: 188, emphasis in original)。

以上论述,是将执法(特别是刑事和民事制裁)或促进自我规制作为改变行为的手段之争的核心。这些具有争议性的方法被称为"威慑"模型,而不是"合规"模式(Reiss,1984)。传统上,争论的特征是主张以刑事起诉作为应对措施的基本组成部分(see Pearce and Tombs, 1998; Slapper and Tombs, 1999)或主张以刑事起诉作为最后手段(Hawkins, 1998; Clarke, 1990)。当然,大多数分析人士都接受当代的"新治理"模式(参见下文),即"何时惩罚""何时劝说"的问题,包括考虑"合规"和"威慑"两个方面(Ayres and Braithwaite,1992: 21)。

合规和威慑的方法都可以利用刑事制裁和民事处罚,但规制(合规)的方法可以从两方面与刑法区别开来:"它针对的是那些从事专门活动的人,而其根本目的是不同的,因为这一规定关注的是塑造或激励行为,而不是谴责它。"(Wells,2011: 15)上述观点与韦尔斯(Wells)(2011: 15)的论点一致,这种二元区分存有争议,"规制和刑事程序之间的界限变得更加复杂和模糊"。此类争论确实提出了一个问题:刑法和刑事诉讼的作用和影响难以印证。例如,利瓦伊(Levi)(2010)认为,没有确凿的证据表明民事处罚和刑事制裁对税务罪犯的相对影响与绝对影响。然而,他也指出:"基于道德惩罚和社会公平的目的,增加追诉是正当的。"(Levi,2010: 493)他指出:

刑事制裁的使用有道德层面的考量。基于在道德层面的错误，各国政府将行为犯罪化，因此行为应受到公共制裁，刑事制裁不仅仅是一种更有效的控制行为的实用技术(Levi,2010:507)。

在这种情况下，公众对道德或公法规范、违法纳税行为的态度都非常重要，而不能仅靠威慑发挥作用。然而，基于以上原因，关于不支持非刑事程序而使用刑事手段的争论“需要穿插其他相关制裁机制，这套机制需要有政治支持，并且就在税收违规中实现正义这一问题，应当与公众认知相一致”(Braithwaite,2010:515)。然而，增加起诉可能是公平的必要条件，也可能对合规意愿产生积极影响(Leighton,2010: 529)，虽然这引起了关于公平意义的重大讨论，包括公平到底是为了什么、又是为了谁等问题。

道德问题又体现了这场争论的另一个方面的视角：政府将这些行为确定为犯罪存有争议，到底是基于道德上的错误，还是基于一些社会集团认为或者相信其在道德上是错误的？以针对BAE 系统公司的调查为例，如果政府真的认为这种支付是道德上的错误，能否干预和阻止英国反严重欺诈办公室的调查？那么，这也许是一个“经济上正确”(或在国家安全方面是正确的)的案例，而不是“道德上错误”的案例。或者说，对一些人来说，有些事情在道德上是错误的。此外，社会和经济的“道德”状态甚至可能提供一种路径，使个人能够为他们道德上的可疑或非法行为进行正当性辩护(see Karstedt and Farrall, 2006)。

## 四、问题的构思:警务与规制

尽管对于国家而言,执法目的仍在于维护“主权国家”地位,但警方的调查表明,这里也有明显的“引导”痕迹,这是一种与规制更为相关的活动(Gill,2002:524)。

犯罪学经常关注和专注于“警务”(policing)和“执法”(law enforcement)的概念,但这些概念对理解企业跨国贿赂的作用有限。换言之,这里的关键问题是,作为国家机构的一部分,传统的“警务”概念在多大程度上能对控制企业贿赂提供一个有用的框架。使用“警务”以及“规制”(regulation)概念的文献基本上是分开的,这意味着两种活动之间存在某种形式的区别,但从本质上看两者是相似而非不同的(Gill,2002:524)。换句话说,分析“警务”和“规制”之间的相似性比分析其差异性更具有意义。

正如吉尔(2002:524-6)所指出的,警察的执法行为传统上与罪犯的刑事起诉有关,而起诉被视为“结果”(see for example Reiner,2010)。相反,非警察机构或监管机构通过替代措施寻求合规,起诉被视为无效率和最后的手段(see Hawkins,1998:295)。这反映了刑法旨在惩罚反社会行为而非鼓励某些目的性活动这一意识形态与战略上的区别(Baldwin et al.,1998:3),这是由内部文化和“工作规则”(see Dixon,1997:7-8)或“社会实践”(Lange,1999:549-50)所塑造的。

卡根(Kagan)(1984)通过概述警察和监管机构在其职权范

围内的不同社会职能，以及所处理的犯罪和罪犯类型，强化了这些差异，但其承认两者一些明显的共性，尤其是在某些形式规制方面。然而，这几十年来的研究或许并无法反映当代警务工作的全貌，实际上在这些领域，存在诸多已经发展起来的新举措，以预防有组织犯罪，例如，运用社区参与的方法，运用规制理论、干扰理论、非司法手段的方式，以及私营部门参与的方式（see Levi and Maguire，2004）。同样，新的警务模式已经出现，这些模式不仅关注执法活动，还关注如何消除危害与威胁，这在荷兰激进的有组织犯罪预防模式和英国重大有组织犯罪署（Serious Organised Crime Agency，SOCA）［现在的国家犯罪署（National Crime Agency，NCA）］中都能看到（Edwards and Levi，2008）。

因此，有些人发现“警务”和“规制”之间的这种区别并不可信（Baldwin et al.，1998；Gill，2002）。例如，鉴于无法采取全面执法的方式，自主性的重要性早已得到认可（Goldstein，1960）。正如吉尔（2002）指出的那样，对警务的进一步研究表明，个人能够通过谈判来摆脱起诉，但这取决于他们是否承认不法行为，以及警方是否有权使用（诸如警告和提醒等）合规性技术使其服从。因此，起诉不仅是警务的“正常”结果，更是规制的结果（Gill，2002：526）。

与其从传统的“警务”概念来解读对企业跨国贿赂的应对举措，不如从“引导”“治理”或“规制”等角度来理解（see Kooiman，1993；Gill，2002）。在企业犯罪的特定背景下，这一转变得到了韦尔斯（2011：13）的认可，他认为：“针对企业犯罪的刑事法律实施，越来越多地采用了典型的谈判与和解的规制方法。”然而，这一转变涉及国家权力分配的问题，并受主权国家处理犯罪控制局限性的影响。除了刑事执法外，通过结合其他的控制、调节、改变主体行为的机制，扩大对“警务”的理解，有可能对与海外商业相关的各种正式与非正式、直接和间接的控制机制形成更加丰富的见解。因此，本书从“规制”的相关领域引进分析概念和理论，并针对这些概念和理论展开研究。

## 五、什么是“规制”

经常讨论的规制概念虽然看似容易理解，但在文献中具有不同的含义。正如鲍德温和凯夫（Baldwin and Cave）（1999：1－2）所指出的：“规制被认为是一种可识别的、分散式的政府活动模式，但这个术语的定义有很多。”因此，他们建议，把规制放在四种不同的理解中进行审视的方式比较有用。第一，当需要颁布一系列有约束力的规则，并由一个专门机构实施时，它可以被视为一种具体指令（参见本书第五章和第六章）。第二，作为国家慎重考虑的影响因素，规制被更加广泛地考量，其包含所有旨在影响行业或社会行为的国家行为（参见本书第五章和第六章）。也即既包括基于命令而实施的制度，也包括其他的影响方式，例如，使用经济激励的方式。第三，无论是源于国家还是有其他来源，只要能够影响行为方式，又具有社会控制或影响力的各种形式的手段，都被视为规制机制（参见本书第七章）。第四，虽然通常认为规制具有限制性和预防性，但规制也可能有更积极的影响，例如,在对广播业务的规制方面。许多规制的组成部分(但不是全部)可以从斯科特(Scott)(2001:331)下列定义中看出:

我们可以把规制看作建立规范的任一或系列过程,这些主体所实施的应受规制的行为被监督或被反馈,有一些机制可以将受规制主体的行为控制在该制度可接受的范围内(无论是强制措施或其他手段)。

这一定义有助于我们认识到,在刑事执法之外,我们有必要扩大对“警务”的理解,以纳入其他机制来规范个人和特定群体的行为。该定义涉及潜在的非正式举措,并进行了规范性和说明性思考。因此,可以从广义上对“规制”进行理解,既包括福柯理解中的对国家机构的制度约束和控制,也包括加兰(2001)所说的个人的自我控制和责任感,换言之,规制包括了一系列广泛的社会机制。此外,还可以把它狭义地看作对特定行业(如金融服务)规制的传统理解。

因此,“规制”这一概念涵盖了范围广泛的程序和行为,包括作为或不作为,其目的是提供一个框架,使企业和个人能够以适当和可接受的方式在国家或主流的规范或法律中运作。在这种规制框架内,企业行贿不具有合规性,本书对这一问题的处理方式很感兴趣。根据这一点,并参照有关规制的学术文献,本书已就处理企业罪行的最适当方法提出了若干具体办法。本书为比较规制制度提供了一套广泛的概念(例如,英国和德国)。

由于根植于商业和行业,企业贿赂的性质和背景往往涉及政府的目标和意识形态,故而造成许多紧张局面,而最相关、有效的控制和应对手段与国家干预程度之间的紧张关系,是其中一个关键内容。本书通过对"规制"的考量,提出了一系列概念,用以分析如何使用传统执法和"警务"方法之外的规范行为。虽然刑事执法和起诉仍然很重要,但"规制"不仅包括执法机制(起诉、惩罚、告诫、许可、征税和扰乱等),而且也涵盖自我规制,这是认识对企业跨国贿赂的规制与控制问题的关键。

## 六、新规制模式的转变与特点

如前所述,这种发展的特点是从"旧治理模式"(以政府为中心、集中式、官僚经验、强制性规则)向新治理模式转变(政府配合、分散式、民主经验、软法)(Abbot and Snidal 2009)。这一发展趋势推动了一些分析者所说的新"规制国"(see for example Moran,2001)或"规制资本主义"(虽然国家保留主要作用,see Braithwaite, 2008)的出现。这个新的"规制国"反映了从犯罪控制向国家问题的转变,从传统英国社会中可以窥见,自我规制模式发生了转变(Moran,2001: 22 – 3)。正如吉尔(2002: 537)所指出的,在这个"规制国"中,当局能做的最多就是建立起一个强制自我规制的结构。

新的规制或治理模式有:回应型规制(Ayres and Braithwaite, 1992)、明智型规制(Gunningham and Grabosky,1998)、问题解决式规制(Sparrow,2008)、后设规制(Parker,2002)、市场社会规制

(Edwards and Gill, 2002; Gill, 2000)、治理三角(Abbott and Snidal,2006)、规制资本主义(Braithwaite,2008)、风险回应式规制(Black and Baldwin,2010)以及负责规制的机构作为社会公民的模式(Silbey et al., 2009; Silbey, 2011)。以上理论为认识规制问题和方法提供了新的路径,并且常见的研究主题较为一致。例如,对执法、自我规制等不同制裁方式和应对策略的需求,规制方与被规制方之间“谈判关系”的必要性,合规性的达成,监管机构的自反性、反应性和能动性,以及在不同程度的国家干预中,非国家主体和机构的参与等。正如海恩斯(Haines)所指出的:

这篇文献将规制者置于一个广泛的治理框架内,于狭窄的规范框架内执行规则,避免强制执法,而优先考虑政策组合、手段混用、第三方参与以及执行机制,它们可以共同“推进”和“拉动”(Gunningham and Grabosky,1998: 259)被规制者对目标的反身性理解,规制者想要实现并引导他们以一种勤勉的方式来实现目标(Haines 2011,118 -9)。

然而,这种新的规制模式往往专注于监管机构及其策略——它们通常以高度的国家干预或“引导”为特征,更具有正式性(例如,某行业内监管机构要求企业实施足够的合规系统)。从这个意义上说,独立于国家而受到较少干预、影响的机制出现,同时,“规制”的影响是次要的(例如,其主要的目的在于创造利润),尽管尚未被认可,但这类机制在不断变化的市场和企业中具有重要意义(参见本书第七章)。

更深入的问题是,这些机构往往关注国家内部和非跨国家所发生的问题。跨国规制模式已经被提出(see for example Braithwaite and Drahos,2000;Djelic and Sahlin-Andersson,2006),例如,肯尼斯·艾伯特和邓肯·斯尼达尔(Kenneth W. Abbot and Duncan Snidal)(2013)认为,他们通过"协作"管理策略,探讨政府间组织在跨国规制标准制定(TRSS)中的关键作用(与国际和国家公共利益集团合作,直接与目标企业、行业团体接触,鼓励自我规制)和"业务规划"(授权有类似意图的中间机构去推动自我规制,如公共利益集团倡议、私人倡议以及公私合作倡议等)。尽管现在有人试图关注"超越回应型规制"理论(see Grabosky 2013),但这种做法是在回应型规制原则的框架内制定的,其奠定了现代规制思路的基础(see Mascini, 2013;Parker, 2013)。当然,对模型的批评是存在的,特别是关于分级制裁模型的假设,在起诉率较低(参见本书第六章),以及其与"放松管制"、新自由主义相关概念的关联性和稳定性较低的情况下(see Tombs and Whyte, 2013),这些模型的可信度存疑。

## 七、当代规制理论与企业跨国贿赂

第二章所讨论的英诺斯派案和西门子案表明了国际商业中企业贿赂案件的跨国性质。如上所述,这种贿赂的性质为目前的规制理论带来了许多重大问题。首先,上述理论的经验性基础仅限于某些行业部门、国内发生的罪行(不是跨国的)以及受国家管辖范围限制的国家机构和监管机构。例如，艾尔斯和布雷思韦特（Ayres and Braithwaite）（1992）的回应型规制模式严重依赖于美国、澳大利亚的说明性材料，而对英国相关材料的依赖程度相对较小，他们还提到了特定行业（制药、养老院等）来说明其论点。同样，甘宁汉姆和格拉博斯基（Gunningham and Grabosky）（1998）关于环境政策的明智型规制模式是根据经验发现而提出的，主要基于北美、西欧和澳大利亚农业工业的具体案例研究。这种模式和规制办法在应对跨越部门、国家和司法管辖区的行为时存在困难，如企业跨国贿赂行为。监管者如何监管非特定发生于一个部门而跨两个或多个司法管辖区的行为？鉴于各国存在不同的法律框架，这一情况更加复杂。

其次，与上述问题类似，一般要求被监管的对象是明确的、切实存在的，但这样就存在极大问题。可以发现，当这些被监管的对象有切实的危害和后果时，如向河流中倾倒化学物质或者是特定药品，规制者往往能够关注到这些行为，因为其对个人和群体产生了切实的危害后果。然而，企业跨国贿赂在本质上并不那么显而易见。由于这种腐败行为通常涉及至少两个自愿参与的主体，且直接交易的双方都有利可图，因而往往缺乏直接受害者以及直接危害后果。查明此类活动会进一步带来问题。虽然可以对一条河流进行污染程度测试，但腐败个人或组织之间的现金流动却难以被发觉、跟踪以及归因于责任代理人。由此可见，在贿赂一名执行日常事务的官员时，现金支付的方式能进一步掩饰腐败，而诸如交换服务等其他形式的贿赂和腐败，则更显而易见。

再次,以往的文献中,对行业的监管主要涉及特定的监管机构,这些机构负责控制和管理行业内企业的不良行为。这些机构通常由国家设立,由特定机构执行。例如,在英国,金融行为监管局和英国审慎监管局[前者为 the Financial Conduct Authority, FCA;后者为 the Prudential Regulation Authority, PRA;这两个机构同归属于金融服务管理局(the Financial Service Authority, FSA)]是由国家创建、行业资助并针对金融机构的监管机构,不能将其监管范围扩展到金融部门之外。这种特定行业的规制不能适用于在特定部门和国家市场以外的其他部门内部及其之间发生的企业跨国贿赂(尽管最引人注目的是建筑业和制造业)。英国反严重欺诈办公室对严重腐败具有本国管辖权,但大量的严重欺诈行为也在其职责范围内,而不仅仅是贿赂(参见本书第五章)。这进一步质疑了规制模式的有效性,规制模式要求"规制机构"与"被规制机构"之间进行某种形式的持续性协商。一个行业受到规制并被不断监测的可能性是存在的,但在企业跨国贿赂的情况下,对个别企业或部门的规制更为复杂。企业只有在被起诉后,才能被规制。在这些情况下,基于逐步升级的制裁和执法战略的具体威慑效果可能被证明是有效的。此时,威慑模式所主张的刑法可能具有更重要的意义,而对所有在海外经营的企业的普遍威慑而言,这一点则不那么明显。

最后,上述问题突出了跨国、多司法管辖区规制的难度。美国和英国的法律框架广泛而深入,允许两个司法辖区内负责规制的机构调查和起诉海外企业(参见本书第四章)。例如,根据美国《反海外腐败法》,在外国工作的英国公民或者在海外经营的企业,如果受雇于或者隶属于与美国公司合资的企业,又或者该企业在美国证券交易所上市,那么根据《反海外腐败法》,美国对该个人与企业具有管辖权。尽管2011年3月英国发布的指导存在法律漏洞,在起诉时相关问题取决于法院的解释(参见本书第六章),但类似的管辖同样适用于英国《2010年反贿赂法》。在其他情况下,同行调查、同行起诉和“全球和解”通常通过司法协助的方式进行,但这种国际规制面临许多重大挑战,例如,从尚未批准国际公约的国家收集证据(参见本书第五章和第六章)。其他需要考虑的问题诸如,对此类事物或案件的管辖权问题,重复处罚的风险,罚款与没收违法所得的分享机制(见英诺斯派案),以及如何向有关国家和受害者提供赔偿等。这种主权的冲突使得各国在这些方面的缺漏更加明显,包括之前讨论过的规制模式的问题。

考虑到上述四点,除了对规制理论的分析外,还需要一个帮助理解企业跨国贿赂的规制框架,以进一步解释跨国有组织贿赂的复杂机制、实践和各类关系。本章则提出了上述框架。

## 八、制定分析框架

将焦点从正规机构转移到对问题性质的讨论,有助于确定以下内容:(1)因为上述问题而出现的规制机制(例如,刑事执法、监管执法、风险管理、自我规制);(2)制定这些机制的直接和间接主体(例如,国家机构、商业企业、政府间和非政府组织);(3)这些主体的运作基础以及这些做法的起源(例如,微观、中观和宏观层面,国家、商业、政府内部和非政府领域)。考虑到这一点,有必要研究如何对市场内的企业这一群体进行监管,而不是专注于个别企业的"违法者",同时,在变幻莫测的背景之下,有必要将注意力转移到研究如何涵盖不同机制的监管格局之上。

吉尔(2000,2002),以及爱德华兹和吉尔(2002)共同提出了一个有用的组织化框架来理解市场中现有的规制措施。这一框架将监管市场中的行为作为"西方"现代警务的语境之一,或者说主要语境(Gill,2002)。该框架明确了对合法和非法市场内主体规制的执法与不执法方式相结合的混合对策,分析重点从对正式监管机构及其策略的单一关注,转移到理解塑造企业和市场行为的程序、实践和相互关系等问题。该框架通过使用概括而具有包容性的"规制"的定义(如前所述),解释如何通过直接或间接参与规制谈判的国家和非国家主体的不同组合去规范市场社会中的行为。随着时间推移,通过此类监管机构与被监管机构(跨国企业)之间的协商等相互作用,得以促进并实现行为的改变与合规化。从群体层面而不是从个别企业层面来审视规制框架,有助于分析共同规范企业运营市场的各种混合对策(例如,强制执行、自我规制,或者两者兼顾)。

企业跨国贿赂本质上是一种市场现象,既涉及在合法市场经营的合法企业,也涉及依赖于"灰色"市场的非法活动。在"灰色"市场所在司法管辖区内,贿赂是"常见的商业惯例"(当地文化中被接受的一部分),而"灰色"市场中往往会滋生众多跨国商业活动。在随后的章节中,本书将利用这一框架来组织后续章节的讨论,围绕刑民混合执法(例如,刑事执行和民事制裁)、自我规制(例如,企业合规、业务规划)或者正出现在企业跨国贿赂规制框架中的混合举措(例如,同时包含执法和自我规制的机制)来展开,爱德华兹和吉尔建议将其用来“协商”如何实现合规和规制。图3.1展示了实践中的理论范围,横向范围(横轴)展示了市场中从明确合法到明确的变化范围,而“灰色”市场将在这一区间内出现;纵向范围(纵轴)展示了官方可能采取的各种举措,从实施全面执法活动,再到完全放弃所有监管措施。

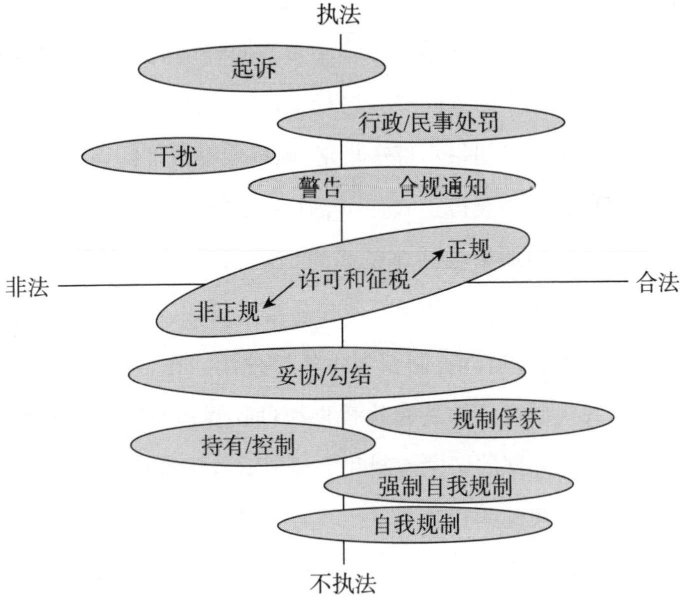


**图3.1　合法和非法市场中的执法和非执法机制(Gill,2002:535)**

如图3.1所示,在非法市场中,执法的最顶端更可能是刑事制裁;而在合法市场中,则往往是行政或民事处罚。因此,椭圆的位置是相对的,“起诉”的右边缘和“行政/民事处罚”的左边缘表明,在合法市场中的活动可能受到刑事起诉,同时非法市场中的活动可以通过行政或民事手段解决。监管机构没必要对明确的合法市场进行“干扰”,但是证据收集的成本较高,起诉结果具有不可预测性,因此,警察和海关机构越来越关注如何瓦解犯罪活动与相关市场。在这种情况下,与监管机构在合法市场发布的“合规通知”相比,“警告”可以鼓励交易者改变行为方式,因此,警察可以正式或非正式地将“警告”用作起诉的主要替代手段。根据该模型,“许可和征税”可以代表不同程度的监管,例如,对可以进行合法交易的危险产品进行正式监管,要求交易者持有相关许可证。交易者如果不遵守规定,则可能会被吊销许可证。虽然非法交易者不能获得正式许可,但在某些情况下,他们可以从警察或监管机构那里收到非正式的“许可证”,就像作为警察线人的街头商人那样。这种交易者极易被制裁,以及被吊销执照。

在连续执法的后期,制裁根本不被使用。在合法市场中,行业中的自我规制被认为是有效教育和自我管理共同作用的理想结果。这表明外部的国家规制和干预是不需要的或不可行的,这与上文关于合规性的讨论有关。“妥协/勾结”的产生与所有监管机构由于资源不足而无法全面执行的情况有关。所以,根据优先顺序,这种情况难以避免,这意味着在缺乏监管对策的情况下,就会发生某些非法交易或违规行为。因此,监管者虽然可能意识到某些活动存有问题，但不得不容忍这些行为，因为这些活动带来的好处可能超过其造成的损失（Edwards，2010）。“规制俘获”的出现可能是共享的意识形态与人员、奖励与威胁导致交易者“俘获”监管机构，以确保其违规行为不被惩戒。在某些极端情况下，甚至可能会发生交易者“持有或控制”的情况，即“规制者”参与了市场盈利。BAE 系统公司贿赂丑闻是其中典型，该案涉及英国和沙特阿拉伯政府之间的军火合同，而 BAE 系统公司是这笔交易中的军火生产商和供应商。随后，此案在调查和起诉中的困难反映了政府与企业之间的关系以及其他制约因素。因此，上文概述的概念框架基于以下观点：

> “规制”本质上体现了一种需要通过执法措施和替代制裁手段来协调的社会关系。这一假设的关键内容在于，仅通过在实践中指挥和控制投资的方式来完成减少有害行为的目标是不现实的，特别是执法资源在经济、政治、文化层面受限的情况下（Edwards，2010：44）。

因此，规制者可能会对交易者和交易市场采取多种手段，即运用规制者和交易者之间的“协商关系”形成的混合执法手段。在任何特定的时间和地点，这些关系的具体性质都是由某些因素决定的，例如，监管机构的可用资源，法律授权的性质，以及交易者所带来的政治、经济和道德方面的威胁。然而，对爱德华兹和吉尔（2002：215）而言，市场的变化不仅取决于权力机关的行动，还依赖于交易者的适应能力和成功抵抗诱惑的能力。因此,这种“协商关系”延伸到更广泛的主体互动之中:包括规制者对执法政策成效的预计、执法成本、公民权利和道德(Beare and Naylor,1999),以及对警察和罪犯之间“进化斗争”的研究,这种斗争甚至可以与军备竞赛或情报和反间谍活动相提并论(Ekblom,1999)。从运作层面来看,这一程序在任何规制方法中都至关重要。尽管从“轻度违法”或“超出合法迈向非法”的角度讨论市场本身就是一项困难的任务,不过显然,市场不仅可以根据交易者违法程度而变化,还可以根据其规模、范围、位置、行为类型和涉及的产品、法律等进行转变,这一论断适用于大多数规制问题。例如,根据定义,考虑贿赂在金融市场和交易中的地位和作用,以及在促进交易方面的作用等,可以认为,企业贿赂是一种以市场为基础的活动。

## 九、结论

本书关注如何管控在商业活动中行贿外国官员的企业。国家当局起诉“企业犯罪”的方式在历史上存在差异,我们可以从中获得深刻的见解。这些差异带来了历史遗留问题,使在起诉跨国和复杂且有组织的企业犯罪时,国家间的合作更加复杂。同时,这些历史遗留问题对理解刑事制裁(此处指主权国家为控制企业非法行为而采取的一种强制机制)的局限性非常重要。

规制并非易事。本章开始时所讨论的有关跨国犯罪警务的挑战,表明了主管部门所面临的问题。此外,认知局限和权力分配的问题使得各国在提供有效的犯罪“警务”方面所面临的困难更加突出。因此，规制方式已经发生转变，特别是在企业犯罪领域，传统的警务做法与现今的规制举措非常相似。

不同主体对规制的理解存在差异，在任何规制方法中，执法和自我规制的水平差异都十分明显。这项研究的分析框架将分析焦点从对监管机构和具体机制的关注，转向理解市场中可用于规范主体的混合措施。这一框架的关键在于，规制者和被规制者双方通过协商所达成的社会关系决定了规制的完成程度。对这些问题的思考推动了对规制理论的重新审视，这与通过研究各种机制后所形成的对行为变化的深入理解相一致。理解有关企业跨国贿赂问题的规制，有助于深入了解如何发展此类理论，以解决涉及跨司法管辖区的单位犯罪及其管控问题。

对企业跨国贿赂问题的思考，以及英国和德国针对这一问题规制对策的对比研究，有助于从经验、理论和概念上对上述关于企业犯罪规制与控制的争论进行考量。目前的规制理论侧重于研究具体现象、特定行业、特定司法管辖区内的规制方式，以及对“规制”概念进行狭义理解，以上因素使得当代规制理论受限，即使其本可以应用于“受规制”部门以外的领域。与以上例子不同的是，企业跨国贿赂是在所有跨国企业和营商活动中都存在的问题。因此，对其的研究不应局限于任何一个管辖区、部门或监管机构。在英国和德国存在多机构和部门控制企业贿赂的途径，但这些传统“警务”当局仍采用与行业监管机构相关的传统规制技术和方法（例如，强制实施自我规制的做法与劝说；参见本书第六章）。

# 第四章　法律的执行：从国际到国内

英国《2010年反贿赂法》并非旨在将严厉的刑罚施加于那些出现一次单独贿赂事件但经营良好的商业组织，因为在实践中，99%的组织已尽其最大努力防范贿赂的发生，最后却发现特定违法行为的出现只是因为组织内部体系的纰漏。英国反严重欺诈办公室在执行这项法案时所感兴趣的是打击真正的罪犯，也就是持续参与腐败且在与守法者的竞争中获取不公平优势的极少数罪犯[Vivian Robinson QC, then General Counsel of the SFO, Securities Docket webcast, (13 January) 2011]。①

## 一、概述

规制领域的关键"工具"构成了监管机构运作的法律框架。经合组织、联合国和透明国际等政府间和非政府组织呼吁各国制定和修改立法，以创建一个更有效的跨国反腐败和反贿赂的法律

① Webcast available at: http://www.securitiesdocket.com/2011/01/04/january-13-webcast%E2%80%94100-days-and-counting-the-impact-of-the-uk-bribery-act-on-u-s-companies-2/ <Accessed 10/11/2013>.

环境。考虑到国际和国内的压力以及为了获取更多可用法律工具,调查和起诉方法也发生了改变,上述声明反映了这一点。在英国《2010年反贿赂法》生效后的几个月,时任英国反严重欺诈办公室的王室法律顾问维维安·罗宾逊①(Vivian Robinson)(之后任职于伦敦的一家美国律师事务所)暗示,尽管该法案规定可采用刑法手段,但刑法只能全力以赴用于打击涉及持续违法者的"极少数"案件,且只有在适当的法律框架下才能做到这一点。刑法框架对于检察官具有重要意义,因为它具有象征意义和(潜在)威慑作用,它使国家能够:(1)与企业就如何监管进行协商(虽然仅局限于书面上的象征性规定,而缺乏实际效果,但检察官却通过这种方式对不合规行为进行威慑,详见第六章);(2)使公众(例如,政府间和非政府组织、企业界、媒体、积极参与者等)相信其正积极推动国内企业和企业在海外司法管辖区违法行为的犯罪化。

法律本身虽然并不足以改变公司和企业内部的行为,但却提供了一个规范性的框架,在这个框架内规定了应受谴责的活动(通常是为了响应非国家组织的"创业道德精神",偶尔也是为了政治"拥护")。重要的是,本书不仅要概括英国和德国这两个司法辖区的法律框架,还要理解和分析这些框架:(1)受到内部(例如,国内反腐败积极分子)和外部(例如,国际和政府间反腐败组织)压力的情况;(2)如何被国家法律传统和法律文化所改变;

① 英国王室法律顾问(Queen's Counsel,QC)。

(3)如何在实践中得到执行和应用。

本章将通过研究英国和德国为符合国际、区域性公约和指导原则,对法律框架和国家层面立法进行了多大程度的调整和改变,来主要分析第(1)点和第(2)点。第(3)点将在本书第五章至第七章进行探讨。与“国内贿赂”相对,本章将重点放在“外国贿赂”或“国际贿赂”的相关立法和公约上,必要时,对国内贿赂犯罪也会有所涉及。本章内容非常有实操性,并且非常详细,这对于读者理解负有监管职责的当局必须遵循的运作框架极为必要。

首先,本章将审视在国际和跨区域层面创建的法律框架,并对经合组织和联合国公约重点条款和条文进行分析和讨论。其次,本章转而讨论区域层面以及欧洲理事会和欧盟的相关条款。再次,对英国和德国的法律框架进行分析,以说明国际和区际公约在国内法中的实施情况。讨论相关的法案和罪行,凸显了“企业家道德创业精神”在国际、区域和国家层面对贿赂和腐败“问题”概念的重大影响。最后,本章还将讨论美国1977年《反海外腐败法》,因为它具有域外效力,所以与英国和德国企业在海外经营行为息息相关。本章还会明确立法和公约的局限和优势。

本章的关键论点如下:比较分析英国和德国法律框架后,发现两者有很大程度的趋同性,但在法律原则上(例如,法人或自然人的罪责)有基础性和实质性的差异,这些差异决定了刑事强制措施执行的障碍。关键性的法律分歧易导致法律框架模糊不清，像英国和德国这两个八国集团主要经济体尚且如此，更遑论那些在反腐败框架方面欠发达的司法管辖区。然而，国际组织偏好实用主义，倡导“功能对等”，这本身就表明在反腐机制中不能只使用刑法。

## 二、国际与区域层面

国家努力确保自己的经济和企业利益。因此，对那些国内企业有意愿开展出口业务或进行海外投资的国家而言，创造一个公平的竞争环境非常重要。在 20 世纪 70 年代，美国政府对美国企业的行为进行了内部批评，随后颁布了美国 1977 年《反海外腐败法》（参见下文），并期待其他司法管辖区也会效仿。然而，这种效仿并没有立即发生，直到 20 年之后，在美国政府的施压下经合组织才在 1997 年制定了《关于打击国际商业交易中行贿外国公职人员行为的公约》（the Convention on Combating Bribery of Foreign Public Officials in International Business Transactions，以下简称《经合组织反贿赂公约》）。该公约要求主要经济国家在国家层面制定类似的反跨国贿赂法律。还有一项重要的公约是 2003 年的《联合国反腐败公约》（the UN Convention against Corruption，UNCAC）。《联合国反腐败公约》的创建更具有复杂性和社会公正性，它代表了更广泛的利益相关者和司法管辖区的利益。德国和英国于 1998 年批准了《经合组织反贿赂公约》，其分别于 1999 年 2 月在德国、2002 年 2 月在英国生效并执行。在撰写本书时，德国尚未批准《联合国反腐败公约》,但已于2003年12月签署该公约。英国于2006年2月批准了《联合国反腐败公约》。

## 三、《经合组织反贿赂公约》(OECD Anti-bribery Convention)

《经合组织反贿赂公约》是第一部,也是唯一一部规制贿赂行为且具有法律约束力的文本。根据英国和德国的法律(见下文),该公约处理的是与"被动贿赂"相对应的所谓"主动贿赂"。这意味着该公约的重点在承诺或提供贿赂者的犯罪行为上。也就是说,该公约并未使用"主动贿赂"一词,以避免非专业读者产生误解,行贿者是主动方而受贿者是被动受害者(OECD 2011a:14),实际上,受贿者往往会诱导或是向行贿者施压,也更加"主动"。

该公约在缔约方为制裁贿赂外国公职人员的行为而采取的制裁措施中寻求"功能对等"。"功能对等"允许缔约国实施他们认为合适的任何手段,只要其能够满足该公约第1条(贿赂外国公职人员罪)的要求即可。因此,每个司法管辖区的反贿赂执法措施并不要求缔约方法律体系基本原则的统一或变更。出于实用主义和政治原因,该公约不存在跨辖区协调反贿赂措施的要求,即"目标"(例如,减少贿赂或加强执法)优先于"手段"(例如,企业刑事责任在英国适用,但在德国不适用)。这就需要对"对等"的概念进行更多分析,而非仅仅技术性复制。

该公约高度且集中针对那些在全球出口和国外投资占比较大的国家。该公约在1997年公开签署后,于1999年生效;60日后,出口份额最大的10个国家中有5个国家交存了接受、核准和批准的文件,上述5个国家的出口总额至少占出口份额最大的10个国家的60%。该公约第1条概述了缔约方在贿赂外国公职人员方面应认同的内容:

1.每一缔约方应采取必要措施以确定根据其法律下列行为属犯罪行为:任何人,无论直接还是通过中间方,故意向某一外国公职人员,为该官员或为任何第三方提供、承诺或给予金钱或其他利益,使该官员在履行公务方面作为或不作为,从而在从事国际商业过程中获得或保留商业利益或其他不正当利益。

2.每一缔约方应采取必要措施以确定共同参与者的行为,包括鼓动、协助和教唆,或授意行贿外国公职人员的行为属犯罪行为。企图和共谋行贿外国公职人员应与企图和共谋行贿本国公职人员同属犯罪行为(OECD 2011a:Article 1)。

该公约确立了具有法律约束力的标准,将在国际商业交易中贿赂外国公职人员的行为犯罪化,并要求缔约方提供措施使之有效。该公约还概述了缔约方必须确定法人和自然人对此类罪行的责任,并确保所实施处罚措施的有效性(尽管"有效性"的具体含义仍未定义)。此外,缔约方在处理境内或部分境内的犯罪时需要确定管辖权。正如透明国际所指出的,《经合组织反贿赂公约》缔约方的义务分为五类：犯罪化、反洗钱、关于私营部门的规定、国际合作和监督。[①] 经合组织无法直接强制执行该公约，但是可以监督参与国内的立法执行情况及其有效性。这主要由经合组织反贿赂工作组承担。该公约规定，在所有40个缔约国（34个经合组织成员国和阿根廷、巴西、保加利亚、哥伦比亚、俄罗斯、南非6个非成员国），海外贿赂都被确定为犯罪。[②] 同时，这些国家还同意取消贿资课税减免。

企业跨国贿赂的关键是被指控受贿的公职人员和其所在国，二者的定义至关重要。该公约的相关规定如下：

1."外国公职人员"指在外国担任立法、行政或司法职务的任何人，无论其是被任命还是选举担任；为外国行使公共职能的任何人，包括为公共机构或公共企业；以及公共国际组织的任何官员或代理人；

2."外国"包括从国家到地方的各级政府及其分支；

3."在履行公务方面作为或不作为"包括对公职人员职位的任何利用行为，无论该行为是否是该官员的法定职能（OECD 2011a：Article 1）。

---

① TI's overview of the OECD Convention available at：http://archive.transparency.org/global_priorities/international_conventions/projects_conventions/oecd_convention <Accessed 10/11/2013>.

② http://www.oecd.org/daf/anti-bribery/antibriberyconventionratification.pdf <Accessed10/11/2013>.

这为外国公职人员提供了广泛而全面的定义,从资深政治家到国有企业的经理再到当地的警察都被囊括在内。英国和德国的法律采用了类似的宽泛定义。该公约第5条的执行规定也值得进一步考虑:

对行贿外国公职人员的调查和起诉应符合每一缔约方的适用法规和原则。不得受国家经济利益、与另一国关系或所涉自然人或法人的身份等因素影响(OECD Convention, Article 5, 1997 [emphasis added])。

首先,了解“国家经济利益”的构成以及其与小规模经济利益有何不同至关重要。第二章中列举的英诺斯派案清楚表明了托马斯大法官的观点,对英诺斯派施加高额罚款会更恰当地匹配犯罪的程度,但这样做会导致该公司立即破产,并会“影响该公司的无辜雇员……为该公司给付未偿付的退休金负债带来了相当大的困难”(Judiciary of England and Wales, 2010: note 42, iii)。

其次,经合组织在对BAE系统公司的调查中也提出了类似的担忧,托尼·布莱尔认为,调查会危害与沙特阿拉伯的关系以及未来英国的国家安全。这也凸显了经合组织对于违反该公约义务行为的重大关切(OECD 2007a)。同时,司法机关与行政机关的独立性也是一个问题——立法机关可以施加强制性判决,但是,政府应当因为在这种情况下履行公约“失败”而遭受批评吗?经合组织在决定是否批判或是否实施正式制裁时的阐释至关重要,而在国家层面,法院对这一问题的解释亦如此。

## 四、《联合国反腐败公约》(the UN Convention against Corruption,UNCAC)

《联合国反腐败公约》的目标是:

1. 促进和加强各项措施,以便更加高效而有力地预防和打击腐败;

2. 促进、便利和支持预防和打击腐败方面的国际合作和技术援助,包括在资产追回方面;

3. 提倡廉正、问责制和对公共事务、公共财产的妥善管理(UN 2003:Article 1)。

《联合国反腐败公约》是第一部全球性的具有法律约束力的打击腐败的法律文本(UN,2009:xvii)。它要求缔约国实施许多影响其法律、制度和实践的具体反腐措施,其目的是帮助预防、发现和制裁腐败行为,并鼓励缔约国之间合作。该公约要求各缔约国认定一系列与腐败有关的犯罪行为,尤其重视国际合作在预防和加强打击腐败上的作用。该公约还包括有关资产追回、技术援助和实施的"创新和深远"的规定。

《联合国反腐败公约》于2003年开放签署,并于2005年生效。该公约共有八章71条,与《经合组织反贿赂公约》的17条相比较长。与其他公约相比,《联合国反腐败公约》的规定更为详细和广泛,并具有广泛的全球影响力。该公约由来自100多个国家和地区的代表协商制定，同时，诸如透明国际等民间组织在这个过程中也发挥着重要作用。截至2013年5月，该公约有140个签署国和167个缔约方，这足以表明其覆盖范围之广。[①] 正如透明国际所指出的，缔约方的义务分为以下几类：预防性措施、定罪、国际合作、资产追回框架、技术合作、信息交流以及实施机制。[②]

《联合国反腐败公约》对"外国公职人员"一词的定义几乎与《经合组织反贿赂公约》相同，但还包括缔约国本国法律中被界定为"公职人员"的任何其他人员。该公约在许多方面超出了《经合组织反贿赂公约》的范围。例如，其第15条和第16条分别要求对国家公职人员和外国公职人员的"主动"和"被动"行贿行为进行刑事定罪。除此之外，该公约第21条明确将私营部门内的贿赂纳入《联合国反腐败公约》约束范围，而《经合组织反贿赂公约》未包括的许多其他犯罪（如贪污、滥用职权等）也被明确列入了此公约。所有这些规定都包含在英国和德国的法律中（参见下文）。

《联合国反腐败公约》（第6条第2款）和《经合组织反贿赂公约》（第27条以及关于第5条的注释）都阐明了反腐机构独立

① http://www.unodc.org/unodc/en/treaties/CAC/signatories.html <Accessed 10/11/2013>.

② TI's overview of the UNCAC available at: http://archive.transparency.org/global_priorities/international_conventions/projects_conventions/uncac <Accessed 10/11/2013>.

的重要性。与英国特别相关的是，根据英国《2010 年反贿赂法》第 10 条的规定，现允许英国反严重欺诈办公室主任在未经总检察长同意的情况下提起诉讼。然而，在此之前，英国反严重欺诈办公室主任尽管理论上是独立的，但是，如果要检控任何海外贪污案件仍须得到政治任命的总检察长的授权。时任英国反严重欺诈办公室主任罗伯特·瓦德尔（Robert Wardle）在时任司法部长戈德史密斯（Goldsmith）勋爵的施压下撤销了 BAE 系统公司的案件，这使反严重欺诈办公室的独立性受到质疑。[①] 经合组织和其他国家的困难在于明确政治是否具有独立性。虽然政治影响是线性的，而不是二元的，但可以通过各种方式产生影响，例如，与具体起诉无关的资源匮乏或丰富的情形。《联合国反腐败公约》还更详细地规定了对缔约国在相关程序方面的要求。例如，该公约第 46 条对司法协助展开了深入的讨论，并提出了 30 个独立的观点，规定了缔约国之间应该如何提供相互协助。相较之下，《经合组织反贿赂公约》在这个问题上仅提出了 3 点意见。因此，《联合国反腐败公约》涵盖了与《经合组织反贿赂公约》相似的要求，但远超《经合组织反贿赂公约》的范畴。

## 五、区域层面：欧洲理事会与欧盟

尽管《经合组织反贿赂公约》专门针对那些国际出口份额较

---

① See *The Guardian*: '*Nobbling the Police*', available at: http://www.guardian.co.uk/baefiles/page/0,2098531,00.html <Accessed 10/11/2013>.

大的国家,但联合国和经合组织的范围覆盖全球。然而,虽然区域层面重要的公约和条款缔约主体确实可以包含来自欧洲以外的国家,但它们仍然更普遍地专注和关切欧洲事务,其中最重要的是欧洲理事会和欧盟公约及议定书。

(一)欧洲理事会(Council of Europe, CoE)

1999 年,欧洲理事会(1999a)《反腐败刑法公约》(Criminal Law Convention 1999)于2002 年生效。截至2013 年7 月,批准或加入的国家总数为44 个,签署但未批准的国家总数为6 个。英国于1999 年签署该公约并于2003 年批准。德国于1999 年签署该公约,但尚未批准。该公约也向欧洲理事会的6 个非成员国开放,其中,美国和墨西哥已签署,白俄罗斯已签署并批准。

该公约旨在对多种腐败行为进行协调定罪,同时规定了相应的刑事措施条款和改进检控腐败犯罪中的国际合作条款。该公约第2 条至第11 条要求签署国将国内外公职人员、国内外公众集会成员、国际组织官员、国际议会议员以及国际法院官员主动或被动贿赂行为认定为犯罪行为。私营部门的主动和被动贿赂也应当被认定为犯罪。该公约还要求将有影响力的腐败行为、洗钱及与利用会计违法行为有关的腐败行为认定为刑事犯罪。该公约还包括了关于协助、教唆、豁免、确定国家管辖权的标准以及法人责任、设立专门的反腐败机构、对侦查机关或检察机关合作者的保护、收集证据、没收程序的规定。

1999 年,欧洲理事会(1999b)还制定了《反腐败民法公约》(Civil Law Convention on Corruption 1999),该公约于2003 年生

效。德国和英国分别于1999年和2000年签署了该公约，但尚未批准。在英国，批准取决于何时能在立法上解决国内法中民事诉讼缺乏适当时效的问题（GRECO 2001：paragraph 29）；而在德国，议员们模棱两可的态度给批准造成了障碍（见下文）。截至2013年7月，批准或加入该公约的国家总数为35个，签署后未批准的国家总数为7个。

该公约首次尝试界定与民法和腐败有关的共同国际规则。正如该公约第1条所述，缔约方必须在其国内法律中规定“为因腐败行为而遭受损害的人提供有效补救措施，使其能够捍卫权利和利益，包括可能获得损害赔偿”。《反腐败民法公约》也规定了腐败的定义，这是唯一明确这样做的公约，但是不够细致，没能将公共和私人腐败、法人和自然人腐败，或者这种好处是为了个人利益还是组织利益加以区分。①

欧洲理事会制定并通过了一系列多方面的法律文本。包括：

1.《2003年关于〈反腐败刑法公约〉的附加草案》（the Additional Protocol to the Criminal Law Convention on Corruption 2003）；

2.《1997年反腐败二十项指导原则》（the Twenty Guiding Principles against Corruption 1997）；

---

① 1999年欧洲理事会《反腐败民法公约》第2条规定：“就本公约而言，‘腐败’是指直接或间接要求，提供、给予或接受贿赂或任何其他不正当好处或有关前景，贿赂或任何其他不正当好处或有关前景的受贿者不适当履行其职责或行为。”

3.《2000 年公职人员行为守则建议书》(the Recommendation on Codes of Conduct for Public Officials 2000)；

4.《关于 2003 年政党和选举运动资助中反腐败共同规则的建议》(the Recommendation on Common Rules against Corruption in the Funding of Political Parties and Electoral Campaigns 2003)。

这些文本涉及的问题包括公共部门和私营部门腐败行为定罪，腐败造成损害的责任承担和赔偿，公职人员的行为以及政党的筹资。这些文本为各国在国内和国际上进行反腐败活动提供了支持，1999 年成立的反腐败国家集团则监督缔约国对各项标准的履行情况。

(二)反腐败国家集团(Group of States against Corruption，GRECO)

反腐败国家集团通过相互评估和同侪压力，查明国家反腐政策的不足，继而就必要的立法、体制和实践改革提供咨询意见，并提供防止和发现腐败的最佳信息共享框架。截至 2013 年 7 月，反腐败国家集团由 49 个成员国(48 个欧洲国家和美国)组成，成员不限于欧洲理事会的成员国。任何加入《反腐败刑法公约》或《反腐败民法公约》的缔约国将自动加入反腐败国家集团及其评估程序。

(三)欧盟(European Union，EU)

在欧盟内部，反腐执法受到两个主要公约的影响：1995 年《欧盟保护欧洲共同体的财务利益公约》及其《一号议定书》和《二号议定书》，1997 年《打击涉及欧共体或成员国官员腐败的欧盟公约》。

《欧盟保护欧洲共同体的财务利益公约》和《一号议定书》于 2002 年生效,《二号议定书》于 2009 年生效。《欧盟保护欧洲共同体的财务利益公约》旨在打击影响欧共体经济利益的欺诈行为。因此,要求影响财政预算和财政支出的欺诈行为必须在每个欧盟国家受到有效、相当和有说服力的刑事处罚。《打击涉及欧共体或成员国官员腐败的欧盟公约》则要求每个成员国确保官员积极和消极的腐败是一种应受惩罚的刑事犯罪。该公约还要求成员国采取必要措施,保证企业高层或任何有权力对企业作出决定或行使控制权的人,对在其权力范围内的商业积极腐败行为,承担刑事责任。英国和德国都已签署和公告了这两个公约。

除这些公约外,欧盟于 1999 年成立了欧洲反欺诈办公室(the European Anti-Fraud Office,OLAF),该办公室具有机构间调查权,是欧盟应对腐败的有力工具。欧洲反欺诈办公室的法律地位被《欧盟运作条约》(the Treaty on the Functioning of the EU)第 317 条和第 325 条作了进一步修改,欧洲反欺诈办公室在协调成员国反欺诈合作方面的作用由此改变。2011 年 6 月,欧盟委员会(the European Commission,EC)建立了定期评估欧盟国家打击腐败工作的机制。该机制还有助于优化实践交流方式,确定欧盟趋势,收集欧盟成员国的对比数据,促进成员国相互学习并进一步遵守欧盟和国际承诺。

## 六、国际法对国家立法的影响

上述国际和区域公约改变了在国家层面的立法。它们在很大程度上涵盖了相同的规定，并共同提供了广泛的法律框架，继而需要在批准后在国家层面实行立法。德国尚未批准《联合国反腐败公约》和欧洲理事会的《反腐败刑法公约》《反腐败民法公约》，从而反映出这些公约对“国内贿赂”有所要求，但这一点在《经合组织反贿赂公约》中并不明显，且德国对跨境腐败的定罪缺乏一致性（GRECO 2009：paragraphs 98 and 123）。

反腐败国家集团（2009：paragraphs 37 *et seqq.* and 106 *et seqq.*）关于德国的第三轮评估报告阐明了这些差异。首先，在2006年，德国联邦法院否定了对社区、市议会和县议会等地方自治机构“公职人员”的法律定义，除非他们被赋予行政职责（例如，监督委员会成员），因此，地方反腐败规定存在空缺。

其次，根据《德国刑法典》第108e条的规定，贿赂本国议会成员的行为仅限于购买和出售选举或投票。在国内公众集会中没有其他形式的主动或被动贿赂被定为刑事犯罪，关于国内公职人员的规定（see Section 331 *et seqq.* German Criminal Code below）不适用于他们，也不适用于非物质利益和第三方受益人。考虑到这一点，一个人可以在内部投票中贿赂议员，或贿赂此人的妻子，并且不会有任何后果。由于这些原因，德国无法批准《联合国反腐败公约》和《反腐败民法公约》——2007年德国议会提出了一项可以使这些公约得到批准的修正案草案，但未被接受。[1] 英国

---

① Full draft（in German）available at：http://dipbt.bundestag.de/dip21/btd/16/065/1606558.pdf <Accessed 10/11/2013>.

尚未批准《欧洲理事会相关公约》。

## 七、国家层面:国际公约的法律框架与实施

各国实施相关立法的外部压力很大,法律制定也面临巨大的内部压力。由于这些压力,英国和德国都对规制企业跨国贿赂实施了严格的法律规定,这为执法机关调查和起诉外国贿赂案件提供了依据。两个司法管辖区的决策者以及负责审查法律框架的国际组织和非政府组织决策者都认为,现有规定已经足以应对贿赂外国官员的行为。下面将详细分析这些框架。

### (一)英国

英国《2010 年反贿赂法》(UK Bribery Act 2010,UKBA)于 2011 年 7 月 1 日生效,是英国反腐立法的重要组成部分。在此之前[在某些方面类似于《2006 年反欺诈法》(the Fraud Act 2006)之前的欺诈行为],英国的法律体系提出了一个有些复杂和分散的反贿赂图景,其中有几条涵盖具体腐败犯罪的法律相互重叠。正如杰克·斯特劳(Jack Straw)(2009:3)在《反贿赂法草案立法》(the Bribery Bill Draft Legislation)前言中指出的那样:

我们目前的反贿赂成文刑法是功能性的,只求案件被成功起诉。然而,它是陈旧而且过时的,可以追溯到 19 世纪 20 世纪之交,并且它从未被巩固。因此,各项规定之间的表述和概念前后矛盾,甚至小部分法律可能存在重大缺陷。此外,普通法罪行的确切范围尚不清楚。其结果是公众难以理解这部反贿赂法,检察

官和法院也难以适用。

反贿赂和腐败立法主要是1889年至1916年的《防治腐败法》，包含2001年《反恐怖主义、犯罪和安全法》(Anti-Terrorism, Crime and Security Act 2001)的修正案。

1. 1889—1916年《防治腐败法》(the Prevention of Corruption Acts 1889 - 1916)

1889年的《公共机构腐败行为法》将主动或被动贿赂公共机构成员、官员或雇员的行为认定为刑事犯罪。《1906年防治腐败法》(the Prevention of Corruption Act 1906)认定代理商间的腐败交易为犯罪。根据该法，禁止代理人参与主动和被动贿赂。任何人故意给予任何代理人，或任何代理人故意欺骗委托人而使用任何收据、账户或其他与委托人有利害关系的文件以及在重大事项上有虚假、错误或有缺陷的陈述，且意图误导委托人的行为，都被认定为犯罪。

根据1889年法案和1906年法案提起诉讼的案件可知，《1916年防治腐败法》确立了腐败推定规则——如果能够证明任何在英国政府(或政府部门，或公共机构)的雇员被支付、被给予或接受来自任何人、任何代理人的钱财、礼物或者好处，以获得或寻求同英国政府(政府部门或公共机构)签订合同的，除非有相反证明，否则金钱、礼物或好处就应当视为该法所禁止的、以腐败方式支付、给予、接受的诱惑或回报。

2. 2001 年《反恐怖主义、犯罪和安全法》(Anti-Terrorism, Crime and Security Act 2001)

2001 年《反恐怖主义、犯罪和安全法》第 12 部分修正了《防治腐败法》。该法将“外国”因素纳入《1906 年防治腐败法》和普通法所规定的国内贿赂罪中,并对这些罪行确立了本国管辖权。如果接受或被给予回报者的职能与英国没有任何关系,并且(罪行)在英国以外的国家或地区进行,则变得无关紧要。它还管辖英国国民和依英国法律成立的机构在海外的腐败犯罪。这些修正案部分涉及经合组织公约的治外法权要求。该法第 3 部分规定,解除税收和海关当局共享信息的限制,以便于刑事调查或诉讼。

3. 英国《2010 年反贿赂法》( UK Bribery Act 2010)

英国《2010 年反贿赂法》包含四种不同的犯罪:①主动(提供、承诺)贿赂的一般犯罪;②被动(接受、请求)贿赂的一般犯罪;③贿赂外国官员(广义上包括各种国家官员,如政治家、警察等,而且必须在商业背景下);④商业机构未能防止贿赂(一种严格责任形式,因此企业对其雇员、子公司、中介机构的行为负有法律责任,参见下文)。英国检察官也能够使用各种其他刑事罪名和法律,例如,2002 年《犯罪收益(追缴)法》(Proceeds of Crime Act 2002, POCA)除了将实质性贿赂案件定性为洗钱罪,还有其他罪名。现在对这些犯罪以及关键的分析问题进行更详细的审查。

(1)主动和被动贿赂

这两项一般罪行在许多方面与以前的法律相似。英国《2010

年反贿赂法》第1条规定贿赂他人的罪行：

(1)如有以下任何一种情形，一个人(P)即属于犯罪。

(2)情形一是指——

(a)一个人(P)向另一人提供、承诺或给予财务或其他好处，并且

(b)此人(P)有获得好处的意图——

(i)诱使某人不正当履行相关职能或活动，或者

(ii)回报这个不正当履行职能或活动的人。

(3)情形二是指——

(a)一个人(P)向另一人提供、承诺或给予财务或其他好处，并且

(b)此人(P)明知或确信接受好处本身就是不当履行相关职能或活动的表现(UKBA,2010,Section1)。

第2条规定与受贿有关的罪行：

(1)一个人(R)在满足下列任何情形时即属犯罪。

(2)情形三是一个人(R)请求、同意接受或接受财物或其他好处，并意图(无论是此人R还是另一个人)不正当履行相关职能或活动。

(3)情形四是指——

(a)一个人(R)请求、同意接受或接受财物或其他好处，

并且

(b)请求、同意接受或接受行为本身就属此人(R)不正当履行相关职能或活动。

(4)情形五是指R请求、同意接受或接受财务或其他利益,作为对不正当履行(无论是由R还是另一人)相关职能或活动的酬谢。

(5)情形六是指R出于请求而同意接受或接受财物或其他利益的预期或者后果,不正当履行相关职能或活动——

(a)由R履行,或者

(b)在R的要求下或在R的同意或默许下由另一人履行(UKBA,2010,Section 2)。

这些犯罪行为涉及主动和被动贿赂,并在此过程中引入"相关职能或活动"和"不正当履行"的关键概念。"相关职能或活动"包括有公共性质的任何职能以及与商业有关的任何活动,公职人员在任职期间的行为,任何由(法人或非法人)社团实施或为社团利益而实施的行为。履行职能或活动的人员必须诚信秉公,或者因履行职务或活动而处于值得信任的地位。"不正当履行"取决于是否违背职能或活动的相关期望,或者是否未能履行职能或活动本身就违背相关期望。该职能或活动包括与英国无关或是在英国以外的国家或地区执行的职能与活动。

(2)贿赂外国公职人员

英国《2010年反贿赂法》第6条是本书最重要的部分,它规定了贿赂外国公职人员罪。

(1)如果某人(P)意图干涉某外国公职人员(F)的职能而去贿赂F,P即属犯罪。

(2)P还必须有意图获得或保留——

(a)业务,或

(b)开展业务的优势。

(3)P贿赂F,当且仅当——

(a)P直接或者通过第三方提供,承诺或给予任何财物或其他优势——

(i)给F,或

(ii)应F的要求或经F的同意或默许,给另一人,以及

(b)适用于F的成文法不允许也不要求F因要约、承诺或礼物影响F作为外国公职人员的身份能力(UKBA,2010,Section 6)。

这项罪行包含经合组织对外国公职人员行贿方的要求以及联合国和欧洲理事会《反腐败刑法公约》关于国内外贿赂中主动和被动贿赂的要求。英国《2010年反贿赂法》保留了与上述公约相似的“外国公职人员”定义,而且还包括只有在外国公职人员适用国内法律既不准许也不要求官员受到影响的情况下才会发生贿赂。

从概念上讲,有一个重点需要明确,即贿赂的意图也必须是获得或保住他们的业务或业务优势,这关系到国际商业交易的重点

以及企业贿赂在跨国市场中的定位。在某些方面,这种“业务”方面的标准比一般罪名更窄,但是,和那些常见罪名在意“不当履行”不同,它更广泛地关注“意图施加的影响”,反而容易创造一个更宽泛的标准。也就是说,根据英国《2010 年反贿赂法》,只有在涉及商业交易的情况下,贿赂外国官员才是违法的,因为其在其他情况下的贿赂很少见。一家企业可能会为了英国总体利益,通过贿赂一名外国官员以推动政策变化,而不是想通过贿赂获得相关的具体业务优势。

(3)企业犯罪

英国《2010 年反贿赂法》第 7 条对私营部门十分关切,本节创造了商业机构未能预防贿赂罪:

(1)相关商业机构(C)将被认定犯本节规定的罪行,如果与机构(C)有关联的人(A)贿赂另一人,以期——

(a)为 C 获得或保留业务,或

(b)为 C 取得或保留业务优势。

(2)相关商业机构可以通过证明其采取了充分措施以防止与其有关联的人对触犯贿赂罪行予以抗辩。

在英国,刑事制裁作为一种强制机制在控制企业贿赂方面受到极大的限制,因为高级管理人员能够轻松地将违规行为分包,从而规避被起诉。然而,英国《2010 年反贿赂法》第 7 条规定的罪行旨在通过引入“严格责任”预防企业贿赂犯罪来扭转当前法律对企业责任的规定，即使企业内部没有人知道有关贿赂的存在，企业也可能会被追究刑事责任。

新的反贿赂法案，你可以像美国的做法一样：证明贿赂与企业业务有关，是由与企业有关联的人所支付的，这种有关联的人的范围可以相当广泛，目的是获得或保留业务，或获得开展这项业务过程中的优势。在此之后唯一需要做的就是，检测用于阻止类似事情发生并最终控制企业的制度，即充足程序。所以这不是一种控制性思维，而是相反的非控制性思维。董事会并没有明确授权贿赂，也没有一个足够完美的制度来阻止它，而充足程序必须渗透集团业务的整个结构中（Former UK Investigator/Prosecutor 113）。

因此，该法令第7条规定的犯罪可以使企业因其“关联人”的行为而受到刑事起诉（关于企业刑事责任以及如何影响执法的更详细讨论，请参见第六章）。该法令第8条将“关联人”定义为为企业工作或代表企业利益的人。因此，此人可能是企业的雇员、经理或辅助者。在英国《2010年反贿赂法》实施之后，普华永道事务所事件①凸显了企业第三方的诚信风险。据称，英国富时（FTSE）100指数②企业拥有超过50,000家经常与之互动的外部实体，对大型跨国企业而言，这个数字可能超过10万。

---

① 2010年11月9日，普华永道在伦敦举办了“管理第三方诚信风险”研讨会。

② Financial Times and London Stock Exchange.

英国《2010 年反贿赂法》第 7 条也包含企业的抗辩。为了运用这一点,企业必须证明,以防止“相关人员实施贿赂”的适当程序(参见英国《2010 年反贿赂法指引》第五章中的规定)已落实到位。这强调企业必须确保反腐败程序和合规制度足够强大,能够防止代表企业行事的雇员、代理人、第三方或中介机构实施贿赂。

(4)通融费

通融费的问题引起了企业的极大关注,人们一直认为这是一种常见支付,甚至认为将此类行为定罪会导致英国企业处于不利的竞争环境中。① 通融费支付也被称为“支付给政府促进日常活动的小额贿赂”(Ministry of Justice 2010: paragraphs 44 – 7)。例如,其可能包括货车司机通过边境需要进行小额付款的情形,或者向官员支付费用以加快办理交易许可证或护照的情形。这种支付可能会触发英国《2010 年反贿赂法》第 6 条关于贿赂外国公职人员的犯罪规定。如果官员有意图引起“不正当行为”,并接受这种支付是不合规的,则可能触发该法令第 1 条主动贿赂罪,同时,也可能违反该法令第 7 节企业贿赂罪。

根据以前的法律,通融费是非法的。与美国 1977 年《反海外腐败法》不同,英国《2010 年反贿赂法》没有为这种费用提供任何豁免。这一立场与 2009 年经合组织的建议相关,该建议承认小额通融费对可持续经济发展和法治的腐蚀作用,并要求成员国鼓

---

① See *London Evening Standard*: ‘*Bribery Act lawsuits “could ruin bosses”*’, 21/02/2011, available at: http://www.thisislondon.co.uk/standard/article-23925017-bribery-act-lawsuits-could-ruin-bosses.do <Accessed 10/11/2013>.

励企业禁止或阻止使用通融费(OECD,2009)。美国的立法早于《经合组织反贿赂公约》,而英国的立场显然受到经合组织施加压力的影响,但根据英国之前的法律,通融费也是非法的。

尽管企业不能依赖这一点,但是因通融费而被起诉的可能性很小。尽管政府已经认识到了世界某些地区某些部门的国际贸易问题,但是杜绝通融费是一个长期目标,不仅需要经济和社会的进步以及对法律的持续承诺,还需要国际组织、政府、反贿赂游说团体、商业代表机构和部门组织之间的合作(Ministry of Justice 2010: para. 46)。因此,正如反严重欺诈办公室前主任理查德·奥尔德曼所言:

可以说,对于某个企业一次性收取50美元的通融费并且进行了弥补的情况下,反严重欺诈办公室能检控起诉的前景是极其渺茫的。这仅是我的观点。不过,这种观点并不意味着企业允许每年支付高达一定金额的小额疏通费。如果这变成企业的行事准则,就很可能引起反严重欺诈办公室的调查起诉(Speech by Richard Alderman at the Association of the British Pharmaceutical Industry Legal Day, 2010)。[①]

2012年12月,时任反严重欺诈办公室主任大卫·格林

① Speech available at: http://www.sfo.gov.uk/about-us/our-views/director%27s-speeches/speeches-2010/association-of-the-british-pharmaceutical-industry-legal-day.aspx <Accessed 19/04/2011>.

（David Green）的一封公开信调整了反严重欺诈办公室关于支付通融费的立场，强调此类支付属于贿赂，并且在业务过程中支付的个人和企业有受到刑事起诉的风险。[①] 其中，更隐含的是，格林和反严重欺诈办公室表示，一次性的通融费不太可能被追讨，反严重欺诈办公室网站称“认为在通融费问题上没有灵活性是错误的”。[②] 这些费用的总额可能会导致强制执行，但仍有待观察。无论如何，企业监控其通融费时会考虑汇率差异、不同的文化要求或许多通融费中的勒索因素，因此识别如 50 美元的数额并不是一个特别有用的衡量标准。在有些情况下个人别无选择，只能付款以防止生命、肢体或自由的丧失（Ministry of Justice 2010：para. 48），因此很可能存在“普通法”中的“胁迫”罪。故英国当局不太可能起诉一次性小额通融费。这是由于国家犯罪署（之前的严重有组织犯罪局）处理此类费用的有限资源以及反严重欺诈办公室充分执行法律的资源短缺。此外，国家犯罪调查局对此事有高度的自由裁量权，因为如果企业愿意增加对犯罪活动的报告，很可能最终决定不起诉或不调查。

然而，自英国《2010 年反贿赂法》生效以来，个人和企业支付的任何通融费必须通知严重有组织犯罪局或其后继机构国家犯罪署。这一自我报告义务也符合经合组织 2009 年的建议，即“在所

① Open letter available at：http://www.sfo.gov.uk/media/225554/enforcement_of_the_uks_bribery_act_facilitation_payments_061212.pdf <Accessed 10/11/2013>.

② http://www.sfo.gov.uk/bribery--corruption/the-bribery-act/questions-and-answers.aspx <Accessed 10/11/2013>.

有情况下这些企业必须在账簿和财务记录中准确记账”（OECD，2009：recommendation Ⅵ，ii）。在获得、使用或拥有犯罪财产（例如，从通融费中获得经济利润）没有向当局披露时，支出小额通融费的商业人士（以及可能负责协助和教唆支付的董事）将面临真正的风险。根据2002年《犯罪收益（追缴）法》的规定，上述人士将犯洗钱罪。[①] 个人未能报告通融费有因洗钱罪受到刑事起诉的风险，将被判处14年监禁，不设限制的罚款。

（5）企业招待

还有一个值得关注的问题是，企业招待费以及这种潜在的招待、促销或其他商业开支等同于英国《2010年反贿赂法》中的贿赂，[②]尽管一些媒体关于此事的报道并不准确。[③] 然而，英国《2010年反贿赂法指引》（参见下文）明确指出：如果这种改善商业组织形象或建立亲密关系的支出属于商业上既定和重要的组成部分，且此类行为是合理和相称的，英国《2010年反贿赂法》不会认定它是犯罪（Ministry of Justice 2010：paras 26－32）。例如，

---

① 2002年《犯罪收益（追缴）法》第7部分将可能出现在腐败诉讼中的各种洗钱行为规定为犯罪。

② See for example *The Guardian*：'Revamped Bribery Act is giving firms the jitters'，01/04/2011，*available at*：*https*：//*www. guardian. co. uk/ law/*2011/*apr*/01/ *revamped-bribery-act-firms-jitters* <*Accessed* 10/11/201>.

③ See for example the *London Evening Standard articles*：'*Golf trips ruled illegal under "confusing" Bribery Act*'，11/01/2011，available at：http：//www. thisislondon. co. uk/ standard/ article-23912904-golf-trips-ruled-illegal-under-confusing-bribery-act. do and '*Bribery law may drive sponsors out of sport*，*says Formula 1 team*'，13/01/2011，available at：http：//www. thisislondon. co. uk/ standard/ article-23913788-bribery-law-may-drive-sponsors-out-of-sport-says-formula-1-team. do <Accessed 10/11/2013>.

涵盖外国官员访问工作场所的合理旅行和住宿费,或者在特定地点招待的美食和足球比赛门票不会引起必要的论断。

然而,公认的是,这种行为在英国《2010 年反贿赂法》第 6 条下可以认定为贿赂。要构成贿赂罪,就有必要证明影响官员行为能力的贿赂意图,即保证业务或者业务优势,这是检察官考虑的问题。随后陪审员应根据这些案件的全部证据(例如,所提供优势的类型、水平、方式和形式以及关于签订合同对官员的影响程度)作出判断,不可避免的推论是这笔开支需要官员给予商务或商业优势作为回报。

(6)域外管辖权

英国《2010 年反贿赂法》第 12 条赋予英国法院对在英国实施其第 1 条、第 2 条或第 6 条罪行的管辖权,还包括对与英国有密切联系的人,在英国境外犯罪行为的管辖权。这包括英国国民、经常居住英国的人、在英国注册的机构或苏格兰的合作伙伴。这种密切联系不适用于该法令第 7 条规定的犯罪(企业犯罪)。该法令第 7 条规定,如果机构在英国合并或组建,或机构在英国开展全部或部分业务,无论其在哪里合并或组建,英国法院都有管辖权。

4. 英国《2010 年反贿赂法指引》(the UK Bribery Act 2010 Government Guidance)

在英国《2010 年反贿赂法》通过前后,收到了许多国内和国外企业限制的建议,特别是第 7 条。在英国,这些建议的一个特别重点是"合规程序"和"经营业务"的构成问题。根据该法案第

9 条，政府需要发布有关商业机构防止贿赂的指导。

该指引于 2011 年 3 月 30 日发布，因此，在 3 个月后，英国《2010 年反贿赂法》于 2011 年 7 月 1 日生效。该指引解决了上述问题，但收到了不同的反馈（可能早有预料）。例如，透明国际认为，该指引“应受到强烈谴责”，因为该指引会削弱该法令。时任透明国际英国执行理事钱德拉谢卡尔·克里希南（Chandrashekhar Krishnan）解释说：

上届议会通过的《2010 年反贿赂法》是世界上最好的反贿赂法之一。但指导意见恰恰与所声称的相反。其中部分内容更像是关于如何规避法案的指引，而不是如何制定企业内部程序来拥护法案（TI：website）。[①]

相反，许多私营部门机构参考了英国《2010 年反贿赂法指引》中的“通识性”方法。[②] 一个私营部门组织的主要观点表明，商业团体游说在其中可能发挥了重要作用：

……我们认为（与先前的磋商草案相比的），最终版本有了

---

① See article on TI website available at http://www.transparency.org/news/pressrelease/20110330_guidance_weakens_bribery_act <Accessed 10/11/2013>.

② See *The Independent*：'*guidance notes on Bribery Act suggest common sense will rule*'，30/03/2011，available at：http://www.independent.co.uk/news/business/news/guidance-notes-on-bribery-act-suggest-common-sense-will-rule-2256658.html <Accessed 10/11/2013>.

显著的改进，我们很高兴地注意到，我们在对磋商草案答复中提出的许多担忧在一定程度上或多或少得到了解决（私人邮件通信）。

英国《2010年反贿赂法指引》提出了在英国《2010年反贿赂法》通过后产生了一系列问题的“充足程序”的概念。本书第六章详细讨论了7项指导原则［比例程序、高层承诺、风险评估、尽职调查、沟通（包括培训）、监督、审查，第五章对以上原则进行了更详细的讨论］以及评注和案例研究示例。该指引明确指出，这些不是法定或“一刀切”的方法，中小型企业（small and medium enterprises，SMEs）可能需要履行与跨国企业不同的程序。这些原则促进了基于风险和背景控制贿赂风险方法的发展，该指引也承认，没有任何政策或程序能够检测和预防所有贿赂，法院的最终评价就是确定特定组织的程序是否充足。

英国《2010年反贿赂法指引》中所谓的“分拆”引起了关注。英国在该指引中对“经营业务”说明如下：

例如，政府不会期望一家公司仅因其证券已被纳入英国上市公署的正式名单，并因此获准在伦敦证券交易所进行交易，该公司就有资格在英国开展全部或者部分业务，并因此属于《2010年反贿赂法指引》第7条所定义的“相关商业机构”。同样，拥有一个英国子公司本身并不意味着母公司正在英国进行一项业务，因为子公司可以独立于母公司或其他集团公司（Paragraph 36，Ministry of Justice Guidance）。

这个声明提出了两个问题:其一,海外企业可以在《2010 年反贿赂法》下得到豁免;其二,拥有英国子公司的母公司可能不符合在英国"开展业务"的标准。然而,不同人或机构对这个声明的解释可能会有所不同。例如,总部设在英国的投资者集团同国际企业治理网络联合写信给英国《金融时报》(*Financial Times*),[①]对该指引将伦敦市场上某些海外投资者豁免于英国《2010 年反贿赂法》管辖范围之外表示了担忧。正如前文所说的那样,这种"酝酿中的例外"建立在这些企业除了筹集资金之外在英国没有其他业务存在的基础上。他们对这种解释表示质疑,认为这并不等于在英国开展业务,并认为这种"例外"可能会对伦敦金融市场的完整性产生不利影响,使英国企业处于不利地位。

透明国际更进一步声称:"外国公司可能在伦敦证券交易所上市,行贿并逃避处罚。"这将对所有诚实的企业构成不利影响,并背弃政府希望通过英国《2010 年反贿赂法》的治外法权实现建立公平竞争环境的目标。[②] 相反,有人认为,将这些海外企业纳入《2010 年反贿赂法》的管辖范围内会对伦敦的筹资市场地位造成负面影响,例如,关于哈萨克企业的一个案例就证明了这一点,

---

① See *Financial Times*: '*Investment groups seek Bribery Act assurance*', 29/03/2011, available at: http://www.ft.com/cms/s/0/db911444-598b-11e0-baa8-00144feab49a.html#axzz1K47uE0RO <Accessed 10/11/2013>.

② See article on TI website available at http://www.transparency.org/news/pressrelease/20110330_guidance_weakens_bribery_act <Accessed 10/11/2013>.

在该案例中,企业可能因此而离开伦敦证券交易所,分流至其他交易所。[①] 时任反严重欺诈办公室主任的理查德·奥尔德曼警告企业不要依赖该法案的"技术方法",因为对海外企业而言,上市情况往往不是与英国的唯一联系点。[②] 对反严重欺诈办公室而言,如果一家海外企业在英国设有机构,则属于该法案的管辖范围,但哪些情况符合审查的标准应由法院决定。因此,在英国有子公司的母公司可能会因某个其他子公司在第三国行贿而被起诉,其目的是防止外国企业使用不同的标准或是利用贿赂来腐蚀英国企业,而使有道德的英国企业处于不利地位。

(二)德国

1997 年《反腐败法》(Gesetzzur Bekämpfung der Korruption)是德国刑法完善的最新措施,该法完全由德国政治参与者发起(Wolf,2006:785)。该法构成了《德国刑法典》(Strafgesetzbuch)第 331 – 8 条的主要内容。1998 年《欧盟反贿赂法案》(EU-Bestechungsgesetz)和 1998 年《打击国际商业交易中行贿外国公职人员行为的法案》(Gesetz zur Bekämpfung internationaler Bestechung)进

---

① See *The Telegraph*: '*Britain's new Bribery Act will encourage firms to avoid the London Stock Exchange*',20/09/2010,available at: http://www.telegraph.co.uk/finance/newsbysector/banksandfinance/8012137/Britains-new-Bribery-Act-will-encourage-firms-to-avoid-London-Stock-Exchange.html <Accessed 10/11/2013>.

② See article *thebriberyact.com*: '*A mirage? The Bribery Act "exemption" for overseas companies and subsidiaries*',18/04/2011,available at: http://thebriberyact.com/2011/04/18/a-mirage-the-bribery-act-exemption-for-overseas-companies-subsidiaries/ <Accessed 10/11/2013>.

一步补充了反贿赂和反腐败立法——后一法案符合《经合组织反贿赂公约》的要求。

联邦议会在很大程度上将立法实施控制在各国际法律文书的最低要求，这是法律前后矛盾的原因（Wolf，2006：785）。2006年，德国联邦司法部制定了第二次《反腐败法草案》（Zweites Gesetz zur Bekämpfung der Korruption）的政府草案，旨在制约欧洲理事会《反腐败刑法公约》（the CoE Criminal Law Convention）、《反腐败刑法公约附加议定书》（the Additional Protocol to the Criminal Law Convention）、《欧盟关于打击私营部门腐败的框架决定》（the EU Framework Decision on Combating Corruption in the Private Sector）以及《联合国反腐败公约》（UNCAC）的条款。在撰写本书时，这项新法律尚未颁布。然而，正如一位德国检察官所说：

> 关于德国的法律，我认为可以放心，我们的法律没问题，它可以被很好地适用，没有改变的必要（the German Prosecutor Interview 212）。

因此，一些人认为，德国的法律所能解决的问题已经在企业跨国贿赂问题上。

1.《德国刑法典》（the German Criminal Code，GCC）

除上述辅助法律外，所有涉及腐败刑事犯罪的国家规定都可以在《德国刑法典》中找到。《德国刑法典》区分了违反公职的行贿罪（Bestechung）和索贿罪（Bestechlichkeit），以及受贿罪

(Vorteilsannahme)和给予利益罪(Vorteilsgewährung)。这些罪行区分了被动受贿和主动行贿,涉及官员违背或亵渎公职,以及后者接受或给予好处但没有导致官员违背或亵渎公职的行为。这些部分还区分了未来和过去的行为,规定了主动和被动贿赂的主要犯罪,并提及了在尚未实行该法案情况下接受或给予好处的案件。关键条款如下:

——第331条:Vorteilsannahme(受贿罪:官员实施不违反其职能的行为之前或之后接受好处或者经济利益)

公务员或对公务负有特别义务的人员,针对履行其职务行为而为自己或他人索要、让他人允诺或收受他人利益的,处三年以下自由刑或者罚金刑(Section 331,GCC,unofficial translation)。

——第332条:Bestechlichkeit(索贿罪:引诱官员实行违反其职责的行为,在此之前或之后被动行贿官员)

公务员或对公务负有特别义务的人员,以已经实施或将要实施违反或将要违反其职责的职务行为作为回报,为自己或他人索取、让他人允诺或收受他人利益的,处6个月以上5年以下自由刑或罚金刑。情节较轻的,处3年以下自由刑或罚金刑。犯本罪未遂的,亦应处罚(Section 332,GCC,unofficial translation)。

——第 333 条：Vorteilsgewährung（给予利益：官员实施不违反其职能的行为之前或之后给予好处或者经济利益）

针对公务员或对公务负有特别义务的人员或者联邦国防军士兵的职务上的行为，为其本人或第三人提供、允诺或给予利益的，处 3 年以下自由刑或罚金刑（Section 333，GCC，unofficial translation）。

——第 334 条：Bestechung（违反公职的行贿罪）

以公务员、对公务负有特别义务的人员或联邦国防军士兵已经实施或者将要实施违反或将要违反其职责的职务行为作为回报，向其本人或第三人提供、允诺或给予利益的，处 3 个月以上 5 年以下自由刑，情节较轻的，处两年以下自由刑或者罚金刑（Section 334，GCC，unofficial translation）。

所有这些罪行都涉及提供、承诺、授予或要求、允许、接受贿赂或利益。第 335 条"加重情形"，第 336 条"不履行职务行为"，第 337 条"酬报仲裁员"和第 338 条"财产刑和扩大之追缴"是第 331－4 条的进一步发展。《德国刑法典》中的"利益"或"好处"的概念可以被扩大解释为涵盖适度礼物和款待的利益。这些规定主要关注公共部门和公职人员（Amtsträger），同时，包括《德国刑法典》第 299—302 条规定的"商业活动中的索贿与行贿”(第 299 条:“Bestechlichkeit und Bestechung im geschäftlichen Verkehr”)。

第 299 条规定:

(1)商业企业的雇员或受托人在商业交往中,为自己或第三人向他人索要、让其允诺、让其给予好处,而他在有关商品或商业服务竞争中予以回报,以不法方法优惠他人的,处 3 年以下自由刑或者罚金刑。

(2)在商业交往中,以竞争为目的向商业企业的雇员或者受托者本人或第三人提供、允诺、给予好处,作为回报,使其同意在有关商品或商业服务的竞争中,以不法方法优惠自己或他人的,与前款相同之刑罚。

(3)第一款和第二款也适用于在外国竞争中的行为(Section 299, GCC, unofficial translation)。

私营部门贿赂雇员(Angestellte)和代理人(Beauftragte)在《德国刑法典》中都有所规定。《德国刑法典》第 298 条规定,在公开竞标中通过协议限制竞争的串通投标行为属于犯罪。《德国刑法典》其他部分也有与贿赂有关的罪行。例如,《德国刑法典》第 108 条将在欧洲议会或德国公众集会上贿赂代表人以及购买、出售选举或投票认定为刑事犯罪,而第 263 条“欺诈”和第 266 条“违背信任”的条款也可用于腐败案件。

2. 1998 年《打击国际商业交易中行贿外国公职人员行为的法案》(Act on Combating Bribery of Foreign Public Officials in International Business Transactions 1998)

该法案的通过贯彻了《经合组织反贿赂公约》。该法案规定了在国际商业交易过程中积极贿赂外国官员和国际组织官员的行为,扩充了《德国刑法典》第 334 条、第 335 条、第 336 条和第 338 条。该法案确保在发生贿赂行为时,对外国和国内公职人员给予同等待遇,主要体现在第 1 条:

确保在发生贿赂行为时,对外国和本国公职人员一视同仁。

在国际商务贸易中,为获得、保留行为人的第三方业务或是不公平优势,对未来的司法或公职行为的贿赂行为适用《德国刑法典》第 334 条,结合《德国刑法典》第 335 条、第 336 条和第 338 条第 2 款,以下各项应被同等对待。

1. 法官:

a) 外籍法官,

b) 国际法院的法官。

2. 任何其他公职人员:

a) 外籍公职人员,

b) 受委托为外国政府或总部在国外的公共企业行使公共职能,或其他为外国行使公共职能的人员,

c) 国际组织的公职人员和其他成员以及受其委托履行职责的人员。

3. 联邦武装部队(Bundeswehr)的士兵:

a)外国士兵,

b)受托履行国际组织职能的士兵(Section 1, Act on Combating Bribery of Foreign Public Officials in International Business Transactions 1998, unoffcial translation)。

该法案第2条还将在国际商业交易中贿赂外国议员(Member of Parliament,MP)的行为定为刑事犯罪。该法案第3条将德国刑法的范围扩大到在国外的德国人,在国际商业交易中贿赂外国公职人员,以及贿赂外国国会议员。在《打击国际商业交易中行贿外国公职人员行为的法案》之前,德国国民贿赂外国公职人员并非违法行为。该法案与英国《2010年反贿赂法》的一个主要相似之处在于,涉及外国公职人员的大规模贿赂只有在国际商业交易过程中发生才是德国法律中的违法行为,因此,在业务过程中不允许涉外贿赂。

3. 1998年《欧盟反贿赂法案》(EU Anti-Bribery Act 1998)

该法案贯彻了欧盟公约,处理《德国刑法典》第332条和第334条中规定的主动和被动贿赂,并且实质延伸了德国法律的规制范围,特别是贿赂其他欧盟成员国公职人员和欧盟官员的问题。这些规定还包括德国人在国外的贿赂行为,而不仅是在德国的贿赂行为。

4. 德国的企业责任

与英国不同,在德国,企业不是承担刑事责任的主体(更详细的讨论请参见本书第六章)。但是,“法人”可以根据行政法受到处罚。《违反秩序法》(Gesetzüber Ordnungswidrigkeiten,OWiG)第130条“违反公司和企业的强制性监管”指出:

(1)任何公司或企业的所有人,有能力采取却故意或过失地未能采取防止公司或企业内违反职责行为发生的监督措施,且如果具有适当的监督则这种违规行为就可能被阻止或变得更难实施,则属于行政违法行为,应当接受刑罚或罚金处罚。所要求的监督措施还应包括任命、谨慎选择和管理人员的监督。

(2)根据第1条和第2条,公司或企业应包括公共企业。

(3)如果行政违法受到处罚,可处以不超过100万德国马克(现在是欧元)的罚款。违反监督义务的最高罚款金额取决于违反职责的最高罚款数额。第二种判处也适用于违反义务的情况,如果判罚的最高金额超过了第一判决的最高额度,则可能同时受到刑罚和罚金处罚(Section 130,OWiG,unofficial translation)。

这种行为涉嫌违反监督职责,因为企业高级管理人员在企业员工行为引起刑事或行政违法时未能尽到监督职责。西门子案(参见本书第二章)证明了这一点,因为在第一次达成和解时,慕尼黑检察官开出了最高100万欧元的罚款。然而,这也表明,可以没收无上限金额的违法所得,归还的形式可以是无限制地没收,但这在某些司法管辖区可能会因为处罚过重而出现民事诉讼。

5. 税收减免

在《经合组织反贿赂公约》之前,企业能将对外国公职人员的任何贿赂作为税务报告中的业务开支进行免除。1998 年 11 月,德国实施了《减免税法》(the Tax Alleviation Act),随后又禁止任何贿赂的税务减免。这种税收减免的预防并非对犯罪的惩罚。西门子案再次表明,税收立法是反腐措施的一部分,因为西门子为了扣除外国付款需要向税务机关支付额外的 1.79 亿欧元作为营业费用。税务机关还必须向公诉人披露可能构成刑事犯罪或行政违法部分开支的任何疑问。

(三)1977 年美国《反海外腐败法》(the US Foreign Corrupt Practices Act 1977,FCPA)

美国热衷于保护本国的经济利益,并确保其企业在国际商业交易中不会处于不利地位。1977 年生效的美国《反海外腐败法》在很大程度上达到了这一目的,并且使美国的司法机关的执法范围超越其司法管辖范围。美国《反海外腐败法》仅适用于贿赂非美国公职人员的行为,而其他美国法规将商业贿赂定为刑事犯罪,例如《1961 年旅行法》(the Travel Act 1961)①。同时,该法案规定的治外法权,在腐败和贿赂犯罪方面对英国和德国企业产生了重大影响。美国《反海外腐败法》将此类行为认定为犯罪:某

① 《1961 年旅行法》将使用外国或州际商业设施,例如电子邮件、电话、快递、个人旅行等,意图促进、管理、建立、开展或分配违反州或联邦反贿赂法的非法活动带来的收益的行为确定为犯罪。

些类别的个人和实体为了获得或保住业务以“腐败意图”向外国政府官员支付钱款。进言之：

……美国《反海外腐败法》的反贿赂条款禁止故意使用邮件或任何州际贸易手段实施腐败行为，来帮助任何要约、付款、支付承诺、授权支付金钱或任何有价物，直接或间接给予或承诺给予知晓这些金钱或有价物品的全部或一部分的外国官员，以他或她的官方身份，促使外国官员作出或不作为地违反他或她的法定职责的行为，或者为了获得帮助、保留任何人的业务、合作或指导业务而获得任何不正当好处（Department of Justice：website）。①

虽然美国《反海外腐败法》适用于所有美国人和某些外国证券发行人，但1998年该法的修正案确保了其符合《经合组织反贿赂公约》，同时，确保反贿赂规定也适用于直接或通过代理人行事的外国企业和个人在美国境内进行腐败交易的行为。司法部的检察官刑事资源手册对“领土”一词进行了扩大解释：“尽管任何法院尚未解释此部分，但可将其解释为，任何外国企业或者任何公民在担任该企业或者该公民的代理人时，在美国境内作出的行为都属于美国《反海外腐败法》管辖。”②这一解释

① FCPA Overview on DoJ website available at：http://www. justice. gov/criminal/fraud/fcpa/ <Accessed 10/11/2013>.

② Manual available at：http://www. justice. gov/usao/eousa/foia_reading_room/usam/title9/crm01018. htm <Accessed 26/04/2011>.

使在美国实施促进犯罪的行为,但从未去过美国的外国公民,以及对他们行为负责的外国企业能够被起诉,即适用严格责任形式。

检察官往往会根据美国《反海外腐败法》的规定对会计提起诉讼,规定要求在美国证券交易所上市的公司一要制作并保存准确公正地反映公司各项交易的账簿、记录和账户,二要设计并维护一套内部会计监控制度(see United States Code,Title 15,Section 78m)。西门子和英诺斯派因此条款在美国被起诉(参见本书第二章)。

## 八、结论:法律融合

经合组织向各国家施压要求执行国际执法框架,使重点法律发生了融合和协调。德国尚未批准《联合国反腐败公约》,这和德国政客极力反对将“国内贿赂”认定为刑事犯罪有关。德国的立法者可能认为,虽然这符合对国际义务的回应,但国内立法是他们自己的事情。尽管德国没有批准《联合国反腐败公约》,但是其批准的《经合组织反贿赂公约》与《联合国反腐败公约》有相似的要求,即符合《联合国反腐败公约》中所有对外国贿赂的要求。因此,德国法律包含了和已批准《联合国反腐败公约》的英国的法律相似的条款。例如,主动和被动贿赂、贿赂外国官员、域外效力等。从这个意义上说,虽然《经合组织反贿赂公约》所规定的“功能对等”确实使德国和英国在法律框架上存在较大区别,但与英国相比,德国未批准《联合国反腐败公约》并没有对其政策应对和执法情况造成显著影响。然而,德国政府如果需要与尚未批准《经合组织反贿赂公约》的国家合作,可能会因为未批准《联合国反腐败公约》而在司法协助上遇到困难。

# 第五章　执法与实践中的自由裁量权[①]

## 一、概述

两国现有的法律框架只是执法框架的一部分。当然，刑法的关键在于当局对它的执行程度。例如，在经合组织的贿赂问题工作组、反腐败国家集团和透明国际等政府间组织和非政府组织正式进行监督和评估时，确保其执法机构的合法性对国家来讲至关重要。但合法性的概念：

……既是一种输出，从某种程度上说，它是意识形态、不平等问题、物质利益、生活经验和因循守旧等多重影响的结果；也是一种输入，尽管它是一种分析后得出的构想，而不是人类或机构参与者，但是它会对我们的行为方式和所坚持的观点产生影响（Levi，2013：157）。

---

①　本章的较早版本发表如下：Lord, N.（2014）'Detecting and investigating transnational corporate bribery in centralised and decentralised enforcement systems: discretion and (de-) prioritisation in the UK and Germany' *Policing and Society*, DOI: 10.1080/10439463.2014.895350。

何谓“合法性”执法的观点多种多样，要围绕其达成共识过于复杂，无法在此详细讨论（for analysis of the concept see Bottoms and Tankebe，2012；Tankebe and Liebling，2013；and in relation to fraud，Levi，2013）。这里的合法性意味着期望主管部门以程序正义和社会公平为底线，调查和起诉所有引起他们注意的贿赂案件，如果没有调查或起诉，则应有明确和透明的政策以监督不调查或不起诉的自由裁量权的行使。这种理解反映了国际组织以及英国、德国的调查和检察机关的观点。不同社会参与者对合法性的认知是执法活动实践的形成基础，考虑到这一点，经合组织和透明国际等组织经常使用执法统计数据（例如，调查及起诉次数）来考察这种合法性（例如，国家是否通过调查和制裁行贿的企业来积极“执行反贿赂法”）。但是，这些是否为有效的执法应对指标还有待商榷，对打击跨国腐败是否合理执行的认定因为缺乏对问题程度和范围的理解（参见本书第八章）而遭到破坏。然而，正如本书第一章所论，英国和德国是国际贿赂公约中的“积极实施者”，意味着他们的执法应对令人满意。但是，依赖调查和起诉的数字就显得肤浅，并且缺少理论依据，忽视了代表国家层面执法应对的情境化社会关系，也即应当分析英国和德国的执法体系、战略、机制之间的关系，还应尤其注意法律框架与文化之间的关系，进而深入认识执法应对措施的本质。

鉴于此，本章重点讨论国家层面负责反腐的机构和参与者如何在英国（集中式）和德国（分散式）两种截然不同的执法体系内侦查和调查此类企业跨国贿赂。本章比较了两个国家的执法框架,通过审查社会关系来分析规制中的核心问题,从而了解各个体系的局限性和优势。本章首先分析两个国家的执法框架,概述集中式和分散式结构的优缺点。了解这些背景为讨论发现和侦查腐败的关键做法,以及两国做法明显差别之处和相似之处提供了基础(第六章详细讨论了起诉的关键做法)。在对结构和实践进行分析之后,本章继续从分析的角度讨论这些实践和框架内各阶段自由裁量权的重要作用,以及这种自由裁量权如何影响执法活动的合法性(也就是说,执法活动的认知水平)。本章认为,无论执法结构是集中式还是分散式,也无论是以灵活还是硬性的法律框架为指导,正式和非正式的自由裁量权的运用都会导致法律和实践的紧张局势,从而降低执法应对的合法性。

## 二、英国和德国的执法结构:集中式和分散式执法系统

英国(集中式)和德国(分散式)两种迥异的执法体系反映了地理、历史和文化因素的差异,但都体现了传统的“指令和控制”式规制制度(see Baldwin and Cave,1999)。2005 年,反严重欺诈办公室成为英国调查、起诉跨国贿赂和腐败的领导组织。在此之前,这些责任分属大量的国家机构,包括反严重欺诈办公室、国家犯罪情报局、43 个地方警察局(尤其是伦敦都市警部)、伦敦市警察局、国防部警察以及英国贸工部企业调查处(现为商业、创新和技能部)。目前,反严重欺诈办公室拥有国家司法管辖权(不包括苏格兰),并在需要时得到伦敦市警察局海外反贪局和各地警力的支援。金融行为监管局(the Financial Conduct Authority,FCA;以前隶

属于金融服务管理局,the Financial Services Authority,FSA)也能对受监管的金融机构未进行反贿赂和腐败合规的行为给予制裁,如果指控涉及国防部雇员或国防部的国防合同,则国防部取代伦敦市警察局成为反海外腐败的部门。同样,如果案件涉及北爱尔兰,北爱尔兰警务处将取代伦敦市警察局成为反海外腐败部门。皇家检控署(the Crown Prosecution Service,CPS)有权起诉在反严重欺诈办公室职权范围外的任何案件,国家犯罪署(前身为重大有组织犯罪署)有特别调查权以支持反严重欺诈办公室的调查,而且对反严重欺诈办公室未能接管的案件亦可调查。图 5.1 说明了当前执法框架中的重点机构。

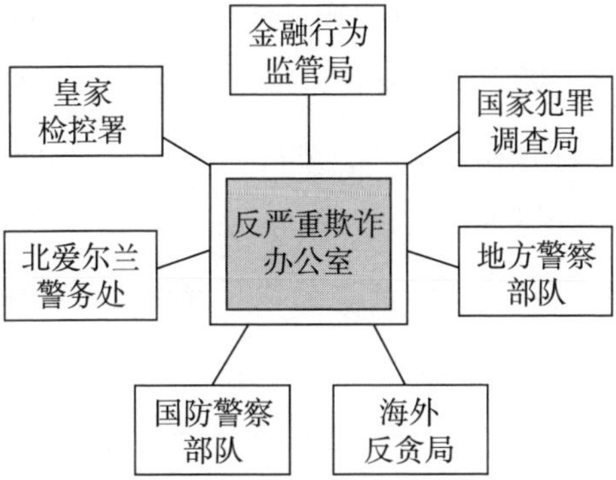


**图 5.1 英国主要反腐机构**

在这一方面,英国系统基本是一个集中式系统,由一个领导组织负责调查和起诉在英格兰和威尔士及北爱尔兰的企业跨国贿赂行为。根据 1987 年"欺诈审判委员会"报告(罗斯基尔报告)的建议,1987 年《刑事司法法》(the Criminal Justice Act,CJA)

设立了反严重欺诈办公室。该报告主要建议设立一个负责侦查、调查和起诉严重欺诈案件的新组织,这源于公众对英国调查和起诉严重欺诈行为系统的不满。正如利瓦伊(1986:394)所指出的:"直到20世纪80年代,英国政府对商业欺诈态度的最佳概括是良性忽视。"成立一个调查、起诉严重和复杂欺诈组织是关键。2008年,负责对反严重欺诈办公室审查的德格拉齐亚评论(de Grazia Review)①进一步强化了这一论点,其认为,在处理严重欺诈时,调查和起诉的作用必须结合起来,而这种模式自18世纪后期以来就已经在美国得以验证。2010年5月,在成立保守党—自由民主党联盟后,有人建议,将反严重欺诈办公室的调查和起诉职能再次分开,其中调查职能分属国家犯罪署,起诉职能则并入皇家检控署。因为内阁支持以反严重欺诈办公室的模式解决经济犯罪案件,英国内政大臣特蕾莎·梅因(Theresa May)不得不撤销了这项计划。②

反严重欺诈办公室的资产总预算普遍下降(2008—2009年为5330万英镑,2009—2010年为4010万英镑,2010—2011年为

---

① 纽约市前高级检察官杰西卡·德格拉齐亚(Jessica de Grazia)受反严重欺诈办公室前主任罗伯特·瓦德尔和前总检察长戈德史密斯勋爵的委托对反严重欺诈办公室进行审查。在审查中,她将反严重欺诈办公室与美国纽约南部地区检察官办公室(SDNY)、联邦检察机关、曼哈顿地区检察官办公室(DANY)以及当地检察官办公室进行了比较。Review available at: http://www.sfo.gov.uk/about-us/annual-reports--accounts/annual-reports/annual-report-2006-2007/jessica-de-grazia-and-the-review-of-the-sfo.aspx <Accessed 10/11/2013>.

② See *BBC*: '*SFO saved by cabinet revolt*' available at: http://www.bbc.co.uk/news/13585972 <Accessed 10/11/2013>.

550 万英镑)。2011—2012 年的预算略高于 3150 万英镑。预算计划在未来两年略有增加,但 2014—2015 年计划预算为 3080 万英镑。反严重欺诈办公室能够通过民事和解和诉讼费来补充收入,如果调查的成本可能超过 150 万英镑,①则可以向财政部申请"大额资助"。反严重欺诈办公室有两个负责领域:欺诈、贿赂和腐败。成员是高级公务员的案件分别由主管和专案小组进行领导,这些人员由反严重欺诈办公室的常任工作人员组成,包括律师、会计师和专业调查员,以及其他主要担任案件起诉法律顾问的外部专家。反严重欺诈办公室在集中执法模式中属于中央领导机构,反严重欺诈办公室未接收的个案可由其他分散的警察机构及检察官调查和起诉。

英国的集中式模式与德国的分散式模式形成对照,在分散式模式中,没有领头的国家反腐败和贿赂执法机构。这种体系的地理和历史基础可以追溯到 15 世纪之后的德国城市和公国的分裂。1871 年,德国的统一代表了联邦制的开始,自 1990 年重新统一以来,德国由 16 个州或联邦州组成。德国没有中央司法体系,联邦检察官办公室(Bundesanwaltschaft)是一个例外,它负责处理诸如恐怖主义等问题并拥有国家司法权。其他所有罪行都在州一级进行调查和起诉,其中就包括跨国贿赂和腐败。

---

① See 'SFO strikes funding deal with Treasury', *Financial Times*, 18/01/2013: http://www.ft.com/cms/s/0/4cdede9e-6194-11e2-9545-00144feab49a.html#axzz2YB0JhCMU <Accessed 10/11/2013>.

在16个德国联邦州(Bundesländer)内,大约有110个检察官办公室(Staatsanwaltschaften)。每个联邦州和每个检察官办公室的组成非常不同。例如,某个检察官办公室可能专门负责腐败和贿赂等领域,或者是负责经济犯罪等更广泛领域,或者他们可能只是负责被告人姓氏首字母为A至C的案件等。因此,地区和国家范围内检察官的专业知识和经验水平差异很大。每个联邦州都有一些检察官办公室、一个州刑事调查办公室(Landeskriminalamt)和众多当地警察总部(Polizeipräsidien)。检察官领导所有跨国贿赂和腐败案件,并在调查过程中得到区域和当地警方的支持。与英国一样,德国检察官办公室在参与整起案件的调查和起诉时,经常在没有警方协助的情况下进行讯问、文件分析等。这种调查和起诉的双重权力是管辖跨国贿赂等重大和复杂犯罪的关键共性。警察只有在检察官的指示下才能参与,而联邦刑事警察局(Bundeskriminalamt)可以为全国的调查提供便利。

在第一个专门检察官办公室(Schwerpunktstaatsanwaltschaften,具有特殊权限的检察官办公室,属于腐败领域)创建之后,腐败和贿赂才开始受到实质性调查。并非所有联邦州都有这样的专门办公室,但通常都有专门的科系或部门来处理腐败和贿赂。例如,自1999年以来,在北莱茵-威斯特法伦联邦州,已经有四个专门的公共检察官办公室负责打击腐败现象。这些检察官办公室分布在波鸿、比勒费尔德、科隆和伍珀塔尔,并在整个联邦州具有管辖权。[1] 检察官办公室、州刑事调查办公室和当地警察总部可以直接联系和协助其他联邦州的同级机构，但联邦刑事警察总局总是被告知与其同级。联邦刑事警察局在国家一级开展工作，协助联邦州之间的信息交流，收集案件的情况和消息，并与海外机构联系。在发生跨国犯罪时，检察官办公室和警察也可以直接与海外机构联系。因此，尽管州刑事调查办公室主要负责区域一级（在一个联邦州），而当地警察主要负责联邦州的一个地区，但如果有需要，两个机构都可以在整个德国境内调查案件，或者要求有关机构代表他们开展行动。这必须得到相应的州刑事调查办公室的同意。图5.2说明了该结构。

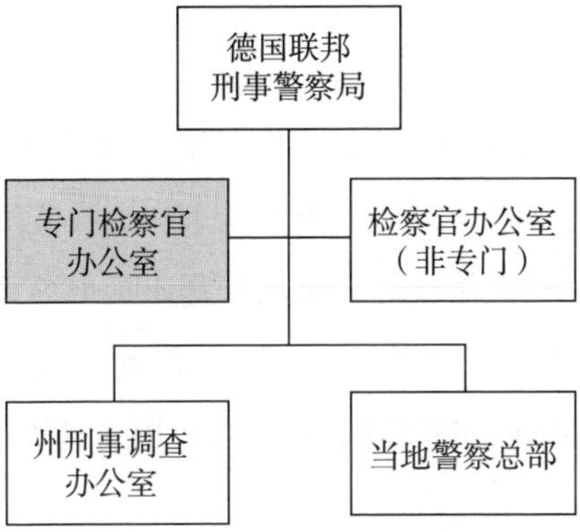


**图5.2　德国主要反腐机构**

---

① More information on the institutional resources of all the *Bundesländer* for fighting corruption can be found at: http://www.transparency.de/fleadmin/pdfs/Themen/Justiz/Korruptionsbekaempfung_in_Deutschland_Vergleich_Bundeslaender.pdf <Accessed 10/11/2013>.

然而，大多数受访者表示，一些联邦州在反腐败调查和起诉工作中明显比其他人“热心”。由于不同的政治意愿，不同的资源（财务和人力）以及不同的专业水平，德国联邦州的调查强度会有所不同。因为担心其他机构调查案件不尽力，某些辖区的检察官办公室更愿意保留对案件的所有权，而不是将其转交给其他机构，这突出了分散式体系的一些问题。

每个联邦州都设有中央机构至少不是一个坏主意。对人员来说，如果能配备高技能的员工并聚集专家和技术知识一定很好，但这是乌托邦，它实际上不起作用（Country Expert Germany Interview 241）。

集中式的反腐机构在德国不切实际，这和联邦国家的历史和地理环境有关。每个联邦州都有一些大中小城市和自治市，每个市都有决策权，而联邦政府甚至国家都不能时常干涉这种决策权，这为重组系统制造了许多障碍。受访者对《经合组织反贿赂公约》在整个德国的实施情况表示担忧，因为其无法全面而统一实施。

德国法律适用于所有州，这意味着每个州都必须相同。但是经常有一些州或一些检察官办公室由于案件比其他机构多所以经验也更丰富，这在其他问题上也一样。当然，大城市的检察官比小城市的有更好的意识。你会发现在小城市里，在这些问题上通常没有专家(German Lawyer Interview 221)。

就资源而言,每个州都负责为其境内的各种调查和起诉机关提供资金,这可能会导致16个联邦州的可用资源存在显著差异。在2011年经合组织关于德国的调查报告中,德国受访者表示,德国所有联邦州都有足够的资源来调查和起诉海外贿赂(OECD 2011b: para. 118)。本研究的受访者证实了这一点,他们都谈到在短时间内获得资源的能力,无论是否有额外的警察进行搜查、额外的检察官负责大案,无论在本州还是在其他州。德国合作和多机构工作运作良好,虽然无法获得财务数据,但该研究的受访者位于相对富裕的地区,资源充足,且拥有多个专门检察官办公室,这表明了在这些地区调查和起诉海外贿赂的政治意愿和现有可用资源。

## 三、执法结构的比较

2012年,透明国际关于执行《经合组织反贿赂公约》的进展报告指出,该公约自1999年生效以来,截至2011年年底,德国已对176起案件提起诉讼,而英国则是23起案件(数据包括2012年的案件)。在德国176起案件[①]中,超过16起是重大案件,英国23起案件均为重大案件[②]。此外,2011年,德国有43起案件

① “案件”一词包括刑事起诉,民事诉讼和司法调查(调查法官在民法系统中进行的调查)。

② 如果涉及贿赂高级公务员,则认为是重大案件。

正在调查[1](2010 年 22 起),英国有 29 起案件正在调查(2010 年 26 起)。对比资源,即人员和资金时,可以说德国在反贿赂和腐败执法方面投入了大量资源,大多数的州具有某种形式的反腐能力(尽管可能差别很大)来确保可以调查更多案件。因此,可用资源在一定程度上解释了德国案件数量高的原因,尤其是较高的轻微案件数量(德国≤160 起,英国 0 起)。也就是说,英国仅在 2008 年首次起诉,[2]随后的统计数据表明,重大案件的数量、调查和起诉的数量变得更加相似,但体系中轻微案件和重大案件数量的差异还需要进一步分析。统计数据对此只能提供浅显且没有实际联系的见解。

不同的执法体系在一定程度上解释了执法活动的不同水平,因为这两个体系都有其优势和局限。由于在全国范围内具有管辖权,英国的集中模式可以实现更一致和协调的管理方式(详见本书第六章关于起诉政策的分析)。然而,反严重欺诈办公室作为具有全国管辖权的机构却只有很少的人力资源和资金。因此,在预调查阶段对所有案件适用酌定的"受理标准",导致只有较大、复杂的案件才被受理。因此,由于管辖权范围较大,集中式制度使得运用少量资源(下文进一步讨论)公平和规范地适用自由

---

① "调查"一词包括检察官和警察的调查,不包括司法调查。

② 反严重欺诈办公室新闻报道,马比·约翰逊有限公司在牙买加、加纳和伊拉克行贿,并受到总计 660 万英镑的罚款(包括刑事罚款)。SFO press release: http://www.sfo.gov.uk/press-room/press-release-archive/press-releases-2009/mabey--johnson-ltd-sentencing-.aspx <Accessed 10/11/2013>.

裁量权成为必要。在德国,因为每个州的资金程度、政治意愿以及起诉和调查能力各不相同,所以联邦各州的执法水平也各不相同。然而,由于联邦各州的众多参与者和部门都承担责任,中央政府难以授权实施单方和部分程序。在德国,集中式执法模式难以推行,这使经合组织和反腐败国家集团等政府间组织的代表担心他们无法确保在整个德国的统一执法。分散式制度下,执法者的能力、资源和政治意愿并不相同,难以协调和规范他们对酌定(自由裁量)权的行使。

执法体系的结构影响执法活动,但是,在这些体系中,侦查和调查也受到法律和文化因素的影响,这些因素为正式和非正式的酌定(自由裁量)权的实施创造了条件。本章现在继续分析涉及侦查和调查企业跨国贿赂的相关实践,之后再讨论这些阶段的自由裁量权如何具体化,以及这种自由裁量权如何使立法和执行框架之间的关系变紧张,从而降低执法合法性的情况。

## 四、企业跨国贿赂的侦查

许多海外贿赂都未能被发现或上报,但那些已被发现的案件以多种方式在执法机关面前浮出水面。在英国,案件移送是反严重欺诈办公室案件的主要来源(尽管反严重欺诈办公室可以在没有移送的情况下开始讯问),案源可能来自其他机构、个人或企业。与英国企业有关的所有海外贿赂指控均由反严重欺诈办公室情报小组积极收集和归类,随后由该办公室集中管理并列入英国唯一的"反腐败登记册",同其他执法机构一起写入谅解备忘录(Memorandum of Understanding,MoU)。反严重欺诈办公室的国际和国内执法伙伴,如英国金融行为监管局(FCA)、美国司法部(DoJ)和证券交易委员会(SEC)以及世界银行等其他国际组织,都向反严重欺诈办公室移送案件。海外贿赂案件重要的来源之一是由海外机构进行的调查,这些海外机构要求提供司法协助(Mutual Legal Assistance,MLA;参见下文),而反严重欺诈办公室则从中判断英国是否有可能对此进行调查。

举报人或为公众利益披露信息的个人(例如,出面承认或指控贿赂案件的个人)也是案件的关键来源。2011 年 11 月,反严重欺诈办公室创建了"反严重欺诈保密办公室",因此可以通过个人网上举报、电子邮件或邮件知悉可疑腐败。其他机构也有类似的举报选项,例如,伦敦警察局海外反腐部门有一个保密电话接听服务,鼓励举报人公开披露信息,因为这有助于调查并根据 1998 年《公众利益披露法案》(the Public Interest Disclosure Act 1998,PIDA)提供更好的保护。《公众利益披露法案》保护告密者不受雇主不公平的报复,但不提供身份保护。这些人士可以直接找到反严重欺诈办公室,也可以通过媒体或通过非政府组织和慈善机构提供资料,经过预先审查,分析关键嫌疑人,掌握可能为反严重欺诈办公室指控所需的任何确凿资料。根据 1987 年《刑事司法法》第 1 条,这可用于确定是否有足够的证据开展调查(现阶段并不需要所有证据)。这些案件通常是在企业内部审查中发现的,或者是审计人员偶然发现的,有的是竞争对手因腐败而遭受损失,或因某些联络而被冻结投标的,他们可能会与反严重欺诈办公室寻求帮助。

反严重欺诈办公室的重要策略是企业自我报告(参见本书第六章)。反严重欺诈办公室积极鼓励企业报告任何海外贿赂犯罪行为,即一旦该企业根据专业顾问的法律咨询和内部调查确定存在“真实问题”,便会报告给反严重欺诈办公室。为什么企业会自我报告犯罪行为?最初,反严重欺诈办公室表示:“在适当情况下,企业满足条件,可接受民事而非刑事惩戒,并且有机会与我们一起管理事务并获得正面宣传。”(2009 SFO Guidance to self-reporting)①有趣的是,在反严重欺诈办公室新任主任进行审查后,2009年反严重欺诈办公室自我报告指引已于2012年10月被删除,但该办公室仍然鼓励自我报告,并仍然将其作为反严重欺诈办公室案件的基础来源。

德国与英国一样,认定案件事实,如可疑的付款或金融交易的方法,证明提供了哪些好处,不是主要困难,真正困难的是首次发现案件。在德国,匿名举报和透露消息的内容至关重要,因为所有匿名举报的指控都会受到追查。例如,某个州已经开发了一个直接与国家刑事调查局相连的“腐败热线”。也可以利用基于网络系统的举报,德国和英国均已经出现旨在为各种规模企业提供“举报人”服务的私营机构,如德国商业守护者股份有限公司(Business Keeper AG)。当然,一些是虚假举报,但是当个人提供

① SFO Guidance to self-reporting available at: http://www. sfo. gov. uk/bribery--corruption/the-sfo% 27s-response/self-reporting-corruption. aspx < Accessed 10/11/2013 >.

有关该组织的详细事实时,信息来源通常可信,知晓并了解企业内部网络和系统的“内部人员”可以在其中发挥很大的作用。德国的困难是德国法律缺乏对举报人的保护,当举报人生命或身体受到威胁时,或对举报人存有重大经济不利(例如,破产的威胁)因素时,政府只能保护举报者的身份。员工也可以匿名联系监督专员并报告有嫌疑的腐败,而无须作为证人公开作证。

来自其他政府机构的消息是案件调查中的另一个重要途径:“……打击国际腐败的关键是与金融机构密切合作,这是我认为的决定性因素。”(German Police investigator 2)德国在州内推行的这种合作模式极为发达,这种合作在16个州各异,但一个州已经成功将腐败和贿赂领域的多机构合作引入其他州。这种机制涉及与税务机关、调查人员、会计师、审计师和海关的“跨部门合作”,因此能够查看和审查企业的账目和簿记。这种方式便于调查出一些重要证据,例如,被伪装成咨询费的可疑付款等。在缺少这些证据的情况下,调查人员和检察官很难发现这类案件。关于此种情形的关键立法是1999年、2000年、2001年的《税收减免法》(Steerentlastungsgesetz)。在此之前,德国企业支付的贿赂可以免税,但《经合组织反贿赂公约》要求改变这一做法。随后,税务部门鉴别出企图将贿赂从课税中扣除的企业,并依法通知检察官办公室这些可疑的税收减免。这与英国有很大差异。2001年《反恐怖主义犯罪和安全法》第19条允许但不强制要求英国税务机关披露用于刑事调查或诉讼的相关信息,但须遵守信息的保密义务。

企业的合规部门在调查方面也很重要。在德国,合规部门履行向执法部门报告违规行为的法律义务。这反映了《德国宪法》(Grundgesetz)的基本规定,人们不能被自我归罪。这与英国有所不同,尽管传统上存在"沉默权",但根据1987年《刑事司法法》第2条第2款的规定,反严重欺诈办公室有要求个人回答所有问题的特殊权力。如果个人拒绝回答,将会被视为犯罪,但自桑尼斯在吉尼斯案中向欧洲人权法院提出上诉后,自我归罪义务下的陈述不能用作针对该人的证据。在对上述来源的指控进行调查后,反严重欺诈办公室有时会发现大量的案件。例如,在某种"多米诺骨牌效应"中,对一家企业的调查往往导致对其他企业和其他官员的怀疑,而这往往会推动案件的进展。

## 五、企业跨国贿赂的调查

英国反严重欺诈办公室开展调查,必须有"办公室主任以合理理由认为涉及严重或复杂欺诈行为的可疑罪行"。1987年《刑事司法法》第1条第3款对此没有证据要求,但实际上这些概念似乎并不明晰。英国经合组织贿赂问题工作组针对第二阶段报告的备忘录指出,如果存在"可疑罪行",必须有"可信消息"表明可能发生了犯罪(OECD,2008:para. 221)。因此,在预调查阶段可以正式适用自由裁量权。

在调查开始后,是否有足够的证据将决定是否起诉(这可能需要6个月),如果证据无法得到保证,案件将会被撤诉——经充分调查后,酌情(自由裁量)权可以正式适用。一旦案件被接收,案件管理人将接管工作,并提供相关资源(例如,会计师、律师、专业探员等人员)帮助他们进行调查。调查将秘密展开,只有在需要搜查建筑、查阅文件或与嫌疑人面谈时才可公开调查。腐败调查的主要困难,也是与其他形式经济犯罪的区别在于,“证明这种让步获得了什么好处”。腐败受益的证明非常直接,例如,在异常情况下,资金流通或通过幌子公司逃避账户追踪而错误记录的交易通常都会留下痕迹。但证明这种“让步”,或者说交易则较为复杂,因为它可能没有书面记录的引诱或奖励,这使清楚了解和取得理由充分的证据更加困难。解决这个问题通常是从最初的指控以及案件举报人开始,如果它来自内部人员,通常有可靠基础;如果它来自外部人员,则可信度不高(例如,错失合同或对交易产生误解的企业)。在这两种情况下,都会测试个人的可信度。没有两个相同的案件,虽然内部人员可能是关键要素,但通过其他证据来源(例如,从嫌疑人的计算机获得有力证据)也可以成功指控。

大多数案件涉及 1987 年《刑事司法法》第 2 条的规定。该法第 2 条概述了反严重欺诈办公室主任的调查权,故而反严重欺诈办公室能够书面通知被调查方提供任何有关文件(以任何形式记录的资料)以供调查。例如,可以用于要求银行提供特定个人或企业的银行账户以追踪资金流,能够获得合同、电子邮件和许多其他形式的文件以支持调查。如果这项要求因为其他要求未获履行,反严重欺诈办公室有权发出搜查令以进入、搜查及没收任何有关文件。因此,只有在正式书面要求出于任一原因未得到遵守的情况下才能发出搜查令。在这段时间内,反严重欺诈办公室如何防止销毁文件尚不清楚,尽管它可以动用权力要求警方进行搜查。2008 年《刑事司法和移民法》(the Criminal Justice and Immigration Act 2008)第 59 条强化了反严重欺诈办公室的权力,其可以在外国贿赂案件早期审查阶段强制有关机构和个人提供文件。因此,在有根据的情况下,其可以更早、更快和更主动地收集相关证据。

反严重欺诈办公室也试图更多地利用合作证人。2005 年《反严重有组织犯罪警务法》(the Serious Organised Crime and Police Act 2005,SOCPA)第 73 条允许反严重欺诈办公室与被告人达成协议,以换取减刑,甚至免于起诉(《反严重有组织犯罪警务法》第 71 条)或某种形式的限定起诉。在某些案件中,这种方法的有效性被质疑。例如,就德普伊国际公司(DePuy International)案①而言,罗伯特·约翰·杜格尔(Robert John Dougall)与反严重欺诈办公室进行了广泛的合作,他也期望将因此获得更轻的判决。然而,2010 年 4 月,法院判处了他 12 个月的有期徒刑,这不符合反严重欺诈办公室鼓励举报人并以轻刑的形式提供奖励的意图。随后,2010 年 5 月,杜格尔的判决被撤销,反严重欺诈办公室的这项政策也被搁置。然而,自本案起,一些人已被起诉,但正如反

① 根据反严重欺诈办公室报道,德普伊公司向希腊国家医疗系统的专业人员支付了 450 万英镑的腐败款项。SFO press release available at:http://www. sfo. gov. uk/press-room/press-release-archive/press-releases-2010/british-executive-jailed-for-part-in-greek-healthcare-corruption. aspx < Accessed 10/11/2013 >.

严重欺诈办公室明确指出的,即使案件是通过自我报告的方式发现,且当事人进行了充分合作(虽然反严重欺诈办公室在刑事起诉上面临重大障碍,参见本书第五章和第六章),也不能无条件保证不被起诉。

在德国,尽管检察官从第一次腐败指控或怀疑时就开始干涉,但在某些情况下,分散式可能会在调查阶段造成程序上的困难。如果检察官办公室没有专门的腐败调查权,警方探员向这些非专业人员提交初步怀疑可能会遇到障碍,因为这些检察官不具备进一步调查和起诉复杂贿赂案件的专业知识或经验。因此,对专门检察官办公室而言,确保相关能力和意愿非常重要。

与英国不同,德国当局不需要向企业发出索取文件和信息的通知。有司法令的德国调查人员可以直接前往企业并搜查建筑,这种方式的优点在于企业难以销毁或者删除相关文件。检察官从法官那里获得相关搜查令的过程视情况而定,短则需要 30 分钟,长则需要四周的时间。例如,如果搜索正在进行时得知嫌疑人有第二个住所,那么检察官可以迅速获得第二个搜查令。这些搜查往往不限于一处,同时可以涉及搜查企业和其他有关组织所有嫌疑人的私人住宅。这些大型行动同时搜查的地点可能有 30 ~ 35 个。这些调查涉及大量检察官、警察以及税务调查员。出于这个原因,一名检察官解释了企业不能在腐败案件中与检察官办公室合作的原因,因为每次搜查或突袭都会给企业造成负面影响。首先,企业员工难以理解并接受这种搜查和逮捕带来的影响。例如,对工作失去安全感,担心雇主的人品,等等。其次,这些突袭经常被泄露给媒体,随后的媒体报道可能导致企业名誉受损和财务困难(例如,股价下跌,消费者选择竞争对手)。

搜索之后,德国探员和检察官所采取的主要手段是审讯和文件分析。检察官通过讯问能够查明被告人和证人的关键信息,通过对所没收文件的广泛审查可以进一步查明事实。自 2008 年以来,在德国的一项关键发展是调查人员能够使用电话监控,但这种方法不是决定性的手段,只能帮助少数案件,而且这种办法需要高昂的成本和大量的时间。正如一位检察官解释的,所有调查的关键在于与被告的互动。这位检察官估计,他们能够发挥的作用中,有 95% 是以与他人的互动为基础。这意味着检察官需要与被告人保持开放和直接的联系,以确定他们所面对的是什么类型的人,以及如何最有效地获取所需的信息。对比贿赂犯罪嫌疑人与"传统犯罪"嫌疑人,这位检察官解释说,前者往往是聪明的人,能意识到其渎职行为,因此更容易进行沟通。

## 六、司法协助

鉴于企业贿赂的跨国和跨辖区的性质,司法协助(Rechtshilfe, MLA)对英国和德国的执法机构来说非常重要。在所有企业跨国贿赂案件中,调查人员和检察官为确定信息和证据,必须与其他司法管辖区的机构合作。不同国家的司法协助面临的困难迥异。例如,虽然德国机构与奥地利、瑞士等邻国有着良好的关系,但困难往往出现在更远的地方。这可能是语言障碍等简单因素造成的。例如,虽然德国和英国相关人员可以有效地共同工作,但可能还是会出现语言上的困难(虽然德国检察官通常能说流利的英语,但这种情况在执法体制下比较少见)。这需要高成本地雇佣口译员和翻译人员——一位英国调查人员谈到一些支持自动翻译的人士,他可以理解,但并未对其英语水平抱有信心。同英国一样,在要求发展中国家援助或反腐执法系统不足的国家提供协助时会出现更多困难。德国的建筑搜查十分高效,但确定海外实际收受贿赂行为可能很困难,且只能通过司法协助进行,而这可能需要很长时间。

一些国家以难以获取信息著称。例如,列支敦士登、瑞士和卢森堡传统上对银行体系有非常严格的保密法律和条款,使得获得关于金融交易和银行账户的信息更加困难。一位英国调查人员举例,一名瑞士公民针对转移到英国的资料有 17 次独立提起上诉的机会。其他国家可能有不同的程序,例如,只有正式的书面要求才能进行合作,而不是简单通过电话事先提供信息,因为其不是警察,故不适用司法上的侦讯委托。在另一起案件中,法国机构抱怨道,英国进行的搜查对他们来说毫无用处,因为英国当局所做的一切都是向他们发送被没收的原始文件,没有附上调查人员的报告,所以无法系统性使用。这说明了司法协助请求的特点,即使在某些紧急情况下,合作也会非常烦琐冗长。一位英国调查人员指出,在其他欧洲国家,英国在司法协助方面的声誉较差,另一些德国检察官和调查人员也证实了这一观点(这不是最近才出现的现象;see also Levi, 1987)。与那些没有反腐机构或没有反腐政治意愿的国家进行司法协助合作更为困难,这些因素让国家执法模式更加受限。然而,英国和美国之间,以及德国和美国之间的全球性解决方案已经说明了如何有效地发挥司法协助的作用去解决这一跨国困难。

## 七、在侦查和调查过程中的自由裁量权

需要调查的问题总比现有的调查资源要多,这是一个难题。你调查了多少个案件?你放弃这个案件之前花了多长时间去调查?……绩效指标的考量可能使你放弃了多少案件……例如,如果你起诉,总会有一名被告人因起诉而被判有罪。这与有多少人没被起诉有什么关系呢?此外,如果你没有参与很多调查,也许是因为它没有市场威慑力(UK Investigator/Prosecutor Interview 112)。

上述对侦查和调查过程的详细分析有助于说明:主管机构从初步确定潜在案件到决定是否提起诉讼的过程中,有很多机会进行自由裁量。关键在于,执法机构能够处理的案件仅来源于各种调查活动中所发现的案例,但事实上,各种感知研究表明,腐败问题的程度和范围比预计的更大(参见本书第八章)。关于贿赂案件的这种认识,能反映投入了多少侦查资源,或反映其他方面的意愿,以及能够通知主管当局的可能性:

……当你试图侦查腐败时,总是能发现案件。当你不尝试时,或许你处于最高层(在"积极执行"部分,参见本书第一章),

> 尽管你的国家的腐败可能比你想象得要多得多（German Investigator/Prosecutor Interview 211）。
>
> ……腐败通常是一种没有受害者的罪行，只有机构能揭发（Kontrolldelikt），投资越多……曝光的案件越多（German Investigator/Prosecutor Interview 231）。

然而，可以在整个侦查和调查的自由裁量中发现，这些腐败规模（相对保守）估计超过了英国和德国的执法能力（参见本书第五章）。本节在法律文化差异的背景下进一步探讨了这种正式和非正式酌定（自由裁量）做法的性质和基础。虽然英国公开适用自由裁量权，但德国机构通常会规避僵化的法律框架，在这两种情况下，应对合法性的执法可能会随着酌定（自由裁量）做法而导致很多企业的贿赂案件减少。

首先从英国开始，2010 年英格兰和威尔士《皇家检察官守则》（the England and Wales Code for Crown Prosecutors）第 3.2 条①规定，"警察和其他调查人员对涉嫌犯罪的讯问和决定调配的资源负责，包括决定开始或继续调查和调查的范围"。这反映了"机会原则"对高度重视自由裁量传统的地区的影响。正如斯宾塞（Spencer）（2002：161）所指出的："在英国，当局没有，也从来没有义务对其注意到的所有罪行进行起诉。"对进行起诉的调

---

① Code for Crown Prosecutors 2010 version available at：http://www.cps.gov.uk/publications/code_for_crown_prosecutors/introduction.html < Accessed 10/11/2013 >.

查适用完全守则检验法(例如,是否有足够的证据使得现实定罪成为可能;再如,就公共利益而言,起诉是否必要?)。由于警察和英国皇家检控署之间的职能分工不同,起诉的自由裁量权分两个阶段行使:其一,由警方决定是否提起诉讼;其二,英国皇家检控署决定该案是否继续(Spencer,2002:161)。然而,在腐败案件中,由于反严重欺诈办公室的独立,及其作为调查者和起诉者能够在预调查阶段立即使用自由裁量权,情况会变得更为复杂。

鉴于资源有限,反严重欺诈办公室明确规定了适用于跨国贿赂案件的酌定(自由裁量)标准。反严重欺诈办公室在收到举报或遇到潜在的跨国贿赂案件时,将通过预调查审查的方式确保案件符合某些标准并且在其管辖权范围内。根据法律规定,反严重欺诈办公室只可调查有证据显示发生严重或复杂的欺诈或贪污的案件。反严重欺诈办公室最初表示接纳个案前考虑下列因素:

——涉嫌欺诈的价值是否超过100万英镑?(这可能与所得合同的规模有关,而不是贿赂的规模,如果是贿赂的规模,它会排除大部分案件。这反映了反严重欺诈办公室在制定这些标准时,只处理欺诈,没有处理腐败的问题。)

——是否有重大的国际因素?

——这种情况是否可能引起公众的广泛关注?

——案件是否需要高度专业化的知识?例如,金融市场有关知识。

——是否需要使用反严重欺诈办公室的特别权力?例如,《刑事司法法》第2条。

以上问题现已在反严重欺诈办公室网站上被下列四项考量因素所取代[①]：(1)损失的规模(实际或潜在)；(2)案件对英国经济的影响；(3)案件是否使得英国作为“安全营商国”的声誉受到损害；(4)在事实和法律层面的复杂性，以及可能会涉及的更广泛的公共利益。除了这些标准外，反严重欺诈办公室在确定案件严重性和复杂性时还会进一步进行评估。例如，案件是否影响金融市场的完整性，是否涉及多个国家、多个地点、复杂的金融交易(如诸多企业、账户、国家等)以及调查是否涉及大型会计分析。关于自由裁量权问题，一位英国调查人员表示：

*在整个调查过程中，我们基本都会考虑案件是否是正确答案，或者是否存在可以实施的民事处罚，严重犯罪预防令，以及其他各种可以采用的方式(UK Investigator/Prosecutor Interview 111)。*

英国反腐执法允许调查人员和检察官有很大程序上的自由裁量权。如果案件不符合某些标准，则不需要反严重欺诈办公室进行调查，反严重欺诈办公室应在适当情况下将案件直接归入伦敦市警察局海外反贪局、其他警察部队或起诉机构。[经合组织(2008：para. 224)的一个报告质疑这项程序是否被遵循。]考虑到现有的各种执法机制，反严重欺诈办公室没有义务进行刑事制裁。

---

① http://www. sfo. gov. uk/fraud/sfo-confidential---giving-us-information-in-confidence/serious-fraud-offce-[sfo]-case-selection. aspx <Accessed 10/11/2013>.

前面统计数据表明,英国反腐机构过滤掉轻微案件并关注“重大案件”。例如,涉及通融费(“润滑金”)的案件不太可能受到反严重欺诈办公室的调查和起诉,随后执法机构迁就了这个行为——重点在于企业要在一段时间内根除组织内部的这种付款行为。反严重欺诈办公室和政府也面临中小企业的游说,这些企业认为合规成本较高和对海外业务的影响过重。① 因此,正式、公开的自由裁量权会包容大量小规模的跨国腐败行为,但英国《2010 年反贿赂法》将其认定为犯罪,执法机制的合法性被削弱,即立法与实践之间明显存在紧张的关系。

德国对自由裁量权的理解更为复杂。德国 16 个联邦州被授予广泛的权力,是有各自决策机构的领土单位(Juy-Birmann,2002:292)。在表征上,各种法律渊源(Rechtsquellen)都是基本宪法(Grundgesetz)至上,联邦法律和法规在下,之后才是各州宪法、法律和法规(Juy-Birmann,2002:292)。在德国传统上,刑事调查和起诉以“合法性原则”为指导:

> 合法性原则(Legalitätsprinzip)规定在《德国刑事诉讼法》(GCCP,Strafprozeβordnung-StPO)第 152 Ⅱ、170 Ⅰ 条中,并规定对犯罪行为起诉是检察官的义务。它要求检察官一旦有充分的怀疑就可开始调查,并在充分怀疑犯罪的情况下提出指控。

① See Financial Times ‘*Relaxation of UK bribery law on government agenda*’ 28 May 2013: http://www.ft.com/cms/s/0/cab2111c-c6c8-11e2-a861-00144feab7de.html#axzz2XKZvEhvO <Accessed 10/11/2013>.

为确保这项义务得到妥善执行，有一项名为检察官妨碍刑事起诉罪（StrafvereitelungimAmt，《德国刑法典》第258条）的罪行，可用于惩治违反这一职责的检察官。但是，在某些情况下，检察官可能会在依照《德国刑事诉讼法》第153条（Opportunitätsprinzip，酌情不起诉原则）各项规定的前提下，出于实际原因而不起诉（Freckmann and Wegerich，1999：187）。

上述原则基于"刑事事务中，法律面前所有公民绝对平等，检察官必须起诉所有犯罪"的立场（Juy-Birmann，2002：309）。然而，在一定程度上，实施起诉的自由裁量权取代了更符合英国制度的实用主义合法性原则，但在操作层面，对于主体而言，调查是基础性的要求：

我认为，重要的是我们没有自由裁量权，我们必须进行调查……我们可以告诉自己，无论如何，它来自哪里都与此无关，无论是古代帝王还是其他任何人都无关紧要。我们需要调查，我们必须调查……我们非常清楚，对每一个案件都有义务进行调查（German Prosecutor 212）。

检察官必须调查所有可能引起他们注意的潜在案件，并力求在可能的情况下进行刑事指控。同样，警方必须调查任何可能的刑事犯罪，并向检察官办公室报告所有案件证据。这体现了平等原则（Gleichheitsgrundsatz），确保法律面前人人平等：

我相信合法性原则，即我们必须在发生刑事犯罪时加以调查。这非常重要，否则会打开不平等待遇的大门。如果根据“我们想”或“我们不想”来作出决策，那么刑法就失去了它的意义……它不会被认为是公正的，这是不被接受的（German Police Investigator 231）。

因此，在德国，有更严格的法律框架，它规定检察官必须对犯罪行为进行起诉，且必须在充分怀疑时开始调查。然而，在处理自然人和法人，即个人和企业方面可以观察到显著的差异。对个人的调查或起诉受到强制性原则的限制，但根据机会原则适用自由裁量权对法人和企业来说却很常见。其后，只能根据行政法而不是刑法对企业予以制裁（参见本书第四章）。

案件的优先顺序取决于许多因素。例如，在德国，加速原则（Beschleunigungsgrundsatz）适用于必须迅速处理的某些案件，比如逮捕嫌疑人和有可能侵犯人权的案件。否则，案件的优先级别与案件的大小有关，大案件优先。检察官办公室也有权决定是进一步调查案件，还是应该启动诉讼程序。因此，尽管起诉的宪法义务似乎非常严格，但实际上可能并非如此。德国的一位专家谈到检察官没有去解决案件和进一步调查的情况时，说道：

在实践中不允许他们这样做，在法律上也不允许他们……（但在某些情况下）文件参考编号将完全正式被记录下来，他们会启动初步程序，但不进行调查。只是案件仍在那里，并在数年之后被遗忘了,由于时效的限制,甚至因为显然没有证据而中断,这种情况经常发生。当然,这取决于检察官办公室相关部门的准备情况如何,也取决于其他机构,如市政机构对此感兴趣的程度……当没有人感兴趣时,则没有人问"为何存在这些怀疑,为何启动了诉讼程序不继续调查"?在实践中,这个问题很常见(Country Expert Germany Interview 241)。

一些英国受访者也提出了这个观点,其中有人指出:

他们(德国检察官)所称的起诉实际上是开启一个案件的调查……如果5年内没有任何事件发生,就会结束。我曾与欧洲的许多检察官和行政调查官员谈过,他们有合法性原则,但他们不会把全部时间和资源投入案件中,如果案件没有进展,就会把它搁置(Former UK Investigator/Prosecutor 113)。

《德国刑事诉讼法》(Strafprozeβordnung-StPO)第152－7条确实提供了一些不起诉的可能性。因此,在实践中,调查人员确实具有一定的自由裁量权,但这并不像英国那样以系统的方式进行规定,而是以检察官的各种准则为根据。例如,德国一名调查员解释说,在举报人拨打了腐败热线,但对指控不确定的情况下,调查人员建议举报人首先提交匿名举报,但不公开具体事实。例如,"L先生收到了1000万英镑作为与英国军火交易的一部分,这是否会被起诉"?正如调查人员解释的那样,这对举报人和调查人员来说都不困难。调查人员可以对泄露的消息作出判断,如果没有信息不充分可以要求举报人匿名提交相关文件以支持其说法。但是,如果举报者披露了姓名和来源,调查人员必须追究而没有酌情(自由裁量)权。在此之后,任何信息必须提交给对案件作出最终决定的检察官办公室。因此,在德国,更多非正式的自由裁量行为会更明显,会再次造成立法与实践之间的紧张关系,并可能导致为了适应某些案件而规避严格的法律框架的情形。正如英国的情况一样,执法反映的合法性受到损害。

## 八、自由裁量的实践对比

自由裁量权的存在意味着刑法的全面执行难以实现(see Goldstein, 1960)。这一论点在英国和德国的执法实践中非常明显。对于只要有足够的证据,就有在起诉方面的宪法义务,德国比英国提供了更严格的程序框架。然而,调查人员和检察官在实践中需要考虑到执法行为的规范性以及可操作性,这就与其所在法律框架之间的关系变得紧张。在实践中,德国检察官能够使用合法的替代办法进行刑事起诉,例如,《德国刑法典》第153a条规定,在某些情况下可以进行经济处罚,并且创造性地使用了诉讼时效,德国腐败案件的法定时效为5年。

尽管两个国家在法律上存在显著差异,但德国与英国一样,具有许多正式(例如,在面临证据困难时的务实主义)和非正式(例如,创造性地使用时效法规)行使自由裁量权的可能性。尽管德国在处理腐败案件时没有严格的标准,但像反严重欺诈办公室一样,德国检察机构仍然根据与英国类似的考量因素(如公共利益、定罪可能性、可用资源)优先处理案件,尽管政治意愿的缺乏也扮演了重要角色(如英国的通融费)。因此,一位德国受访者明确指出,关键问题不在于自由裁量权是有助于还是阻碍了发挥反腐制度的有效性,而在于是否有政治意愿来治理腐败。其表示,如果检察官办公室内的反腐部门有充足准备并发出重新调查有权势个人和企业的意图和政治信号,那么反腐执法将更加有效。这位受访者用西门子①的例子来解释这一点并强调,如果美国当局没有调查,案件就不会如此重大,最终,西门子要求聘请一家律师事务所,以记录内部的问题及真实情况。

## 九、结论

本章对比分析了两种不同的强制执行制度中,国家反腐责任机构和参与者如何侦查和调查企业跨国贿赂。在这些结构框架内,责任部门会利用各种不同(如税务机关的义务、自我报告等)及类似机制(如举报人、司法协助等),来侦查和调查企业跨国贿赂。然而,侦查和调查的基础之一是自由裁量权的适用。政府间组织认为这种自由裁量权是一个关键组成部分:

没有这种自由裁量权,就无法处理经济犯罪案件。例如,

① 西门子丑闻涉及一个非法基金,该基金被用于行贿,以换取海外合同。迄今为止,西门子已就行贿问题向多个部门支付了总计25亿欧元的行政罚款,并且多名管理人员被定罪。

你可以有话直说，让我们专注于案件的一部分，我们可以确实地证明它且放弃其他部分，因为如果不这样，我们将陷入多年的困境，错过时效或其他事情……所以，如果你真的想要有效，就必须有自由裁量权。下一个问题当然是应该如何适用自由裁量权（Intergovernmental Organisation ‘A’ Representative Interview 411）。

虽然自由裁量权是关键，但政府间组织认为，在考虑经济利益、国家利益时（参见上文）存在“非法形式”的自由裁量权。因此，为自由裁量的适用创建系统框架非常重要。在成文的规范中，德国体系提供的自由裁量极少，其要求在所有可能的情况下进行调查和起诉，但因为有些实体和程序机制可以不调查或不起诉，所以与英国的公开体系没有太大差异。但是，在法律框架和实践方面，自由裁量权具有重大意义，关键问题在于相关行为者明确并承认这种自由裁量权的界限（如检察官、执法机构等）以及这些酌情（自由裁量）做法应在多大程度上被系统地加以管理。在英国，似乎公开承认了自由裁量的做法，而在德国，自由裁量可能没那么正规，但在这两国，法律与实践之间都存在紧张关系。那么，也许在行为跨司法管辖区时，有在国际合作层面明确如何有效和系统地使用资源的可能性：

当资源不足时，那么，我的回答是，你需要一个清晰、透明和公开的政策。而且我认为你必须采用一种基于风险考量的方法来实现这一目标，而不是……因此，我认为，你可以让大家都知道，你正在关注的特定领域、特定行业是什么。你特别关注某个看似热门的国家或地区……所以办法是：经合组织成员国基本上应该采取专题行动和合作的方式，同德国和英国一起将目标锁定在世界某个特定地区的建筑业，他们选择了特定的目标来观察，这将是一种方式（UK Investigator/Prosecutor Interview 112）。

基于风险的资源管理方法和自由裁量可为协调执法手段提供合作框架。到目前为止，还没有这样的框架。尽管在2013年10月的一次演讲中，时任反严重欺诈办公室主任大卫·格林表示，可能很快就可以将重点放在最容易受到经济犯罪影响的特定部门，如建筑、公共合同、石油和天然气。[①] 但目前侦查和调查阶段的紧张局势导致了对跨国贿赂案件的纵容。在国际和国内法律框架内，这反过来又降低了执法的合法性，因为相关机构甚至没能力对这一问题的保守估计作出回应。此外，自由裁量权的适用并不总是透明的。

---

① Information on speech available here：http://thebriberyact. com/2013/10/28/construction-industry-public-enemy-no-1-for-sfo-in-sector-sweep-announcement/ <Accessed 10/11/2013>.

# 第六章　执法理论:检控政策

我们是检察官,但必须承认……有效的执法……并不仅仅意味着刑事起诉。这意味着你可以使用包括民事追偿在内的所有权力来执行,例如违反民事法层面的《公司法》(Companies Act)的行为。所以我们可以看到,如果它在组织中处于高位,不是孤立的,而是一个系统性问题,那么显然除了刑事起诉之外没有其他的事情可为,但是如果他们来告诉你:看!我们已经完成了报告,我们已经有了这些体系,这些是我们的程序,这个孤立的案例是脱离程序的漏网之鱼,但我们已经发现了它,已开除了其中的参与人来解决这个问题,已加强了处理这个问题的程序——这些都是可能导向民事解决的因素。这个孤立的案例已经超出了我们的程序,但我们已经发现了漏网之鱼,已开除了参与其中的人来解决这个问题,已加强了处理这个问题的程序——这些都是可能影响民事解决的因素。我们告诉所有接触到我们的人,来找我们没有任何保证,这是你自己的选择,然后我们将决定走哪条路(UK Investigator/Prosecutor Interview 114)。

## 一、概述

第五章通过分析执法体系、侦查和调查实践以及自由裁量权在各个阶段的适用,确定了主管机构执法中固有的结构、程序、证据、法律和财务障碍。但是,通过分析检控政策可以更好地理解执法应对。正如上文所述,尽管已经在工作和理念中确定了刑法的中心地位,但英国和德国的检察官及调查人员仍然认识到了刑事执法的困难,并且试图探索其他可以使用的手段。本章在英国和德国执法框架内分析这些机制,并概述了超越传统执法行为(追究刑事起诉)向国家部门和机构职权范围扩大使用的转变。这种执法机制属于所谓的指挥与控制管理战略(Baldwin and Cave,1999),这一策略在英国和德国的反腐败方法中占主导地位。参与者和组织使用这种执法措施对在合法市场经营的企业形成正式的规制。

本章首先分析了英国和德国适用刑事起诉的情形、优势和局限。特别关注最严厉的企业制裁、解散措施,即“企业死刑”。之后会讨论非刑罚替代措施使用的增加,特别是适用了以确保企业文化转变的为主要目的的民事机制。有人认为,英国和德国的调查人员和检察官正试图使刑事起诉向非刑事措施的强制性自我管理转变,并通过多种执法机制来协商如何使用规制措施。这些执法机制的主要内容有:民事和解以及包括自我报告、自我清理、监管和重整耻辱理论在内的混合执法机制。

## 二、刑事起诉与制裁

在撰写本书时,英国和德国都少有对企业(法人)的刑事起诉。执法统计数据表明,两个司法管辖区对个人(自然人)起诉率现在都差不多(TI 2012),实际上只有三起跨国受贿案涉及对英国企业的刑事制裁,而德国还没有此类案件。2009 年,马比·约翰逊有限公司(Mabey and Johnson)是英国第一家被判定为海外腐败的公司。[①] 2010 年的英诺斯派公司[②]被控"串通腐败"并被处以刑事罚款(与其他制裁一致,如民事追偿令、监控,参见下文)。2010 年,BAE 系统公司因未能保留足够的账户记录而被罚款。因此,英国对企业的刑事制裁主要涉及刑事罚款。2002 年《犯罪收益(追缴)法》第 2 条规定了没收和"监督",[③]同时要求适应管理体制的变更,确保合规体系有效到位(参见第六部分"混合机制"部分)。2006 年《公共合同条例》(the Public

---

① 马比·约翰逊有限公司因其在牙买加、加纳和伊拉克的行贿行为,包括刑事罚金在内所受到的经济处罚总额为 660 万英镑。SFO press release: http://www.sfo.gov.uk/press-room/press-release-archive/press-releases-2009/mabey--johnson-ltd-sentencing-.aspx <Accessed 10/11/2013>.

② 英诺斯派公司因其在印度尼西亚的行贿行为,而被处以罚款,并受到管控。See SFO press release: http://www.sfo.gov.uk/press-room/press-release-archive/press-releases-2010/innospec-limited-prosecuted-for-corruption-by-the-sfo.aspx <Accessed 10/11/2013>.

③ BAE 系统公司因其在坦桑尼亚的涉腐活动,而受到刑事惩罚和民事经济处罚。See SFO press release: http://www.sfo.gov.uk/press-room/press-release-archive/press-releases-2010/bae-fned-in-tanzania-defence-contract-case.aspx <Accessed 10/11/2013>.

Contracts Regulation 2006）依据《欧盟公共采购令》（第 2004/18/EC 号）（下文也简称《欧盟公共采购令》）第 45 条（参见下文）出台，根据该条例规定，刑事定罪使得政府有权取缔企业，并实施重罪预防令和财务报告令，但这些机制尚未被启用。以上两个司法辖区的个人都被判处监禁（通常是缓刑）、罚款和限制担任董事。

（一）英国的刑事起诉与制裁

1. 刑事制裁

理论上，根据《皇家检察官守则》（the Code for Crown Prosecutors）和英国《贿赂法联合检察指导》（the UK Bribery Act Joint Prosecution Guidance）的规定，各种减轻和加重因素都会影响刑事制裁程度。在贿赂犯罪方面，《皇家检察官守则》列出一些有利于起诉的因素。例如，对贿赂定罪可能会引起较重判罚，犯罪通常是有预谋的还可能包括受贿者的腐败因素，犯罪可能为了给更严重的犯罪提供便利，使参与贿赂犯罪的主体能获得有威信的职位并可以利用这一职位实施犯罪。相反，倾向于不起诉的因素可能包括法院认为损害后果很小而且是单一事件的结果，在实施主动自我报告和真正补救方法的情况下，仅进行象征性罚款。在法律上，自然人犯英国《2010 年反贿赂法》第 1 条、第 2 条或第 6 条（主动贿赂、被动贿赂、贿赂外国公职人员）之罪，在简易程序中最高可被判处 12 个月的监禁刑或不超过法定最高限额（5000 英镑）的罚款，或两者并处。自然人因起诉而被定罪，最高可被判处 10 年监禁，罚款不受限制，或两者并处。因这些罪行被判有罪的法人，通过简易程序定罪，可被处以不超过法定最高限额(5000 英镑)的罚款,或因起诉定罪被判处无限的罚款。任何被判定犯有英国《2010 年反贿赂法》第 7 条罪行(未能防止贿赂)的人在被起诉定罪时都有可能受到无限的罚款。

贿赂也可能因《犯罪收益(追缴)法》规定的洗钱犯罪受到起诉。这些权力是在 2008 年 4 月赋予英国反严重欺诈办公室的。对于《犯罪收益(追缴)法》第 327 条规定的情形(隐藏、安排、收购、使用和占有),在简易诉讼中最高可判处 6 个月监禁,罚款 5000 英镑以下,或两者并处。公诉定罪最高可判处 14 年监禁,罚款不受限制,或两者并处。对于《犯罪收益(追缴)法》第 330 条规定的情形(泄露、未披露信息),在简易程序中最高可判处 6 个月监禁,最高罚款 5000 英镑,或两者并处。公诉定罪最高可判处 5 年监禁,罚款不受限制,或两者并处。在撰写本书时,英国反严重欺诈办公室只针对贪腐犯罪使用了《犯罪收益(追缴)法》(第 2 部分和第 5 部分)中的没收权和追回权,但主要使用的是追回令。例如,2008 年 10 月,在此类第一个案件中,其要求保富集团(Balfour Beatty)支付 225 万英镑民事赔偿令的费用。[①] 2011 年 2 月,MW Kellogg 有限公司因其母公司和其他第三方贿赂获得合同,支付罚款超过 700 万英镑。[②]

---

① SFO press release on Balfour Beatty available at: http://www. sfo. gov. uk/press-room/press-release-archive/press-releases-2008/balfour-beatty-plc. aspx <Accessed 10/11/2013>.

② SFO press release on MW Kellogg available at: http://www. sfo. gov. uk/press-room/press-release-archive/press-releases-2011/mw-kellogg-ltd-to-pay-7-million-in-sfo-high-court-action. aspx <Accessed 10/11/2013>.

2. 企业的刑事责任

如上文所述,如果贿赂数额巨大、屡次行贿、有计划地行贿或接受贿赂并将其作为企业内部准则,则应提起刑事起诉,并可能因此受到严厉制裁。实际上,情况并非如此,有限的企业被刑事起诉的案件数量就说明了这一点,这反映了在英国追究企业责任的难度。企业刑事责任决定了“法人”(企业)是否可以像“自然人”(个人)一样根据刑法受到起诉,尽管两者之间通常存在某种关系:

……当个人犯罪发生在企业环境中时,可能是因为企业的政策、文化和风俗对这种非法行为的授权、鼓励、准许或容忍……代表企业犯罪的是个人,使得犯罪合理化更加方便(Gobert,2011:154)。

英国传统的企业刑事责任要求法院通过企业理念评估犯罪意图。英国法官认为,从立法目的上讲,企业理念可以认定为同一企业人员的一致思想(Gobert and Punch,2003:38)。这种对个人更为关注的传统理念,导致想要判断由多人集合而成的实体中的稳定犯罪意图十分困难(Punch,2011:111)。这在英国仍然是一个难点:

我的意思是,我们所面临的主要问题仍然在于与企业责任有关的法律十分糟糕。如果企业聪明一点,将腐败行为转移给外国佣金代理人,他们自己可以远离腐败行为,也没有控制内部思想……像马比·约翰逊这样的小公司能够成功的唯一原因是,董事们在切实地工作,换言之,公司的控制思想积极参与到了这些工作之中(Former UK Investigator/Prosecutor Interview 113)。

对存在主动和被动贿赂的一般犯罪,在确定"控制思想"方面仍有困难,因为只有证明高级管理层和执行人参与其中,企业才有可能犯贿赂罪(s. 1,2 and 6 of the UKBA),但这无法被直截了当证明。企业是"有意识的对手"(Sparrow,2008),他们能够转移腐败行为,从而使得控制思想不涉及贿赂。通过众多金融机构进行的国际商业交易具有匿名性,且司法管辖权认定难度较大,这给监管带来了很大困难(Elliot,2009)。管理者、代理人和客户之间的远距离关系以及不同国家的不同法律带来了很大的问题,更不用说高度保密性、隐私性以及缺乏直接受害者的举报。因此,全球商业交易的性质严重阻碍了有效的监管和执法活动(Gibbs et al. ,2010:550)。

然而,根据企业"未能防止贿赂罪"(英国《2010 年反贿赂法》第 7 条)的规定,在严格责任中,企业也可以因其相关人员(员工、子公司、中介机构、销售代理等)实行代表企业的贿赂行为而承担刑事责任。如上所述,在英国《2010 年反贿赂法》实施之前,只有证明"企业理念"(董事会成员或执行官)在贿赂中发挥直接作用,企业才能被追究刑事责任。但是,如果英国企业有适当的反贿赂程序、政策和文化,就可能成为其应诉的辩护理由。

然而,如果英国企业有"充分"的反贿赂程序、政策和文化,则可能在起诉中为其提供法律辩护。英国《2010年反贿赂法》纳入了严格责任形式,反映了这样一种观点:可以认为,该组织长期在跨国的营商环境内,为此类犯罪提供了动机、机会和途径,但这些情形给法治带来了困难,难以在特定区域内认定分离型犯罪中的直接因果关系,进而无法认定个人责任(Punch,2022:110)。然而,这种严格责任不需要证明意图,且可能会再次认定这种行为是法定犯而不是自然犯。

(二)德国的刑事起诉与制裁

1. 刑事制裁

在德国,一直都有稳定对个人的刑事诉讼,但企业不能被起诉。经合组织(2011b)关于德国的报告称,自2005年以来,在30起个人受贿的起诉中,仅有10起涉嫌贿赂外国官员(《德国刑法典》第334条),另有10起涉及商业贿赂刑事犯罪(《德国刑法典》第299条),10起涉及背信罪的刑事犯罪(《德国刑法典》第266条)。其中还有4起涉嫌违反监督职责(《德国违反秩序法》第130条),另有35人根据《德国刑事诉讼法》(GCCP)第153a条同意民事和解(刑事起诉转处)——其中24人与西门子案有关。这些结果并未公布,因此检方指控的潜在罪行无法确定,也就是说,需要进一步提高透明度。自2005年德国第一次对海外贿赂定罪以来,至2011年5月,检察官已经处理了69人[35份不起诉协议(Non-prosecution agreements,NPA)]和7家企业(行政罚款)。这是德国使用刑事和非刑事强制执行机制的重要证据,尽管在合法性原则和刑事起诉的法律规定上存在争议（参见本书第五章），但超过半数的个人定罪是通过非刑事起诉的机制。

因此，在德国，检察官频繁地使用各种起诉方式，特别是用《德国刑法典》第 299 条或第 266 条商业贿赂和背信罪的规定来起诉和制裁外国贿赂案件，而不是《德国刑法典》第 334 条涵盖的贿赂外国公职人员的具体罪行。例如，在很大程度上，西门子案由慕尼黑检察官处理，因为涉及贿金造成的“背信”行为——联邦宪法法院（Bundesverfassungsgericht）认定使用贿金就可视为“背信行为”。[①] 由于《德国刑法典》第 266 条和第 299 条及相关的法律规定可以在没有司法协助的情况下得到证明，检察官能够按照加速原则中所述的时间限制处理案件。使用替代罪名为德国检察官提供了证据便利，因为需要调查的复杂性较小，举证责任较小——《德国刑法典》第 299 条不要求证明贿赂受领人是外国公职人员，尽管在西门子案里很有可能是。因此，这样做更具成本效益，迅速而务实，能够处理大量案件并应对出现的实际困难。这与反严重欺诈办公室利用反洗钱罪行和英国《2010 年反贿赂法》第 7 条规定的罪行相似，他们都基于类似原因而适用民事诉讼。更值得注意的是，使用不起诉协议标志着一个基于实用考量的刑事起诉方面的重大转变：在不可能提起刑事诉讼的情况下，不起诉协议在此范围内提供了一个可以逮捕个人的

① Full text of the decision (in German) available at: http://www.bundesverfassungsgericht.de/en/decisions/rs20100623_2bvr255908.html < Accessed 10/11/2013 >.

"保障网"。

对自然人贿赂外国官员和相关犯罪的刑事制裁(如上所述)存在很大差异。《德国刑法典》第334条规定了对外国官员进行贿赂的罪行,对其判处的刑罚可从3个月至5年不等,情节特别严重的处6个月至10年不等的监禁。罚款可以用来代替监禁(除非是特别严重的情节),如果监禁不到6个月,则罚款是强制性的。例如,2010年,西门子的另外两名前高级管理人员因贿赂相关犯罪,分别被判缓刑两年和一年半,并相应被判处16万欧元和4万欧元的罚款。在曼恩设备动力公司涉及的某案中,一名前任执行官被判缓刑两年,并被勒令向慈善机构支付10万欧元。若触及作为贿赂官员犯罪替代手段的商业贿赂犯罪,在特别严重的情况下,可能会处以3个月至5年不等的监禁——迄今为止,所有的外国贿赂案件都被视为是特别严重的。另外,在2009年《德国刑法典》修正后,对个人可处以最高1080万欧元的罚款,而根据行政法,企业最高可被处以100万英镑的罚款,易言之,刑法的罚款数额是行政法的10倍多。

对于背信罪,可以判处1个月至5年不等的监禁,情节特别严重的,判处6个月至10年不等的监禁,但对情节较为轻微的案件可处以罚金刑。实际上,外国贿赂犯罪的平均刑期为2年零3个月,其中刑期最长的一起案件是5年有期徒刑,并处以216万欧元的罚款。超过半数的监禁被判处了缓刑。对于商业贿赂犯罪,没有被告人被监禁,但对被告平均处以1年零6个月的缓刑以及罚金,但通常不超过2万欧元。对于背信罪,所有被告平均被判处1年零6个月的有期徒刑并被处以罚款。从中可以看出，德国对外国贿赂犯罪的制裁比较严厉，但德国检察机关正在通过替代犯罪的方式来实现快速和有效的起诉。违反监管职责的行为也可能因疏忽而被处以高达50万欧元的行政罚款，如故意则高达100万欧元，这种制裁用于无法证明刑事犯罪的情况。在其他情况下，相关机关会商定制裁（根据《德国刑事诉讼法》第153a条）。在这些案件中，和解金通常是获得利润或贿赂金的两倍，和解金600欧元至5万欧元不等，而法人只能在行政法下受到制裁（参见下文）。

《违反秩序法》第30条和第130条规定，法人对因其疏忽导致的自然人违反监管职责的法律责任，应承担50万欧元的罚款，故意则高达100万欧元。《违反秩序法》第17（4）条确保罚款必须高于从贿赂罪中获得的利润。因此，任何贿赂罪的利润都可能被没收。有趣的是，没收范围的罚款是免税的。这种没收（类似于英国的没收令）在德国非常重要，地区法院可以没收贿赂财产的利润，构成对企业的大部分经济处罚。正如本书第二章所解释的那样，企业最高可以被处以100万欧元的罚款，但可以被没收的金额没有上限。例如，在西门子案中，慕尼黑检察官在两项独立决定中没收了将近6亿欧元。另一个例子中，曼恩集团被罚款1.566亿欧元，相当于扣除了取得的利润。

对自然人和法人的制裁都受到各种加重和减轻因素的影响。例如，对自然人而言，如果被告人的合作、教唆（如法院承认某些国家的贿赂是在意料之中）及贿赂不是为了直接谋取个人利益，或者被告是初犯,或已赔偿企业,或在贿赂制度实施后才进入企业,或案发后离开企业都可以减轻刑罚。对法人来说,(受贿规模,是否长期受贿,是否是企业的惯例,是否涉及高级管理人员)教唆、合作犯罪程度的严重性(如自愿披露)和企业后来对该问题采取的解决手段以及问题得到解决的程度都非常重要。

2. 企业的刑事责任

如上所述,在德国,企业不能承担刑事责任。"法人"和"自然人"之间的区别在此具有更多的含义,因为德国刑法不能将企业的所作所为解释为"行为"(Hefendehl,2001):

在德国的罪责体系中,只有自然人才会有罪。法人是一个虚拟的个体,只有代表法人行事的人才能够认识到这种罪行(German Lawyer Interview 221)。

如果有企业的刑事责任那就简单多了,但是没有。我们有一种以有罪为基础的个人刑法,并且必须证明个人最终要对此负责,而这种犯罪形式认定当然非常困难(German Country Expert Interview 241)。

因此,只有自然人才能承担刑事责任,法人和团体的责任是因为违反良好秩序而被法律管制,换言之,就是法定犯(Rogall,2011:334)。国家机关只要求法人对行政违法行为(Ordnungswidrigkeiten)承担责任,且只能处以行政罚款(Geldbuβen)。虽然法人和自然人在刑事责任上有所区分,但两者之间常常存在某些关系:"个人犯罪发生在企业环境中，这可能是因为企业的政策、文化和风气，授权、鼓励、宽容或容忍这种违法行为发生……个人代表企业实施犯罪行为更加为企业犯罪行为合理化提供了可乘之机。”（Gobert，2011：154）其先决条件是犯罪行为，企业已违反职责，并从中获利或打算获利。此外，管理层如果没有采取充分的规制措施来预防贿赂，则可能要承担责任。例如，《违反秩序法》第130条“违反公司和企业强制性监管义务罪”涉及违反监督职责，高级管理人员未能监督员工的行为导致了刑事或行政犯罪。对于一家企业而言，可能面临的最高民事罚款为100万欧元，这通常扣除了腐败所得利润（如上所述）。但是，缺乏企业刑事责任对政府间组织来说未必是一个问题。

我真的不在乎德国是否有真正的犯罪概念或是准犯罪概念，这并不重要。我发现100万欧元（最高行政罚款）太少，而且在以机构为名义的背景下，它处于下游水平。我对他们的应用方式并未感到不满……在此期间，他们在反腐败上做了很多工作（Intergovernmental Organisation ‘A’ Representative Interview 411）。

这反映了政府间组织对“功能对等”的意见：尽管对刑罚的批评是显而易见的，但仍然强调贿赂案件最终结果的成功，而不是调查和起诉所采用的协调机制。虽然国家层面的这种分歧可能为政府间组织所接受，但它可能会在司法协助方面造成困难。

换句话说,如果不涉及刑事犯罪,某些司法管辖区可能无法提供协助。

## 三、英国和德国的暂缓与不起诉协议

暂缓起诉协议(Defend Prosecution Agreements,DPA)和不起诉协议是延迟或不起诉调查案件之后的正式协议。在美国,当司法部和证券交易委员会与企业达成协议时,暂缓起诉协议就越发重要。2013 年《犯罪和法院法》(the Crime and Courts Act 2013)颁布,英国检察官从 2014 年可以开始使用暂缓起诉协议。这一法律机制由法人与检察官之间的自愿协议组成,以满足某些要求而换取暂缓起诉。暂缓起诉协议实现了刑事起诉的象征性目标,但是以遵从协议为前提。但在暂缓期间,如果满足要求,检察官将会撤销最初作出的指控(不起诉协议与暂缓起诉协议类似,只不过没有正式起诉)。如果这些要求未得到满足,检察官将保留起诉的权力。在撰写本书时,暂缓起诉协议尚未被使用。然而,2014 年 2 月公布的《暂缓起诉协议实务守则》(the DPA Code of Practice)规定了检察官应该如何参与谈判并达成暂缓起诉协议。从《暂缓起诉协议实务守则》来看,目前这些自主决定事项及其过程的透明度存疑,而且术语含混不清(如什么是“合理怀疑”或“合理的信赖理由”)。检察官一旦开始使用暂缓起诉协议,对其进行分析是至关重要的。此外,必须考虑这种犯罪政策和战略的跨境和转移的程度,而这种政策和战略的转移成功与否、影响力的大小,是接受方的文化、社会政治和制度环境共同作用的结果，并且这些作用力起到了决定性作用（Karstedt，2007：147）。

如上文以及本书第五章所述，法律、证据和程序上的障碍阻碍了对企业的刑事起诉。然而，在这种不切实际的情况下，执法机构试图保持强硬的检控立场，重申刑事起诉和制裁的作用。例如，时任反严重欺诈办公室主任大卫·格林曾公开表示，其试图"强化"反严重欺诈办公室对贿赂的"强硬"立场，并重申反严重欺诈办公室作为检控方所能发挥的作用。但事实上，鉴于上述刑事起诉结构、法律、证据和程序上的障碍，这种立场似乎太过理想主义和夸张。考虑到这一点，暂缓起诉协议是一个合法的替代方案，使执法机构在加强其起诉作用的同时，继续向"协商性司法"转变（公共机构和涉案企业之间劝说、对话后的民事协议，以及关于协商的进一步转变参见下文）。也就是说，如果没有正式承认贿赂的"罪责"，就不会满足暂缓起诉协议的条款，但是起诉的可能性已经很小——《暂缓起诉协议实务守则》指出："不要求正式承认有罪。"因此，刑事起诉仍然可能会不合情理。

尽管暂缓起诉协议目前在英国尚未被使用，英国也没有关于使用不起诉协议的法律框架，但上述民事协议也采用了类似的机制，唯一显著的区别是刑事指控没有暂缓。德国和英国的个人都按照类似原则接受了暂缓执行的判决，而与个人相关的不起诉协议已在德国得到广泛使用，但只是作为正式程序的一部分。暂缓起诉协议和不起诉协议通常要求企业充分合作，为个人刑事起诉、自我清理（参见下文）、同意监督（参见下文）并支付赔偿金提供证据。

## 四、禁令:“企业死刑”(the Corporate Death Penalty)

前文已多次提及禁令的问题,但这里还需要进行专门的分析,因为被调查者多次强调最值得关注的问题是最严重的刑事制裁形式。《欧盟公共采购令》(第2004/18/EC号)第45条规定,强制排除或禁止因某些包括腐败在内的刑事犯罪而被定罪的人成为候选人或投标人。该指令允许成员国自主确定适用条件,但只有在总体利益的要求压倒一切时,才能背离强制性排除条款。在英国,该指令通过2006年《公共合同条例》颁布。该条例第四部分第23c条规定,如果经营者(即供应商),其董事或任何其他拥有代表权、决定权或控制权的人被判犯有“贿赂罪”,那么缔约当局必须将其排除在公共合同之外。当然,采购不仅与海外腐败和贿赂有关,而且为腐败行为创造了许多机会。

在国际上,禁令越来越重要,五大主要多边发展银行(Multilateral Development Bank,MDB),即世界银行集团、非洲开发银行集团、亚洲开发银行、欧洲复兴开发银行和泛美开发银行集团于2009年4月签署协议,并保证被多边发展银行的其中一家银行禁止进入的企业,随后也将被其他银行所禁止。但是如果这种强制执行不符合法律或其他体制考虑因素,银行可能会决定不执行(协议第7段)。由此,这项协议存在自由裁量的空间。

鉴于禁令带来的重大财务影响,其常常被称为“企业死刑”。例如,一家企业的业务可能完全依赖公共合同,如果这些合同被拒绝可能会损失数百万英镑，面临破产倒闭，更不用说声誉损害，以及随之而来的继续经营中对企业、董事和员工的耻辱感。这会产生更广泛的影响，企业无法提供就业和税收等可能会对地方和国家的经济产生不利影响。这成为了检察官在经济方面的考量因素，虽然《经合组织反贿赂公约》指出，经济利益不应该影响起诉决定（参见本书第四章）。这会进一步造成缔约方热衷于保留某些供应商，从而产生因特殊情况形成潜在滥用禁令的可能。然而，禁令的制裁流程十分复杂。例如，企业可能面临不确定或确定的（12 个月、4 年等）禁令，或可能面临停业、附条件或自愿的禁令，而且禁止可能仅适用于某些辖区、某些机构（如多边发展银行合约）或某企业（如西门子的俄罗斯子公司）[①]某些有关联的人。这种制裁比简单地排除或者停止签署任何公共合约更为复杂和多变。

重要的是，根据英国《2010 年反贿赂法》第 7 条的规定，因未能防止贿赂行为而被刑事起诉的企业不会面临强制排除。肯·克拉克（Ken Clarke）说：

英国政府还决定，关于未能防止贿赂商业组织的定罪将适

① 例如，因贿赂问题，世界银行针对西门子子公司，即西门子的俄罗斯子公司，出台了长达 4 年的禁令，与此同时，西门子股份公司及其所有子公司、联营公司同意自愿禁止竞标世行项目 2 年。See World Bank press release available at：http：//web. worldbank. org/WBSITE/EXTERNAL/NEWS/0，contentMDK：22234573 ~ pagePK：64257043 ~ piPK：437376 ~ theSitePK：4607，00. html <Accessed 10/11/2013>.

用自由裁量权,而非实施《欧盟公共采购令》(第 2004/18/EC 号)第 7 条的规定,将涉案企业强制性排除在公共采购之外。为了反映这一点,有关规定将作出修改(Ken Clarke, Ministerial Statement, 30 March 2011)。[1]

该声明确保了对英国《2010 年反贿赂法》第 7 条所述罪行的禁令是可以被自由裁量的(或许不太可能),并间接说明对英国《2010 年反贿赂法》第 1 条、第 2 条和第 6 条罪行的刑事定罪将保留强制排除。这可能反映了实施"贿赂犯罪"和未能防止这种犯罪之间的区别。然而,反严重欺诈办公室及其他检控机构如何行使这项裁量权,以及禁令的期限,投标过程中披露的要求(如"更新期"),被英国《2010 年反贿赂法》第 7 条定罪是否仍会导致企业不被合同考虑(如负面新闻后)并不明确。

上述关于企业刑事责任的讨论明显表明,德国企业不能被起诉。这就造成了在英国和德国设立或运营的企业可能被排除在外的重大差异(尽管英国和德国企业在其他欧盟司法管辖区的刑事起诉可能会被采取禁令)。这似乎表明了一个不公平的竞争环境,因为在英国,有关企业贿赂的刑事诉讼将触发欧盟法规下的强制性禁令,而在德国却不可能。虽然根据行政法的规定,德国法院确实可以酌情决定对公共采购合同中的企业采取禁令,

① Ministerial statement on the UKBA from Ken Clarke available at: http://www.publications.parliament.uk/pa/cm201011/cmhansrd/cm110330/wmstext/110330m0001.htm#11033059000255 <Accessed 10/11/2013>.

但这样的案例至今尚未发生。正如一位德国调查人员所说的那样，虽然这种禁令可取，但上述其他因素给其使用造成了障碍：

我真正喜欢的是，欧盟层面，企业可以持续被禁止两三年，但我相信这是理论上的。这在实践中并未发生：工作、政治和复杂的企业令人难以知道在哪里会引起注意——例如，西门子可能会有一两家较小的子公司，那么我该把目标定在哪一个公司上？哪个是在运营的子公司？这很困难……在德国，法律有禁止企业的可能性，但没有人这样做（German Police Investigator Interview 231）。

公共合同通常涉及大型项目，但这类项目通常只能由大型跨国企业管理。虽然往年大型项目可能会收到大量的投标，但目前情况并非如此，因为并购等原因形成了综合企业，只剩下少数有能力的企业。这就造成了对这种跨国企业适用禁令的困境，即潜在的企业数量减少。换句话说，如果排除了那些能够应对大型项目的少数几家跨国企业，有可能会造成消除合法竞争的结果，从而带来市场垄断和不公平定价的可能性。也就是说，在大多数公共合同中，鉴于腐败扩大了非竞争性奖励的范围，对腐败企业的禁令意味着应当允许非腐败企业获得合同来增加竞争（Williams，2006：731）。

然而，如果经济因素如此重要，那么，规定了企业禁令却没有自由裁量，这样看起来似乎违背认知。和《经合组织反贿赂公约》的要求略显“乌托邦”和“理想主义”,并不适合“现实世界”,原因在于任何国家都不会忽视经济因素。正如威廉姆斯(Williams)(2006:732-3)所指出的那样,任何旨在适用严格解释和实施强制排除的国家都将在采购过程中面临巨大的成本和延误。程序上,确认其他司法管辖区以及企业是否确实被适当定罪极为困难。此外,鉴于子公司和相关人员不够明确,只有通过投入大量调查费用,才可以将禁令法规有效地适用于对承包商等相关方的定罪上。在任何情况下,需要遵循的确切程序都不是“指令”所规定的。

强制性禁令的一个关键性先决条件是要求对被认定犯“贿赂罪”的企业提起刑事诉讼,但这违背了经合组织和反腐败国家集团等国际反腐机构的“功能对等”的概念(参见本书第四章)。正如威廉姆斯(2006:731)在评估《欧盟公共采购令》时所言:

> ……虽然这些规定可能会减少政府合同中的腐败,因为它们是对供应商腐败的一种制裁,阻止其进入采购流程,或者因为他们能够阻止其他供应商参与腐败行为,但该手段受到限制,因其依赖于对腐败供应商的定罪。

鉴于英国和德国的刑事诉讼政策(见上文),以及侦查和调查贿赂犯罪的困难(见本书第五章),不可能取消定罪和禁令。对威廉姆斯(2006:733-4)来说,似乎有必要在有效的强制性禁止措施和随之而增的程序及财务负担之间作出选择,或者只是令措施起象征性作用，以免中断采购过程。然而，在第一种情况下，会出现一种报应主义的假设，即对某些腐败案件的禁令是相称的惩罚，但可能导致对社会的“附带损害”（无辜的个人失业、持股人资产损失、国家失去税收等）而显得不成比例。尽管如此，一位德国专家评论道：

我会说，就是这么倒霉。这些企业在回应中说：“禁令削减了我们的工作，可能会破产。”但之前他们通过腐败破坏其竞争对手，才使得他们可能破产，因为这家企业的腐败违反了法律，但他们从来没有问过这个问题，因此，这对我来说不存在竞争（Country Expert Germany Interview 241）。

鉴于缺乏对腐败犯罪的禁令，这两个论点在经验主义层面缺乏事实根据，因此这两种假设在当前情况下都无法被证伪。在第二种情况下，威廉姆斯指出，古典主义认为企业（或其雇员）是理性的，并且会被严重的象征性惩罚所吓倒。然而，就像一位英国律师所说的那样：“禁令必须是‘死刑’，否则就没有任何目的。”换言之，鉴于企业本质上是“永生的”，在不摧毁企业的情况下采取取消资格的处罚与刑事罚款没有区别。关于禁令的关键问题似乎是威慑问题，以及禁令是否对企业有重大威慑作用的问题。如上所述，如果企业没有重大风险，则可以传达负担得起风险的信息，但如前所述，个人风险要大得多。因此，除了刑事起诉外，禁令是重要的执法工具，应该在检察官需要的情况下被允许使用。然而,要求强制性禁令的《欧盟公共采购令》的实施在国家层面造成了前后不一致,特别是在检察官考虑潜在禁止性结果方面的指导。一个政府间组织的答复者表示:

我认为,欧盟强制性禁令是一个制造麻烦的问题。这个问题应该更加灵活,但没有考虑得很周全。实际上,考虑到公共利益,人们应该考虑禁令是否会导致不良后果。这是我们以企业名义发现的,我们非常担心你因为害怕使用禁令而不继续审理此案。现在不应该这样,你应该继续审理案件,并且应该根据罪行的严重程度自由裁量禁令的问题(Intergovernmental Organisation 'A' Representative Interview 411)。

这种对特别严重的贿赂犯罪保留禁令更为实用,是分级制裁模式的体现。虽然禁令适用的犯罪类型和对象尚待明确,但或许会包括大规模腐败,以及那些存在体系性和地方性腐败且自始至终都没有认罪,也无意改变内部文化和体制的企业。

## 五、非刑事替代措施:从刑事起诉到民事解决办法的转变

由于英国缺少刑事起诉,德国法人没有刑事责任能力,使得非刑事的替代措施的使用日益增加。政府有权对法人(英国)和自然人(英国和德国)适用除腐败和贿赂犯罪以外的多种犯罪(如洗钱犯罪、背信罪等),对这些犯罪采用非刑事制裁或协议的做法甚为盛行。这一做法与韦尔斯(2011:13)的观点一致,他认

为:“在企业犯罪的刑事执法方面,越来越多地采用传统的谈判与和解的处理手段。”以下讨论的非刑事措施使规制者与被规制者之间能够进行谈判,并得到双方都能满意的结果。美国反腐部门,尤其是司法部和证券交易委员会对英国和德国反腐措施的影响颇为显著。德国的西门子案在很大程度上受到美国的指导,如果美国没有参与其中,德国可能不会进行如此严格的调查和起诉。同样,美国参与的英诺斯派案和 BAE 系统公司案件也塑造了随后的反严重欺诈办公室的工作模式。这两个司法管辖区已经转向美国式的“协商式司法”,其中涉及当局和公司之间广泛谈判并达成民事协议和非刑事替代方案的使用非常重要。

那么,为什么非刑事替代措施有这样的明显发展趋势?英国和德国的调查人员和检察官以及政府间组织的代表都接受财务、证据和程序约束的现实,但是,这种向民事解决方案的转变都过于理想化,因为这些参与者认为,许多企业经济犯罪需要谈判和调解,而不是刑事起诉。开展跨国调查和起诉是资源密集型的行为,由于为大型复杂案件外聘律师和检察官的费用高昂以及企业雇佣的专业法律团队辩护的能力较强,因此,要满足切实的证据和法律要求的调查费用高昂,刑事起诉费时费力,所有这些因素都降低了定罪的可能性。例如,确定企业的“控制思想”涉及大量的证据要求,这要求证明力高的证据和广泛的调查资源,因为很难证明个人以及企业在复杂组织中的责任。相反,民事解决方法更具成本效益,企业通常会承担调查费用。民事解决方法使检察机关能够解决更多的案件,因为没有证明民事侵权的要求,举证责任较低，因此增加了成功结果的可能性。反之，此种方式又使当局能够扩大影响范围。民事解决方案可以采取多种形式：民事和解、罚款、通过民事追偿令归还不法财产（如通常是签订合同中获得的利润）、支付调查和起诉费用。关于对海外贿赂案件的资源需求和民事解决方法的使用，一位英国检察官指出：

> ……这并不意味着不会认定企业的犯罪（与“传统罪犯”相比的企业贿赂），只是意味着正试图以不消耗资源的方式审判，显然，因为我们正在将预算削减得相当少。因此，如果他们来找你报告并纠正解决方案中提出的问题，那么这不正是一种非常有效的方式吗（UK Investigator/Prosecutor Investigator 114）？

但是，民事应对方式的转变不仅对节约资源有利，而且也可能是影响最大化的理想方法。例如，肯纳（Khanna）得出结论：“如果我们从企业的违法行为是因为目前尚未充分给予威慑的观点入手，那么就会主张遏制企业的刑事责任，并加大对企业民事责任和管理责任的关注。这提出了我们如何规范这个领域的严重问题。”（Khanna，2004：141，emphasis in original）肯纳（2004：95）的观点的前提是，企业犯罪立法可能是对企业利益考虑的首选结果，理由如下：（1）满足公众的抗议；（2）降低企业成本；（3）有时将刑事责任从管理人员和主管人员转移到企业（这可能会受到有罪高管的质疑），因此避免立法和司法对企业利益更不利的反应。然而，韦尔斯（2011）认为，任何人都不认为私法是唯一的选择,即使肯纳强调公共执法的重要性。

尽管如此,在目前的经济环境下,特别是在英国,可用资源正在影响相关机构采用更多“具有成本效益”(或更便宜)的方法。正如本书第五章所讨论的那样,反严重欺诈办公室的预算有所减少,而德国的资源更多,但分散式制度导致一些检察官之间的可用资源存在差异。由于根据上述《欧盟公共采购令》的禁令可能带来风险,非刑事措施也可能更受欢迎,因为该指令要求对任何被认定犯腐败罪行的企业实施的禁令具有强制性。禁令对一个国家经济造成的后果可能会很严重,导致国家在考虑经济利益和确保法治之间的平衡。无论是基于必要性、意愿、实用性还是道德,针对企业跨国贿赂的执法方法都面临着刑事执法的程序、证据、法律、财务和结构障碍等重大挑战。

### (一)民事解决方法

企业跨国贿赂是刑事犯罪,但英国和德国正在越来越频繁地使用民事解决方法。民事解决方法可以采取多种形式:民事和解、罚款、民事追偿令(根据英国《犯罪收益(追缴)法》第5条的规定)、归还不法财产(通常来自签订合同的利润以及收入)、支付调查和起诉费用。其他“混合机制”也经常构成民事解决方法的一部分(参见下文)。考虑海外贿赂多重管辖的性质,检察官可能会试图通过达成全球性和解和协议的方式为企业提供最终结果。这些和解和协议往往是全球性的,检察机构通过与其他国家机构合作达成一致(例如,西门子案中的慕尼黑检察院和美国司法部,英诺斯派案中的反严重欺诈办公室和美国司法部)。

然而,在英国,反严重欺诈办公室承认,要达成这种全球性的民事和解,司法机构需要在进程的早期就收到报告并参与其中,以便法官了解这些方法背后的原因,避免在法庭上出现问题。托马斯大法官在英诺斯派案和比恩法官在杜格尔案的评论中提及法官和反严重欺诈办公室之间的紧张关系。法官们认为,事先设定好案件的解决办法可能会潜在地侵蚀宪法给予法院的裁判权。一位英国调查员表示:

全球性民事协议的使用最近出现了一些问题,托马斯大法官对英诺斯派案的判决表明,不能将这些案件与美国人一起瓜分,而且期望递交给法院后,法庭能够未经审查就按照你们已经同意的结果作出判决。法院将中立地看待正义所需的东西,所以我们仍然非常痛苦地接纳并适应我们工作的方式(UK Investigator/Prosecutor Interview 111)。

经济和解和罚款可以由返还或没收令组成,也可以是单独的罚款。在英国,几乎所有的民事罚款都由返还令构成。目前反严重欺诈办公室没有罚款的法定权力,在通过民事法律程序对企业进行罚款时,均须通过法院审理。在德国,如已确定的那样,根据所涉及的疏忽或故意的程度,最高可处罚金 50 万欧元或 100 万欧元。

(二)民事赔偿令

在英国,民事赔偿令是高等法院为了追回通过非法行为获得的财产(金钱或资产)而发出的命令,而非刑事法院发出的命令。这些命令不以成立刑事犯罪为前提,因此可以在不进行成本高昂的刑事起诉的情况下获得裁判。对企业来说,这种方式减少了污名化,还规避了禁令。根据 2007 年《重大犯罪法》(Serious Crime Act 2007)的规定,反严重欺诈办公室于 2008 年 4 月获得民事追偿权,该法将资产追讨机构并入国有资产管理局,并将追讨权转移至其他机构。2008 年 10 月,保富集团成为英国第一家因在埃及贿赂而被执行民事赔偿令的企业,该企业被命令支付 225 万英镑额外成本。一个关键问题是,这样的命令以及刑事罚款是否能够有效地改变企业内部的行为。一位英国检察官解释了他的观点:

我更加厌恶企业赚钱的方式,而且更加怀疑企业后期会对有关机构对其经济活动施加的任何罚款寻求返还。所以我不太确定这种方式是否会起作用,也不认为对企业施加罚款会改变企业的文化(UK Investigator/Prosecutor Interview 112)。

单单罚款可能不会改变企业的行为。出于这个原因,英国和德国的民事协议通常以“自我清理”的形式包含变更管理层的要求,这代表了一种“混合”执法的形式(参见下文)。

## 六、混合机制:向自我规制的转变

尽管证明上述企业贿赂较为困难,但对于国家当局而言,成功起诉并取得成果对于证明其存在的合理性并展示其效率非常重要。企业文化中的管理行为变化与解决企业腐败问题同样重要,但实际上,这仅靠刑法无法实现,需要更多创新战略。英国和德国的检察官和调查人员都明白这个问题,但是他们的法定职权范围和可供使用的“工具”极为有限。为了解决这个问题,从传统执法实践转向“混合机制”代表了许多关键的趋势——这种机制包含高程度引导企业规制自身行为的国家干预手段,更具创新性,且更加经济实惠。

(一)自我报告

在英国,反严重欺诈办公室非常重视自我报告,甚至发表了关于企业如何及何时进行自我报告的指南。反严重欺诈办公室与多家英国及海外企业进行磋商,多次在企业会议上提出这种方法,并获得企业的积极反馈和支持。私营部门的支持很大程度上源于反严重欺诈办公室对自愿透露任何腐败行为细节的企业所提出的重大鼓励措施。以下摘自2009年指南,其解释了企业自我报告的激励措施:

对企业的好处将是面临(在适当的情况下)民事而非刑事结果,以及与我们一起积极管理问题和主动宣传的机会。更广泛的群体将看到该企业采取了负责任的行动并纠正过去发生的事情,并转向一种新的、更好的企业文化。此外,民事和解而非刑事起诉意味着2004年《欧盟公共采购令》第45条强制性禁令的规定将不适用(SFO Self-Reporting Guidance)。[①]

有趣的是，经过反严重欺诈办公室新主任大卫·格林的审查之后，该办公室已于2012年10月取消了这一指南。但他坚持认为，自我报告仍然应受到鼓励，[②]正如劳斯莱斯在内部调查后自行报告腐败行为的案例一样。[③] 但是，为什么一家企业会因自我报告而入罪呢？首先，可以用民事和谈判来避免刑事起诉。在某些情况下，我们根本不可能就任何制裁进行谈判(如可以证明腐败在组织内被称为"坏苹果")。根据上述摘录，反严重欺诈办公室明确指出，不想根据《欧盟公共采购令》对企业实行禁令。这破坏了与欧盟的关系，但也承认倾向于采取更灵活、可自由裁量的制裁框架。因此，通过自我报告，任何意识到贿赂的高级管理人员或董事会成员将不承担责任，除非他们直接参与贿赂。其次，企业将对宣传拥有更大的控制权，可能会与监管机构共同起草声明。监管机构与被监管机构之间的这种谈判使企业能够管理自己的声誉和公众形象。这是一种重新整合的羞辱形式，尽管反严重欺诈办公室被大法官托马斯爵士强烈批评(Judiciary of

---

① SFO guidance on self-reporting: http://www.sfo.gov.uk/bribery--corruption/the-sfo%27s-response/self-reporting-corruption.aspx <Accessed 10/11/2013>.

② *Financial Times*: 'SFO toughens stance on bribery' 09/10/2012: http://www.ft.com/cms/s/0/996d051e-120d-11e2-bbfd-00144feabdc0.html#axzz2I9e4hnm9 <Accessed 10/11/2013>.

③ *Financial Times*: 'Rolls-Royce adds to SFO's in-tray' 06/12/2012: http://www.ft.com/cms/s/0/f9f76a28-3fb7-11e2-b0ce-00144feabdc0.html#axzz2I9e4hnm9 <Accessed 10/11/2013>.

England and Wales 2010：para. 50)，因为反严重欺诈办公室认为，英诺斯派可就其案件起草合法的新闻公告(这是司法部门正在进行争辩和判决谈判自主权的一部分)。最后，企业可以由专业顾问对后续调查进行谈判(如第三方法律团队、会计师、调查组)，从而保持一定的控制力。根据自我报告的指导原则，这种自我引荐制度为这类案件制定了有效和适度的制裁措施，有助于创造新的企业文化，并引发企业内部行为的改变。一名英国调查员总结了从传统刑事起诉转向自我报告战略的做法：

目标是实现结果公正。鉴于我们的案件都是最具严重性的金融犯罪，所以始终期待起诉是自然结果。新任理事理查德·奥尔德曼(在出现政策倡议时)曾表示，我们将采用包括民事和解在内的各种可用方式，尤其是邀请企业和个人出席，而且通常是在我们的鼓励下完成。我们将积极建议，以民事而不是刑事方式处理案件，考虑诸如欧盟的禁令条款等情况，对企业而言，这当然非常具有吸引力(UK Investigator/Prosecutor 111)。

在相关机构侦查可能的贿赂案件时，企业将进行内部调查，向专业顾问和企业法律团队寻求建议，然后作出是否自我报告的决定。如果反严重欺诈办公室遇到一个海外贿赂案件，并确定该企业本可以早点儿自我报告，那么刑事指控的可能性就会增加(至少反严重欺诈办公室受访者持该观点)。例如，一位高级管理人员明知贿赂是为了签订合同而进行，反严重欺诈办公室认为该高级管理人员的自我报告至关重要，在这种情况下，未能报告的情况有可能因涉及洗钱犯罪而被起诉，这与《犯罪收益（追缴）法》的规定相一致。

自我报告后，反严重欺诈办公室将设法确定董事会是否承诺解决问题和改变企业文化、企业是否会全力配合、企业是否会同意拟议的民事制裁、企业是否理解决议必须符合公众利益且公开透明（如公开声明），以及企业是否希望与反严重欺诈办公室，或者其他英国及海外监管机构和执法机构谈判并达成全球和解。如果这些因素均得到满足，反严重欺诈办公室将试图以民事方式解决此案，并根据辩诉交易框架与企业进行认罪谈判。[①] 例外情况是董事会成员参与了腐败活动并从贿赂中受益，此类案件可能会导致刑事调查和起诉。

目前还没有关于这种自我报告方法的有效性的数据。英国《金融时报》[②]的一篇文章表明，自 2009 年至 2011 年 8 月，只有 10 家企业进行了自我报告。反严重欺诈办公室前主任理查德·奥尔德曼称，缺乏自我报告的原因在于法官如何回应这种交易的不确定性（暂缓起诉协议的引入可能会增加确定性）。此外，合作并提供证据的人可能只比不合作但在法庭上认罪的人少判几

---

① Full text of AG's guidelines on plea discussions available at：http://www.sfo.gov.uk/media/111905/ag_s_guidelines_on_plea_discussions_in_cases_of_serious_or_complex_fraud.pdf <Accessed 10/11/2013>.

② *Financial Times*：'"*Plea bargaining uncertainty*" *hits SFO drive*' 07/08/2011：http://www.ft.com/cms/s/0/c55f88e6-bf6f-11e0-898c-00144feabdc0.html#axzz1WWTWzWSA <Accessed 10/11/2013>.

个月监禁,故而自我报告缺乏激励的问题仍需解决。这种合作激励机制为包括正式制裁在内的传统执法方法提供了替代方案:

……我们认为,对大多数被调查和起诉者倾向于制裁的态度是一种行为改变而不是激励措施,所以我认为某种激励措施会有所帮助(UK Investigator/Prosecutor 112)。

但是,为了使这种激励措施确实可信,奥尔德曼认为,法官需要在贿赂判刑方面提供指导。然而,一位受访者(调查员或检察官)认为,这些企业并不关心向反严重欺诈办公室报告,因为他们被反严重欺诈办公室起诉的风险不大,即反严重欺诈办公室没有足够大的"枪"(see Ayres and Braithwaite,1992):

与美国司法部和证券交易委员会相比,大家并不害怕反严重欺诈办公室,在国际腐败领域更是如此,因为在实际中,在这些司法管辖区科以罚款要比在英国简单很多。我得到的反馈是,人们不会自我报告,除非在某些情况下,即因为风险太高、企业责任很小而不得不报告。只有在他们被美国人沉重打击时才会向英国报告,否则不会报告(Former UK Investigator/Prosecutor Interview 113)。

尽管如此,奥尔德曼在 2012 年 3 月指出,自英国《2010 年反贿赂法》生效以来,企业自我报告的数量有 20 多个,已经翻了一番,这表明这种方法取得进一步的进展。[①] 反严重欺诈办公室新主任大卫·格林表示将继续推广自我报告,在适当案件中,民事追偿仍将是重点。2012 年 7 月,牛津大学出版社就海外贿赂行为与相关机构达成了一项民事赔偿令证明了这一点。[②] 在德国,这种明确的自我报告方式并不存在,也没有被积极推广,尽管这可能会发生变化。正如一名德国警方调查人员所说:

自西门子案以来,工业企业已联系当局并表示"我们已经发现这些可疑付款",这在那之前从未发生过……他们这样做是想要从根本上阻止企业的腐败计划,但到目前为止,这只是在国内发生,还没有到海外腐败这个地步(German Public Investigator Interview 251)。

向德国当局通报贿赂行为的企业可能会得到更为宽松的应对手段,这种手段一般是自我清理。

(二)自我清理

在德国和奥地利等一些欧盟成员国,自洁原则是一个成熟的

① SFO press release: http://www. sfo. gov. uk/about-us/our-views/director%27s-speeches/speeches-2012/enforcing-the-law-on-fraud-and-corruption-does-self-reporting-pay. aspx <Accessed 09/08/2012>.

② SFO press release on OUP: http://www. sfo. gov. uk/press-room/latest-press-releases/press-releases-2012/oxford-publishing-ltd-to-pay-almost-19-million-as-settlement-after-admitting-unlawful-conduct-in-its-east-african-operations. aspx <Accessed 10/11/2013>.

法律概念（Arrowsmith et al.，2009）。在西门子案中，“自我清理”作为一项判决最为引人注目。自我清理减少了企业在公共合同中被禁止的可能性。正如阿罗史密斯（Arrowsmith）等（2009：257－8）指出：“总体思路是经济运营商可以通过证明已采取有效措施确保不法行为将来不再发生，争取重新参与公共合同的可能性。当然，防止未来的犯罪无法得到保证，但未来的贿赂行为可能会减少。”

阿罗史密斯等（2009：259－61）承认自我清理的概念，他们主要分析了在德国的管辖范围内的案例，他们表明，通常会采取四项主要措施：澄清有关事实和情况、赔偿造成的损害、人事措施以及结构和组织措施。第一，企业需要积极协助刑事诉讼，以澄清所有涉案个人的事实和责任。这必须全面和迅速，以确保后续的自我清理措施能够恰当地反映案件的事实，否则该过程可能不可信。特别是，企业通常倾向于选择外部注册会计师或其他独立人士进行特殊审计。第二，企业对造成的任何财务损失必须予以赔偿。第三，企业必须立即全面解雇涉嫌犯罪的股东、高级管理人员和员工，必须阻止所有此类个人对企业管理层进一步产生影响（例如，股东可能有信托协议，可以随时收回其在企业中的股份），或者在个人参与程度较低的情况下，可以通知解雇、终止协议或进行适当的谴责。这些人事措施是自我清理过程的关键组成部分。第四，企业必须采取措施防止今后的不当行为。这可以包括对员工进行内部培训，并制定有约束力的企业指导方针、标准和规范。其他措施可能包括企业内部任命人员，外部合规官员协助举报人以及建立合规部门等。这种组织和结构措施对防止未来的不法行为至关重要。

虽然自我清理程序已在德国反腐体系中建立起来,但随着英国《2010 年反贿赂法》第 7 条规定的民事协议和对“适当程序”辩护的使用增加,自我清理的影响越来越大(虽然不太正式)(见上文)。企业同意民事解决的执行经常需要实施上述四项主要措施,同时企业应有足够的遵守程序,以防止和发现组织内的贿赂行为。但这种文化改变要求的有效性尚不清楚,且难以衡量。就目前情况而言,除涉及使用监控的案件外(见下文),反腐当局不会重新审视和评估文化改变的程度。但是,根据英国检察官的说法,如果发现一家企业被重新拥护且没有充分实行这种改变,这家企业被刑事起诉的可能性会增加(考虑起诉所面临的困难和障碍,这更像是夸夸其谈)。

(三)监管

作为自我清理和其他民事罚款的一部分,英国和德国的企业可能需要在规定的时间内被监管。监管员可由企业提名,但必须得到当局的承认。监管员有责任确保合规制度和自我清理得到有效执行,以及促使企业内文化得到改变。与此相关的是,那些密切关注鼓励监管机构积极响应的现代规制理论,可能与监管跨国贿赂最为密切相关。例如,监督官能够向检察官建议增加或降低执法制裁的严重程度,以选择快速增加或逐步增加制裁的模式(see for example Ayres and Braithwaite (1992))。然而,增加不同模式中的实际障碍(如难以获得海外的刑事起诉证据)可能使这种模式变得不切实际。

(四)第三方影响和协调行动

企业跨国贿赂案件不可避免地涉及许多司法管辖区。鉴于英国《2010 年反贿赂法》、美国《反海外腐败法》以及德国《反贿赂法》(参见本书第四章)的域外影响,这种情况越来越多。在目前的情况下,企业由于参与国际业务,因此在多个司法辖区都需要承担责任,这对国家层面的执法行动有影响。前文已对英国和德国境内企业跨国贿赂案件的刑事、民事和混合政策作了定义,但有一种假设认为,这些机制是国家执法机构在两个管辖区侦查和调查上独自努力的产物(如反严重欺诈办公室、公诉人)。然而,在实践中,第三方管辖区及其执法机构,尤其是美国司法部和证券交易委员会,在某些情况下会影响英国和德国调查和起诉案件:

如果美国执法和税务部门没有对西门子进行调查,那么诉讼永远不会变得如此之"大",因为西门子有义务最终支付律师费用以揭露内部问题的严重程度。这在德国是不可能的,我们没有企业的刑事责任。检察官办公室肯定首先想调查,如果他们真的想调查,那么他们在侦查主要嫌疑人和在一家大型知名企业中查找相应文件方面当然会面临巨大问题(German Country Expert Interview 241)。

反严重欺诈办公室对英诺斯派案的调查就出现了类似的情

况。在这一案件中,美国当局对反严重欺诈办公室的行动和制裁非常有影响力(参见本书第二章)。如果美国当局根据《反海外腐败法》的域外管辖框架,未对这些案件进行调查,那么英诺斯派和西门子能否分别在英国和德国被追究就不清楚了。当然,我们无法确切推断这种情况,但可以说,在这些情况下,美国在英国和德国的执法议程方面具有很大的影响。这就出现了如何组织和实施跨辖区影响和协调一致的问题。总言之,英国和德国的调查人员和检察官都积极看待与美国的关系,并谈到信息和证据交换的好处以及协作调查和起诉的能力。正如一位德国检察官所表明的那样,美国当局经常受到赞扬:

我们与美国人有着良好的合作关系,他们确实可以在西门子案中得到赞美。令人难以置信的是,证券交易委员会和司法部非常公正能干,非常值得信任——没有给新闻界传递任何消息,可以100%信赖他们,这个过程中也是公平的……至少表现得非常公平。所以,我们与美国人合作良好,同时和其他国家合作困难,这是肯定的(German Public Prosecutor Interview 211)。

但是,各国往往试图保护自己的经济和政治利益,因此需要谨慎考虑各方面影响,而美国对英国和德国的总体影响进一步透明化。一名德国警方调查人员认为,美国的参与往往反映了他们当时的利益。

对于美国,我相信总是和国家相关。我认为,有时给人的印象是,当涉及自己本国企业以及德国或国际企业时,他们总有双重标准……我经历过起诉美国企业……当涉及第三方国家发生的事情时,在第三世界也是如此,你几乎得不到美国的支持,即使涉及本土企业。所以这让人非常难过。你会观察到不同的案件,取决于美国对什么感兴趣(German Public Investigator Interview 231)。

一名英国前调查人员或检察官更是持批评态度,特别是在美国当局征收罚款或没收财物的情况下,即使犯罪主要发生在英国和德国:

一直从美国那里承受着压力……西门子与美国没有任何关系,但美国从中获得了大部分资金。BAE 与美国也几乎没有任何关系,但他们获得了大部分资金。英诺斯派公司——这家控股公司在美国上市,这足以让他们从中分得一杯羹(Former UK Investigator/Prosecutor Interview 113)。

没有正式的框架确定案件的分配,也没有哪个辖区应保留案件的所有权。为了分配适当的管辖权,一些受访者表示,最好是在特设工作组的基础上完成,因为有关机构通常在取得证据之前作出调查决定。例如,有一宗案件,英国反严重欺诈办公室调查了 7 年,原因是通过各种不同司法管辖区的资金流难以追踪,以及在寻求司法协助上耗费时间。一旦确定结束资金流追踪，主要的犯罪地在美国的话，那么主要受益人就是美国。在这个过程开始时，管辖权将分配给英国和其他地方，但最可能起诉的地方实际上是美国。在这种情况下，早期的明确裁决可能会受到限制，因此需要采取更加灵活和可发展的方法。正如一位英国受访者（调查员或检察官）所言：

我认为，应有一个或两个机制存在。例如，如果一个案件可能在美国或英国受到同样的起诉，那么应如何处理？这只是两国都开始调查才会出现的问题。如果只有一国开始调查，那就没有问题了。因此，在这些情况下，确实需要某种仲裁机制或调解机制来确定，且英国检察长和美国检察长都尝试通过协议来进行协调。同样，他们正努力在欧洲司法区中规定如何分配某些刑事事项的管辖权。只要是制定的规则，就会发现有一些鸿沟，所以它需要具备灵活性。而事实并非如此，如果双方都想调查而不是不想，也会遇到困难。如果既不想调查也没有机制，可能不仅仅是因为需要一种机制，如果有资源部署却不需要多调查和起诉案件的话，那就不仅仅是一个问题了（UK Investigator/Prosecutor Interview 112）。

这是一个相对较新的领域，因为直到21世纪初，国家才开始规制企业跨国贿赂。特别是在第三方影响和参与的情况下，所有权和分配问题需要被系统分析和制定双边或多边框架，以便在这些框架内解决这些问题。

（五）联合调查

第三方参与的结果是需要与其他司法管辖区的调查协调。例如，典型的国际贿赂案可能涉及意大利、法国、德国、英国的企业，而英国的企业还可能是美国控股公司的子公司。在这种情况下，确定谁进行调查和起诉较为复杂。我们经常看到联合调查小组的成立：

所以美国人有联合特设工作组这种类型的概念，把特定的一群人聚集起来处理这个问题。困难在于是否有长期资金来源，而政治意愿可能会在那里开始，然后解散……因此，联合调查团队加快交换数据和在团队间交换证据的过程是必须的工作。随着调查变得更加多民族化，我们需要实际解决的问题是通过这些实践来开展多国调查工作（UK Investigator/Prosecutor Interview 112）。

此类调查涉及协调（如确定哪个当局应追究案件的哪个方面）以及合作（如分享证据和提供协助）。如果案件值得起诉，可能会出现这样的情况，即一个司法管辖区随后将单独追查案件，或者在不同司法管辖区的不同罪名将由不同的当局追究，以便最大限度地发挥案件影响并防止双重危险。确定哪一个权力机构对案件具有“所有权”会有所不同，这取决于最合适的管辖权（如贿赂发生在何处），成功起诉的可能性，（如美国更有利的企业刑事责任法律),公共利益(如是否一个管辖区的利益比另一个管辖区重要)等因素。这些联合调查会得到调查人员和检察官的赞扬,因为他们能够积极建立与执法当局之间的关系,也接受在这些情况下采取的必要的临时措施。但是,如上所述,国家利益将反映在与具体案件接触和合作的决定中,正如一名德国警方调查人员所说:

协助的程度通常取决于其他司法管辖区对案件有多大的兴趣(German Police Investigator Interview 252)。

如果这些措施永久存在,就会引发主权和国籍问题。此外,还不清楚的是如何为更多的常设小组提供资金,以及最终的决策权和问责制在哪里。受访者普遍认为,主权国家之外的地区反腐机构(如欧盟反腐败办公室)正式发展的可能性很小,并且会遇到实际困难(欧洲刑警组织和国际刑警组织等区域和国际警察机关就是这种情况)。

## 七、国家在预防贿赂与降低贿赂率方面的应对

英国执法机构在获取案件和应对犯罪方面在传统上是被动的。但是,正如本书第五章所述,反严重欺诈办公室采用了被动和主动相结合的侦查机制。尽管来自其他机构的推荐可能是被动的,但反严重欺诈办公室通过自我报告(参见下文)和鼓励举报人制定了更积极主动的策略,而这种积极主动的做法进一步反

映在所采用的预防机制中。英国调查人员和反严重欺诈办公室内的控方人员非常清楚,其法定职权是集中调查和起诉。英国受访者对预防和减少贿赂问题的回应表现出其非常明显地认为这一趋势是次要的。然而,该组织采用了更随机应变的方法,它承认了改变腐败企业文化和防止海外贿赂的更广阔前景。资源的减少可能会影响到这一点,因为人们可能认识到,打击企业贿赂的杠杆可以通过其他战略来补充。

后果主义的惩罚理论在特定和全面的威慑和赔偿方面非常明显。作为民事和解的一部分(如下所述),与英诺斯派案一样,企业需要引入反贿赂和腐败合规制度,并将那些参与腐败或同谋的董事会成员、高级管理人员和员工开除作为改变企业文化和防止进一步贿赂的方法。这可能是一种有赔偿因素在内的具体威慑形式。同时也鼓励没有被指控或调查的企业与反严重欺诈办公室联系,以期就如何改善合规制度和遵守法律征询意见(如果对此类企业进行调查,法律征询意见的会议在起诉期间不会提供任何缓解措施)。例如,英国颁布的《反贿赂法指导纲要》概括了遵守制度的6个主要原则:比例程序、高层承诺、风险评估、尽职调查、沟通(包括培训)、监督和审查。虽然这些原则不具有强制性,但有助于企业引入或改进合规制度。这代表一种更广泛的预防性方法,旨在确保企业文化的合规,目前还不清楚这些原则是否真的会影响腐败组织,还是只影响那些有道德的组织。这些原则代表了一种强制性的自我规制形式。虽然这些原则没有强制性,且没有规定确保企业具有有效的合规体系,但如果按照英国

《2010 年反贿赂法》第 7 节,对相关人员(如第三方、子公司、代理商)的贿赂进行调查,就可以为犯罪提供辩护。此外,引入这些原则又加强了企业的系统。政府认为商业组织在规模、资源和能力等方面各不相同,因此希望这些原则具有灵活性并注重成果。下面简要解释 6 个原则:

原则一

比例程序——预防贿赂程序应该与商业组织面临的风险以及组织业务活动的性质、规模和复杂性相适应。它们也应该清晰、实用、易于获取、有效实施和执行。

原则二

高层承诺——高层管理人员(如董事会、股东或其他同等职位)应致力于防止与其商业组织有关联的人员的贿赂行为,应该培养遏制贿赂的“零容忍”文化。

原则三

风险评估——商业组织应对有关贿赂人员潜在的内外风险性质和程度予以评估。评估应该定期通知并有记录。

原则四

尽职调查——商业组织应该采取以风险为基础的比例方法,对组织、代表组织或将代表组织进行工作的人员执行尽职调查程序,以降低已查明的贿赂风险。

原则五

沟通(包括培训)——商业组织应设法确保贿赂预防政策和

程序通过内外沟通(包括培训)的方式在整个组织中得到落实和理解。这与商业组织面临的风险成正比，应该包括一个安全、机密和可提及的程序。

原则六

监督和审查——商业组织应监督和审查旨在防止相关人员贿赂的程序，并在必要时作出改进。监督和审查应该具备常规性，也应该针对其他刺激措施进行，例如，运营地所在国家的政府政策变化。

这些程序虽然没有被规定，但为企业规范自身行为提供了一个预防框架——这超出了传统的执法行为，向间接执行的自我规制制度靠近(参见本书第七章)。然而，英国调查人员仍将许多传统形式的全面威慑视为行为改变的有效机制。例如，在某些情况下，其认为对一家企业进行刑事起诉可以对其他企业起到威慑作用：

……当班上的每个男孩都看到约翰尼被批评了，这是对行为的威慑。执法有威慑作用，因此有一种预防效果，这不同于把小约翰尼的所有同学都拉到一边说，你们要意识到小约翰尼做的事很顽皮(UK Investigator/Prosecutor Interview 112)。

因此，反严重欺诈办公室有更多传统的预防措施，以及更具创新性的预防策略。但正如另一位受访者所解释的那样，这种预防措施无法被衡量,所以评估反严重欺诈办公室的影响变得更加困难。

和英国一样,德国机构有旨在压制此类犯罪的法定职权。德国经常采取预防机制来打击腐败和贿赂,但没有法律要求这样做,而这种自愿性反映在一些受访者的态度上。但是,德国的调查人员和检察官在很大程度上了解了预防措施的潜在好处,与英国一样,德国调查人员也承认预防措施的有效性无法衡量:

但就像在许多其他犯罪领域一样,你很快就会意识到,某些领域不能只由警方打击,也不能只通过起诉来打击。这就是为什么我认为同样重要的是……在我们调查的案件中,我们也要确定未来预防腐败的方法(German Public Investigator Interview 251)。

这位受访者明确承认,刑事起诉和刑事警务在改变行为上的局限性。这位受访者认为,刑事起诉符合多个关键目的:表现了国家想要或者不想要什么,又因刑事起诉面向公众而具有象征性的影响力,并让公众感受到了正义。但是,他们也认为,仅靠起诉无法解决腐败问题。从长远来看,预防是最重要的,同时强有力的压制和预防并行不悖。在这个过程中进行教育至关重要,因为需要鼓励和确保企业改变自己的行为,促进自我规制的实施。这位受访者也承认,像透明国际这样的机构在塑造自我规制中扮演了关键角色,“因为国家本身无法做到这一点”。强有力的压制是政府机构的责任,预防也是一些机构设置的责任。

在德国,一个州的国家刑事调查办公室经常在内部和外部进行演讲,以解释如何防止腐败,这个教育过程还包括经常向企业发布各种与腐败问题有关的文件和小册子。例如,与透明国际等反腐机构举办旨在解决大中小企业代表事件的合作。此外,与英国一样,在德国非国家机构在有效履约方面提供了很多材料和指导(参见本书第七章)。

如上所述,英国已经发布了有关适用法律程序的具体指导意见。德国没有这种正式、全面的文件,但调查人员和检察官仍然向商业组织传达了类似的原则。例如,当试图在企业内部实施文化转变时,经常提到“上层声音”的重要性,以及审查合规体系的需要。因此,德国虽然没有大量的文件存在,但正在传递类似的信息。鉴于重点在于跨学科合作,德国创建了一个跨学科工作组,并提供了大量关于区分客户服务和腐败以及激发预防的出版物。

一位调查人员坚持认为,没有压制就没有预防措施。一名检察官强调了这一观点,他们没有将预防措施作为其职责的一部分。关于改变企业行为的问题,这位检察官说:

……来自我方的主要激励因素是企业害怕受到起诉。实际上,这是我们应用的唯一刺激因素。我们不可能说“好的!这个企业很棒”以示奖励。因为我们不能如此,所以我们的激励主要是,那些在任何情况下都是清白的人,会发现他们比那些不在乎的人更好。我们是一个纯粹的刑事检察机关,除了起诉刑事犯罪外,我们什么都做不了……我们对预防没有任何作为。这不是我们的领域(German Prosecutor Interview 212)。

这位检察官承认,企业对合规重大意义的认识以及在监督自己行为方面的意识确实日益增强,但仍然认为起诉是检察官办公室的主要任务。因此,德国在预防方面采取了混合措施。

## 八、结论

本章的关键点是,执法系统是集中式还是分散式,以及是(英国)否(德国)存在企业的刑事责任,差异很明显。这两个司法管辖区起诉的趋同不仅体现在刑事起诉方面,而且与非刑事替代措施的使用有关。这一转变的关键是规制者与被规制者之间协商的重要性。在这两个司法管辖区内,个人和企业都有使用非刑事措施的趋势(不起诉协议和民事制裁),以及处理海外贿赂行为的各种刑事犯罪(如洗钱、背信等)。无论是采用刑事还是民事、行政方法,每个案件都涉及两个司法管辖区内企业的经济处罚。这种执法机制的规制性组合表明,监管机构在法律框架内的行为如何和其对这种复杂的跨国犯罪进行刑事起诉的优势和局限性(如法律、证据、程序、财务障碍)。鉴于此,在下列情况中,允许并鼓励酌情采取各种非刑事替代措施:

1. 结构(如分散或集中的系统)、财务(如刑事起诉的费用)、证据(如跨国调查和举证责任)、法律(如关于企业刑事责任的困难）和程序（如起诉政策）等方面存在障碍；

2. 基于意识形态和象征性效果的考量（如对企业犯罪起诉或劝说的效力）；

3. 更广泛的经济（如企业作为税务和就业提供者被禁止或解散的风险）和安全（如在与腐败现象明显但需要安全合作的国家打交道时的反恐怖主义）方面的要求。

虽然经合组织、反腐败国家集团和透明国际等组织的审查对平衡国家利益具有挑战性，但民事方面的行动似乎可以安抚双方。然而，虽然民事措施减少了企业的耻辱感，但也可能无法满足公众对社会公平和惩罚的要求。它可能使得人们认为，此类行为因被法律禁止而错误，而难以认识到其本质上或道德上是错误的。然而，支持刑事起诉的传统警务方法本身并不能实现与企业跨国贿赂相关的行为改变。相反，本章已经展示了英国和德国调查人员、检察官通过各种执法制裁的方式，包括刑事起诉、民事制裁和各种创新的强制执行自我规制方法，如自我报告和自我清理。通过这些机制，反严重欺诈办公室和德国检察机构正在发挥规制作用，在这种作用下，他们对所有企业进行管辖、监督和规制，并在极端情况下对那些不遵守法律的人进行刑事制裁。这种做法表明，在传统上与行业监管机构相关的活动中，规制实践发生了转变，分析警察管制和企业管制相似之处的意义大于分析两者差异的意义（Gill，2002）。

然而，刑法规定了一个规范性框架，虽然其中某些活动受到谴责，但是对检察官的象征性和（潜在）威慑效果仍然很重要。该规范性框架一方面有利于国家与企业谈判规制问题；另一方面能向国家、地区和国际的公众表示，它积极执行反海外企业贿赂的法律。但是，考虑到“功能对等”的国际框架（结果比方法更重要），我们需要重新思考如何应用刑法来对付企业罪犯，理由如下：（1）有不能起诉的障碍；（2）对国家利益的必然考量；（3）“协商性司法”的思想体系。我们需要充分探索补充模式的控制和影响所带来的杠杆作用。混合机制提供了创新性的应对方式。第七章将会讨论规制领域出现的一系列自我规制机制。

# 第七章　自我规制理论：他制与自制的自我规制实践

我设想的是一种复杂的混合规制模式……我认为，我们正在改变混合规制的方式，像这里所勾勒的框架一样(也就是让企业遵循那些组织给出的行为指导)。这并不是说必须在通融费上做什么文章，而是说必须寻找一种方法加以规制。你可以选择各种各样的方式，但是我认为，应当引入自我规制。比如，对于礼物，只要界定哪个合法哪个不合法，还是应当通过自我规制机制来界定是物品的性质，例如，这个物品到底是被允许的小礼物还是不被允许的劳力士。因此，政府或者国际组织应当制定相关的框架准则，让私营部门自己来具体界定以上问题，以便加深他们对此类行为的理解(Intergovernmental Organisation ‘A’ Representative Interview 411)。

我认为，官方或者政府的任务是提供一种制度，该制度能够确保当规则没有得到遵守时，会产生具有威胁性的后果并且该后果是现实性的，这一点很重要(German Lawyer Interview 221)。

## 一、概述

仅靠以国家正规机构的起诉政策为特征的执法理论不足以规制跨国企业的贿赂行为和改变企业行为。从禁令和刑事起诉到民事协商,再到国家反腐败机构可以使用的混合机制,贿赂和腐败都得到一定程度的规制,但实质性的困难随之产生,这些困难削弱了这些应对措施(参见本书第五章和第六章)的合法性。围绕国家应对商业犯罪(宽泛地说是犯罪)能力的学术争论引发了更多讨论,即使是先进的发达国家、主权国家也无法仅在其领土范围内提供保护、法律、秩序和犯罪控制(Garland,2001),对非政府机构和个人的责任化问题(Garland,2001; O'Malley,1992)的关注随之产生。一些评论家主张,政府强制执行的能力依旧存在(see Slapper and Tombs,1999,186; see also Almond,2013; Pearce and Tombs,1998; Tombs and Whyte,2007; Tombs,2011),即使政治意愿高、资源丰富,但是这些跨国问题给国家造成的现实障碍,仍然阻碍了执法活动。

在企业跨国贿赂方面,信息的不对称(如具有执法权的机构无法充分了解和取得补充证据以方便起诉)意味着单纯的刑事执法和外部规制已经不足以解决这个问题,因此需要辅以自我规制机制。在政府的定位上,这样的发展被定义为从"旧政府治理"(政府中心、集中化、官僚经验、强制性规则)到"新政府治理"(政府配合、地方化、民主经验、软法)的转变(Abbot and Snidal,2009),"治理方式"的定义由此开始具有公众和个人群体配合(Kooiman,1993: 255)与自我规制实践的显著特点(Teubner,1998)。然而,这种新的规制模式经常被机构规制和政策所取代,这种政府干预或"政府操控"的方式往往是比较正式的手段(举例来说,行业监管机构要求企业实施充分的合规制度)。从这个意义上说,对那些更独立于国家影响而出现的机制而言,规制所带来的影响是次要的(如旨在创造收益),人们往往意识不到,这些机制在改变市场和企业行为方面却意义重大。

本章首先探寻自我规制的性质,其可能偏向于政府操控(高度政府干预)或自我规制(极少或没有政府干预)。分析来讲,这些机制产生于宏观(多部门或跨国倡议)、中观(个别市场与行业层面)和微观(以企业为代表的私营经济)三个层面,发端于三个主要领域(国家、商业、政府间或非政府组织)。这些机制包括国家和非国家的规制主体,反映出不同层次的约束性(如强制或自愿),其产生的影响既特定又普遍,既直接又间接。本章主张,尽管政府操控机制反映出当下的规制理论(在这里监管机构和正式机制先入为主),但是,也应当理解自我规制提供了思考"规制"理论的新角度。因此,笔者并不认为规制策略的制定应当避免相关的参与,也并不认为这些策略应当避免他制性,因为政府机构制定了重要的正式框架,并且应当扮演主要角色。笔者将关注点转向更广泛的规制领域,以了解非正式和有机机制,进而从理论上分析并理解涉跨国贿赂的企业所正在面临的营商行为的转变。

## 二、自我规制领域的界定

确定适度的政府干预对一个国家来说并非易事,因为它必须应对来自反腐败政府间和非政府组织的期望、监督和压力,同时还要促进和支持企业的商业利益:

> 我们将面临的风险是,如果国家继续参与监管和制裁企业,

那么当涉及国际贿赂时，该机制就会基于海外战略的考量而有所偏袒。这是否意味着拥有一个更为宽松的模式，完全将其留给私营部门是否会更好？我不能确定。我认为，私营机构有时也倾向把“灰尘放在地毯下”。目前，我不认为国家应继续参与（Intergovernmental Organisation ‘B’ Representative Interview 311）。

国家往往会致力于促进自身利益，因此一旦国家干预过多则可能使得这些国家对于“海外战略定位”的风险和感知增加。例如，BAE 系统公司的案例显示了大型商业企业对国家经济和安全利益的重要性（参见本书第一章）。但是，国家及其执法机构和监管机构能够执行各种不同程度的干预机制，在这种机制中，可采取公开起诉等极端强制措施制裁企业（参见本书第六章）。另一个极端的情况是，在鼓励市场和企业自律的自由主义模式下，仅适用极少或不适用国家干预。但自我规制的实施存在困难［英国、威尔士的新闻监管规范，以及在关于医疗事故和腐败丑闻以后，对文化、实践和道德的列文森调查（Leveson Inquiry）①证明了这一点］。因此，有人辩称，虽然私人规制导致企业行为发生了一些实质性的改善，但不能将其视为替代国家和国际两级的更有效地行使国家权力的办法（Vogel，2010：68）。因此，保持一个涉及不同级别的国家干预的管理环境非常重要。

传统上，自我规制涵盖了广泛的制度设计，其会根据垄断的

① http://www.levesoninquiry.org.uk/ <Accessed 10/11/2013>.

程度差异（如是否在某一市场上的所有供应商都受到规制）、合规程度（如从立法框架中获得的合法性）、法律地位（如是否是规则捆绑）、外部人员参与规则制定和执行程度的差异而有所不同，或者是在其他方式规制体制之下而产生差异（Ogus，1994：108－9）。换言之，自我规制可以是某一特定企业或行业确立的不具法律约束力的标准，或在强制自我规制中，经国家批准的自我管理机构制定的规则（see Ayres and Braithwaite，1992）。吉尔（2002：536）表明，在合法市场中，行业自律才会被视为有效教育和自我控制的理想结果。他接着指出，由于主权国家的限制及其产生的权力和理解问题，社会生活某些领域的自主权已经变得如此广泛，以至于放弃了有效的外部规制概念。正如克拉克（1990：225）所说："商业犯罪通常在个人语境下讨论，其复杂性和经常出现的模糊性使法律所特有的正规性和精确性难以实现，并且需要投入大量资源，而在所有执法系统中，资源都是有限的。"因此，管理者被迫放弃有效的外部规制想法，转而致力于推进自我规制（Teubner，1998：406－9）。

从最广泛的意义上讲，自我规制不仅指严格和正式的行业规制模式，而且还涉及各种更为宽泛的自我规制机制概念，这些机制很少或根本没有国家干预。本书中的自律机制反映了这两方面。伴随着高水平的国家干预，自我管理机制采取了更加自制的形式。换言之，这些机制由国家建立，其目的是在国际商务中推动自我规制机制的发展。自我规制机制也可能会自发地出现——这些机制独立于国家或伴随极少的国家干预，是个别企业、行业、企业倡议或政策的产物，或者来源于其他与国家无关的方面。这种自制机制的主要目的可能不是规范企业的行为，但也可能产生一定影响（如通过销售履约寻求利润的商业企业也可能改变企业行为）。

另外，还可以分析他制和自制的自我规制机制的正式程度。例如，国家和非国家他制和自制的自我规制机制都可能具有强制性或自愿性的因素，并可能存在于正式（如明文规定）或非正式（如一般准则）的框架中（见图7.1）。例如，作为民事协议的一部分，国家强制性设置监督员，但其也可能是非正式的，因为企业保留了在组织内部如何具体实施变革的责任。相较之下，跨国企业的自制性倡议并不强迫企业加入，而是自愿的。然而，一旦加入此类倡议，企业就会同意更正式的框架和指导方针，并与之合作。

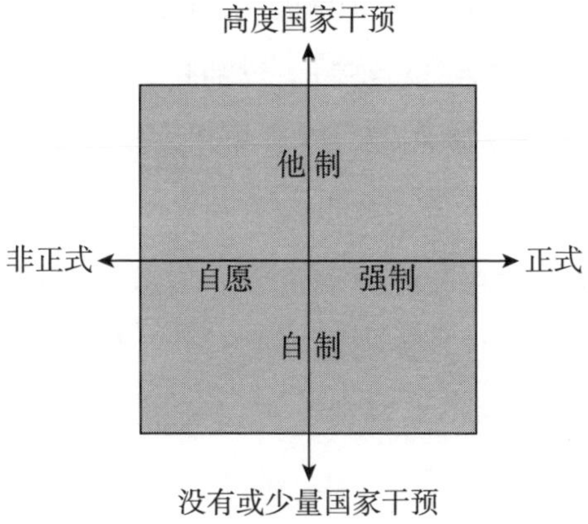


**图7.1　自我规制机制的概念化**

## (一)自我规制机制的定义

竖轴意味着国家干预的程度,在该轴底部代表没有国家的影响,但实际上,国家仍然可以影响这一领域的自我规制机制,就像非国家组织可以影响国家机制一样。但是,国家和机构是主要的行动者,而非国家行为者和组织是底层最重要的部分。同样,非正式、正式的横轴涉及自我规制机制的自愿或强制性要求,尽管人们承认某些自愿协议随后可能会出现强制性因素;反之亦然。因此,在某些情况下,国家干预的正式程度和横轴的交叉点与自我规制机制有关,但大多数自我规制机制与企业跨国贿赂属于特定领域。

接下来我们要了解这些机制及其主要行为者的组织框架水平和起源领域。例如,自我规制机制同时出现在了微观层面(在个别企业层面)、中观层面(在个别市场、行业层面),以及宏观层面(在多部门和跨国倡议的层面)。此外,这种机制主要出现在三个领域:国家、商业和政府间或非政府组织。这些类别并不全面,因为在这里没有讨论其他组织对改变企业行为(如媒体压力)也可能很重要。这些机制既可能是具体的也可能是一般的,具体机制侧重于个别企业,而一般机制的目的是管理企业这个大群体。下面分析有关这些维度的机制(见表7.1)。

**表 7.1　微观、中观和宏观层面的自我规制**

| 层级 | 自我规制机制 | 他制或自制为主（如高或低程度的政府干预） | 来源（如国家机构、商业组织、政府间或非政府组织） | 法定程序（如制定框架、硬性结构） | 特定或普遍（如个人或群体） | 主要参与者 | 描述 |
|---|---|---|---|---|---|---|---|
| 微观（如私营企业） | 非正式对话 | 他制 | 国家机构 | 非正式—自愿 | 兼有 | 1. 规制者<br>2. 企业 | ——建立规制者与被规制者之间的联系，就行为改变/反贿赂政策提出建议。<br>——特定做法：谨慎的会议/对话。<br>——普遍做法：监管机构代表出席企业会议。 |
| | 横向诉讼 | 自制 | 商业组织 | 正式—自愿 | 特定 | 1. 企业<br>2. 原告/诉讼当事人 | ——竞争对手、股东、客户就企业贿赂造成的损失提起诉讼。这一点最值得注意的是那些因受贿而错失合同的企业。这种诉讼在法律上和理论上是可能的，但由于各种障碍，如在证明损失方面的困难、市场中被“取缔”的风险、诉讼的财务成本，致使其可能性未知。 |
| | 监督 | 他制 | 国家机构 | 正式—强制 | 特定 | 1. 规制者<br>2. 企业<br>3. 监督者 | ——作为刑事或民事制裁的一部分，需要有固定期限的独立监督员，如检察官、企业指定的专门事务所。 |

续表

| 层级 | 自我规制机制 | 他制或自制为主（如高或低程度的政府干预） | 来源（如国家机构、商业组织、政府间或非政府组织） | 法定程序（如制定框架、硬性结构） | 特定或普遍（如个人或群体） | 主要参与者 | 描述 |
|---|---|---|---|---|---|---|---|
| 微观（如私营企业） | 自我清理 | 他制 | 国家机构 | 正式—强制 | 特定 | 1. 规制者<br>2. 企业 | ——作为民事和非起诉协议的一部分，企业需要自我清理，即要求企业阐明腐败的相关事实和情况，修复造成的损害，解雇涉案人员，采取进一步的措施对组织框架和结构进行调整。 |
| | 自我调查 | 他制 | 商业组织或国家机构 | 正式—强制、自愿 | 特定 | 1. 企业<br>2. 规制者 | ——企业雇用外部、独立的法律事务所、调查事务所对可疑贿赂进行侦查，调查结果被转交给规制机构，构成案件的一部分：可由规制机构在正式怀疑后进行，也可由公司自己跟踪检测。<br>——特定做法：正式制裁中的各项要求。<br>——普遍做法：市场激励。 |

续表

| 层级 | 自我规制机制 | 他制或自制为主（如高或低程度的政府干预） | 来源（如国家机构、商业组织、政府间或非政府组织） | 法定程序（如制定框架、硬性结构） | 特定或普遍（如个人或群体） | 主要参与者 | 描述 |
|---|---|---|---|---|---|---|---|
| 微观（如私营企业） | 自我报告 | 他制 | 商业组织或国家机构 | 正式—自愿 | 兼有 | 1. 规制者<br>2. 企业 | ——在英国，明确的反严重欺诈办公室政策为举报其组织内腐败行为的企业，提供了宽大制裁的可能（民事和解）。这仍然是一个关键机制，但反严重欺诈办公室新的主任摒弃了对自我报告制度的指导，并将制裁权从企业转移到董事。<br>——特定做法：在非正式对话之后激励个别企业。<br>——普遍做法：所有在市场范围内的存在风险的企业。 |
| 中观（个别市场） | 合作规制 | 他制 | 国家机构 | 正式—强制 | 普遍 | 1. 规制者<br>2. 企业 | ——共同规制理论是指涉及一定程度的国家监管、批准的行业自律的理论（Grabosky Braithwaite，1986：83），例如，金融服务管理局（FSA，现为英国金融行为监管局和审慎监管机构）和德国联邦金融监督机构。被监管的企业需要确保足够的合规系统来预防贿赂和腐败（外加更多）的制度已经到位。 |

续表

| 层级 | 自我规制机制 | 他制或自制为主（如高或低程度的政府干预） | 来源（如国家机构、商业组织、政府间或非政府组织） | 法定程序（如制定框架、硬性结构） | 特定或普遍（如个人或群体） | 主要参与者 | 描述 |
|---|---|---|---|---|---|---|---|
| 中观（个别市场） | 行业/部门具体举措 | 自制 | 商业组织 | 正式—自愿 | 兼有 | 1. 行业协会<br>2. 企业<br>3. 规制者 | ——行业特定的反贿赂和腐败举措通常是促进行业具体目标的更广泛意图的一部分，例如，在英国，英国制药工业协会（ABPI）是一个由该行业建立并资助的贸易协会，并代表英国的研究型制药公司的意见。英国制药工业协会的《与贿赂和腐败有关的业务守则》是在与反严重欺诈办公室进行非正式对话之后发表的。该守则表明，虽然反严重欺诈办公室保留了对成员企业采取行动的权利，但不会例行地干预该守则所涵盖的行动。 |
| | 基于市场的激励措施 | 自制 | 商业组织 | 非正式—自愿 | 特定 | 企业 | ——企业可以促进其合规计划（最有可能是在法律专家和顾问“认证”之后），以此作为吸引企业并创造经济利益的手段。企业将他们的合规概念“兜售”给潜在的投资者、合作伙伴、订约机构等，作为获取业务的手段，同时也可以安抚股东和监管机构。 |

续表

| 层级 | 自我规制机制 | 他制或自制为主（如高或低程度的政府干预） | 来源（如国家机构、商业组织、政府间或非政府组织） | 法定程序（如制定框架、硬性结构） | 特定或普遍（如个人或群体） | 主要参与者 | 描述 |
|---|---|---|---|---|---|---|---|
| 中观（个别市场） | 私对私的合规 | 自制 | 商业组织 | 非正式—自愿 | 特定 | 企业 | ——私人顾问、会计师事务所和律师事务所的业务都针对存在风险的企业，企业随后聘请他们就如何应对可能引起他们注意的贿赂问题、如何引入适当的合规程序和制度以及如何遵守法律的问题提供咨询意见。通过聘请这些外部机构，在许多情况下，企业能够被第三方“认证”，以核实其合规制度的质量。 |
| 宏观（多部门/跨国举措） | 非国家出台的合规指南和工具 | 自制 | 政府间或非政府组织 | 正式—自愿 | 兼有 | 1. 非政府组织<br>2. 政府间组织<br>3. 企业 | ——诸如经合组织、联合国和反腐败国家集团等政府间组织提供指导和机制，使企业能够应对潜在的和实际的贿赂和腐败。<br>——透明国际等非政府组织也提供最佳实践的指导和模型。<br>——普遍做法：在网上为所有企业提供出版物、手册等。<br>——特定做法：政府间和非政府组织也可以直接与企业对话。 |

续表

| 层级 | 自我规制机制 | 他制或自制为主（如高或低程度的政府干预） | 来源（如国家机构、商业组织、政府间或非政府组织） | 法定程序（如制定框架、硬性结构） | 特定或普遍（如个人或群体） | 主要参与者 | 描述 |
|---|---|---|---|---|---|---|---|
| 宏观（多部门/跨国举措） | 国家出台的合规指南 | 他制 | 国家机构 | 非正式—自愿 | 普遍 | 1. 规制者<br>2. 企业 | ——检察和调查机构作为国家部门，就贿赂立法以及如何实施反贿赂和反腐败合规制度提供权威解释，例如关于英国《2010 年反贿赂法》的权威解释与指导。 |
|  | 跨国商业举措 | 自制 | 政府间或非政府组织，以及商业组织 | 正式—自愿 | 兼有 | 1. 跨国组织<br>2. 企业 | ——全球多行业倡议，协助企业建立反贿赂和反腐败框架，并提供工具，以应对内部和外部贿赂和索贿问题。例如，国际商会（ICC）和世界经济论坛合作反腐败伙伴倡议（PACI），都提供了企业可以加入和相互支持、促进最佳实践想法的倡议。 |

### (二)微观层面的自我规制机制

在微观层面,他制与自制机制起源于国家层面或者商业领域,所呈现出来的举措和相互关系都是针对个别企业而产生的。这些机制包括非正式对话、横向诉讼、监督、自我清理、自我调查和自我报告(参见表7.1的解释)。所有这些机制(如律师横向诉讼)都是由国家规定的,但涉及不同程度的形式和干预,例如,在非正式的情况下,国家监管机构可以根据企业要求进行谨慎的对话。在正式的情况下,国家监管机构可能对企业实施严格的要求,就像在制裁后的自我清理一样。此外,有些机制可能从自愿转为强制(如自我报告导致企业实行自我清理)。自我调查和自我报告虽然由国家规定,但也可能由企业自己触发。例如,企业内部在遵约制度的情况下,可能会主动调查、揭露可疑行为(内部进行或通过外部专业人员),并告知执法部门,其目的是获得对己方有利的制裁谈判(为了对这些答复进行更深入的分析,请参见本书第六章第六部分“混合机制:向自我规制的转变”一节的内容,并将其作为执行对策的一部分,转向自我规制)。

对这些机制的起源进行分析时,一个关键点是规制者与被规制者之间可以进行“协商”,这为机制的运行提供了框架和链接点,从而使得这些机制得以被遵守:

一种方式是与那些有道德、想做正确事情的企业合作。我们已经这样做了,已经与优秀的企业进行了很多交谈。他们希望确保其系统正常,我们给他们提供意见,没有不起诉的保证,只是意见而已。我们认为,这是从他人处观察到的充分经验。因此,我们与那些优秀的企业打交道,非常欢迎他们来与我们交谈,很高兴能有这种对话,这也是预防方面的一部分。我们期待着走出去,并得到信息,帮助人们到达彼岸,如果他们已经不在原处(UK Investigator/Prosecutor Interview 114)。

在英国和德国,执法当局在企业会议和研讨会上积极与私人部门打交道,检察官和调查员出席小组讨论,企业代表可以在会议期间与相关机构进行非正式接触。通过这些会议,监管方与企业能够相互沟通,从而促成有利于自我规制和合规的谈判。此外,在企业经营或打算开办业务的司法管辖区内,当局亦建议该企业与当地工作的英国官员联络。各企业可就适当的运作程序,通过非正式的途径,向那些熟悉"高风险"外国司法管辖区文化和法律框架的英国官员获取咨询意见,然后企业能够确保相称的系统和风险评估到位。这些实践代表了规制者与被规制者之间的重要相互,这种关系在规制理论相关的文献中尤为重要。

鉴于国际压力和联合国、经合组织以及欧洲委员会等组织的审查,这种关系反映出国家积极应对跨国腐败的需要。正如本书第六章所指出的,英国和德国的调查员和检察官(除了政府间组织的代表)接受执法障碍的现实存在,并正在转向谈判和劝说,而不是起诉犯罪。这种劝说是改变个别企业行为的一种手段,要求该企业在不同程度的国家压力和规制下调节自己的行为,从而达到一个对规制者与被规制者都合适的结果:

如果了解一下英国《2010 年反贿赂法》的整体精神，就可以发现其建立在人们对自己的规制之下，这些组织负责自己的工作，特别是第 7 节（不防止雇员、子公司、中间人行贿的企业犯罪行为等）。这是一个自我延续的事情，我们希望企业有足够的程序来避免这种情况发生。最终，如果我们不起诉任何人，是因为每个人都有完善的系统，这是一个伟大的地方，可能是乌托邦式愿景，但对我们观察这种行为的变化非常重要（UK Investigator/Prosecutor Interview 114）。

因此，国家建立此类机制的初衷是鼓励企业自律，但是有关这样的自我规制机制由执法部门实行是否更有效的争论从未停止。例如，在实施自我规制时，可能出现国家与个别企业之间的谈判，谈判的结果是改变标准与特殊化执法，并且使得部分论者认为，自我规制是一种将规制职能下放给私人主体的形式（Ayres and Braithwaite 1992：102 – 3）。在特定的规制情况下，强制自我规制的方式“往往设想企业承担部分或全部立法、行政和司法规制职能将更为有效。企业中进行自我规制的高管，会在不合规时监督自己，而作为自我规制的裁判者，企业将惩罚和纠正不服从企业的行为”（Ayres and Braithwaite 1992：103）。对艾尔斯和布雷斯韦特来说，必须将这种“强制自我规制”纳入不断升级的干预计划中，在这些措施中，虽然保留了公共执法手段（侦查、惩罚、起诉），但正如前面所讨论的，执法措施阻碍了更多惩罚性制裁的升级。这表明，此类进程很突出，特别是反映了微观层面的监测和自我清理机制,而且在中观层面也有联合监管(见下文)。当然,在这个模型中确定哪些情形适合进行自我规制也是一个问题。每种选择都将形成一种以特定风险为基础的手段:

> 我认为,如果有一个可以接受的方法来衡量企业文化风险的高低,那么就可以做到自我规制。一个企业进入自我规制领域可能会将腐败和贿赂的低容忍作为一种文化,但前提是已经做了基本工作来确定什么是低风险环境……我猜想,再过10年左右,我们才会开始看到或能够尝试判断影响企业文化的有效措施(UK Investigator/Prosecutor Interview 112)。

目前,英国和德国的反腐败机构没有对基于风险的自我规制进行系统分析,但国家推行的自我规制机制是基于各种减轻因素而实施的。例如,企业的合作程度、是否认罪、贪污问题的程度、自报腐败等,都影响了国家和企业的谈判能力和适当反应。然而,这种机制对改变企业文化的长期影响需要进一步证明,因为目前国家不会重新审查已结案的案件,也没有足够的时间来确定其有效性。有趣的是,这种企业内部文化的转变被英国调查人员和检察官视为"职权范围"的一部分,而德国的受访者仍然把职权集中在刑事起诉和制裁上,并认为企业内部文化的变革应当是行业内部和企业自身的责任。

在微观层面上,除了国家规制之外,商业领域自发地出现了横向诉讼,这是一个有趣但未知的潜在领域,"在业内,对所谓的

‘第三方诉讼’的恐惧可能非常巨大”(UK Lawyer Interview 121)。这是指企业被其竞争对手起诉的风险,例如,假设在公开合同投标过程中,A与B两家企业的投标同样好,但A失去了合同,因为B被秘密允许重新投标和降低招标,而且有一个适应他们变化的标准,这很可能是由于腐败。如果B之后因在合同中贿赂被调查和制裁,那么A可以起诉B。虽然有人认为,在不久的将来可能会出现这种情况,但在编写本书时,并没有发生此类诉讼。虽然这种横向诉讼在英国和德国的法律和理论上有可能出现,但尚未明确:

……问题是永远无法证明因果关系。诚然,即使证明有人贿赂,仍然不能证明已经失去了竞争者,除非在非常罕见的情况下,有人作证,但可能有其他竞争者,所以永远不能证明因果关系。通用电气一直在问自己,是否应该反对西门子,我们已经输掉了10个案件,但却不认为它有效,所以必须证明很多其他的事情(Intergovernmental Organisation ‘A’ Representative Interview 411)。

其他困难还包括以下这种情形:即使企业是无辜的,但他们也不可能举报或披露腐败行为,因为该企业可能因此而被视为“告密者”,进而在行业内遭到排斥,并因此失去合同。这一风险对企业来说太高了,这是因企业本身必须涵盖的诉讼财务成本增加的风险。同样,在英国和德国的法律上,可能存在集体的行为:

在那些允许集体诉讼的国家,股东可能会采取集体行动,因为股东会说,股票价格已经下跌,因此投资价值下降了,可以起诉。当只有一个人起诉的时候只是带来困扰,但当两万人都起诉就会变成一个难题,而且这种情况还时有发生(UK Lawyer Interview 121)。

要再次强调的是,在撰写本书时,这种情况发生的可能性是未知的,也许已经发生。虽然类似的困难确实存在,如诉讼费用、证明因果关系等。

因此,在微观层面,为促进单个企业内部自律的机制,主要是受到国家等外部干预而产生的他制机制,当然也有企业自身发展起来的自制机制。但是,在这个层面,由于国家难以发挥强制或劝说企业自我规制的作用,因此,自制的自我规制机制的潜力就变得显而易见。同时,虽然市场中的个别企业在营商活动中采取了特定做法,以实现自身利益(如薪酬),但是这些做法也间接实现了对目标企业的监管。不过,也存在有违规风险的企业获得此类信息的可能性。

(三)中观层面的自我规制机制

在中观层面出现的两种机制主要源于商业领域,更从根本上反映了在单个市场、行业和部门层面对企业的监管。这些机制包括联合监管、行业或部门的专项举措、基于市场而产生的激励机制以及“私对私”的合规机制(见表7.1)。同样,这些机制的特点是正式和非正式的框架(例如,工业行业内的监管机构提供的手册或企业雇用外部合规专家的备选办法),既可以是自愿的(例如,企业决定“销售”或推销他们的合规系统),也可以是强制性的(例如,要求企业遵守行业标准)。它们可能针对特定的企业(例如,一些企业在存在相关风险的地区经营,因此,可以要求他们根据认证方案提供相关证明材料)或一般的部门或行业(与行业监管机构)。

在对这些商业领域出现的机制的起源进行分析时,关键在于自我规制如何影响私营部门对经济和商业利益的重视程度(例如,保持市场地位、创造利润),这些因素都可能导致直接和间接规制机制的出现。考虑到这一点,协助私营部门实施特定规制体系本身已经成为一个产业。在美国监狱人满为患的情况下,尼尔斯·克里斯蒂(Nils Christie)(2000)指出,当监狱系统许多方面存在私有化的可能性时,控制犯罪会成为一个产业。他陈述了控制犯罪所提供利润和工作,同时控制那些可能扰乱社会进程的人(Christie 2000:13)。

目前,私营部门在反腐败规制方面的作用可以看作以上产业化过程的延伸和现实案例。例如,从某种意义上说,公-私的边界变得模糊不清,如果企业涉嫌跨国行贿,可能需要雇用外部审计员、法律或会计事务所、专业财务调查机构等,并将所有调查结果交给负责调查和起诉企业贿赂的国家机构,作为自我报告和自我调查(如上所述)的一部分。然而,遵守国际上反腐败标准的压力给英国和德国的私营企业和组织带来了许多机会,在市场层面,私营部门以上措施的出现展现了一种自愿性的自我规制模

式。考虑到这一点:

> 合规是律师事务所的一个新兴业务。所以,一旦一些律师事务所发现这个合规产业,它们就会像真菌一样生长。(在防止企业贿赂的过程中)发生了很多事情,这不仅是检察官的任务,而且是企业、顾问和律师的任务(German Prosecutor Interview 211)。

因此,在这样的背景之下,这些源于商业领域的机制营造了一种市场环境,在这种市场环境中,在国际营商活动中面临巨大风险的企业和行业,能够通过基本的盈利原则,在市场中产生自我规制机制。从这个意义上说,这些自制机制的主要关注点并不在于推动自我规制的发展,而是在于促进创造者实现企业利益。然而,在企业购买这些服务时,自我管理的影响是次要的(例如,作为"吹哨者"机构向上述企业出售了服务,尽管为自己创造了利润,但是同样促进了这些企业的反贿赂合规)。这些机制在市场内自发出现,即独立于国家的影响,但仍然是非正式的,对企业没有强制力。然而,企业利用这些服务的原因很多:第一,要减轻起诉的风险,并在进行调查时提供法律辩护;第二,使人们认识到,有效合规可以反过来在公平市场上产生收入,因为腐败本身扭曲了市场、增加了商业成本;第三,要象征性地向股东、客户、合作伙伴、慈善机构、向他们施加压力的集团等机构展现组织的社会责任感。

这种向自发机制的转变,受到私营部门内部巨大压力影响,因为关键报告和关键人物耸人听闻地构建和叙述了贿赂所带来的风险,使得部门内部形成了恐惧氛围。例如,有两个著名的出版物,即普华永道(2010)题为《你现在会采取行动还是稍后付款》的报告,以及毕马威(2010)题为《伪装的祝福·英国〈2010年反贿赂法〉如何更好地为企业文化和控制创造机会》的报告。后一份报告从以下段落开始:

> 一些商界人士认为,新的《反贿赂法》是"政治正确"的面子工程。但并非如此,这项法律有效果,检察官也在进行相应的部署。此外,它有可能诱捕那些我们通常认为是无辜的人,唯一的罪行是不采取积极措施防止腐败(KPMG,2010:1)。

无论创建这种话语的企业出于什么动机(意识提高了,或者只是为了咨询费),毫无疑问,这些出版物和来自私营部门的其他观点提供了一个有用的信息,即企业通过遵守反腐败和反贿赂规范,以提高知名度。这些方法对促进企业行为和企业文化的社会控制和内部自律方面起到了作用。大公司以及中型企业(在相对层面进行讨论)渴望有严密的合规框架以确保能调控其雇员、子公司、中介人的行为和其他第三方,因此,法律标准、政府间或非政府组织的游说仅是外部压力的形式之一。尽管在风险管辖区内存有经营的资源问题和涉及贿赂的可能性,但所有中小型企业,无论是中小型公司还是大型企业都能够实施自我规制,这种合规制度的程度颇值得怀疑:

可以说,对于那些营业额较高的大企业而言,大部分已经建立了运作良好的合规系统,并注意预防腐败(German Lawyer Interview 221)。

大多数大企业可能(或可能不)认真遵守制度,但西门子案等案例表明,即使是这类企业也不能认真对待合规制度。在任何情况下,私营部门都能促进个人行为的合规和其他以市场为基础的自我规制机制的重大发展,但要使这种制度有效运作,就需要创造一种积极的企业文化,并使其得到适当的支持和接受。

企业必须自己做某事……必须有明确的规则:什么可以允许,什么不能允许,这需要传达……必须相互讨论,团队必须接受教育。必须创造一种气氛,使人们能够立即处理(贪污)案件。一旦有人说:“不,我们不接受,我们不参与。”就应联合武力反对他。如果有人被单独留下,就有巨大的危险,他们可能变得软弱。但是,如果每个人在一个团队中都感到舒适,而其他人不想出卖或欺骗他们,并希望有秘密,那么就很难变得腐败(German Police Investigator Interview 231)。

跨国企业现正聘请私人顾问、会计事务所、律师事务所等,就如何处理可能引起他们注意的任何腐败行为、如何实行“适当程序”和充分遵守法律等问题向其提供咨询意见。一些企业也出现在私营部门,目的是向各种规模的企业提供“吹哨人”服务。

在德国，商业守护者股份有限公司（Business Keeper AG）①就是这样一个例子，企业可以支付一个月或一年的费用（多少取决于企业的规模和收入）订阅使用企业管理员监视系统，该系统是一个经过认证的、以互联网为基础的通信平台。企业员工可以通过订阅举报违规行为、侵权行为和风险。“吹哨人”可以选择保持匿名，其还声称举报人的身份完全受到保护，并且不能由第三方（包括业务管理人）解密或解释给潜在顾客。审查员（如订阅该服务的企业的合规干事、反贪污调查员、监督官等）可与继续提供资料的举报人进行直接对话。这些组织为企业跨国经营可能产生的贿赂提供了自律机制，目的是让员工有机会“大声说话”，并通知企业或监管部门可能出现的犯罪活动。

此外，还可以通过创建线上企业，提供电子学习解决方案，以协助有需要的企业实施反贿赂和腐败培训，作为其合规制度的一部分。② 这些培训班通常是可定制的，可以针对特定的部门，提供有关贿赂的各个方面信息，例如，企业关于贿赂风险的政策如企业招待、后果、尽职调查和联系人等。此外，线上企业还提供在线工具，以协助雇员在面临不确定情况和可能出现舞弊行为时作出决策。此类电子学习解决方案也可从其他非营利来源获得。联合国全球契约组织（UN Global Compact）和联合国毒品和犯罪

① Website available at：http://www.business-keeper.com/whistleblowing-compliance.html <Accessed 10/11/2013>.

② For an example see：http://www.inmarkets.com/anti-bribery-training.html <Accessed 10/11/2013>.

问题办公室(UN Office on Drugs and Crime)联合提供了一个电子学习工具——六交互式学习模块,以促进受众对“全球契约”反腐败原则的理解以及《联合国反腐败公约》在私营部门的适用。在线视频模块包括接收、赠送礼物和招待,便利支付和腐败,使用中间人和说客,腐败和社会投资及内幕信息等问题。这两个组织都鼓励企业将这一电子学习工具纳入他们自己的反贿赂和腐败学习框架中,并且不需要付费或订阅,这与私营部门的等价性不同。

在许多情况下,通过雇用这些外部机构,企业能够接受第三方的“认证”,以验证其合规系统的质量:

> 第三方认证机构正在被广泛应用于企业的合规认证。其中一个动机是当出现问题时这些机构可以提供已有的证明文件,以此说明我们在这里组织得很好——它们证明了这一点。另一种选择是,主动走出去,并说这是我们的商业模式——我们是最好的——没有被我们欺骗的风险(Intergovernmental Organisation ‘A’ Representative Interview 411)。

严格的合规制度可以减少起诉的决定。英国《2010 年反贿赂法》第 7 条关于“适当程序”罪行的意义尚未得到“充分”的检验。但是,企业可能会促进合规计划(最有可能是在法律专家和顾问“认证”之后),以此作为吸引企业从而创造经济利益的手段。企业合规计划的营销可能基于以下前提:通过获得更多的合同来产生更多的收入(减去实施和监测的成本),因为订约机构更有可能将合同公开授予有道德的企业。正如一个政府间组织代表所指出的那样：

我认为，这个奖励必须与市场有关，在市场上支付，否则他们不会这样做，因为商业是出于自身利益的驱使。因此，如果支付具有符合性，那么要规避风险，好的奖励也是一个有用的卖点。如果你因为不服从而毁了你作为经理的职业生涯，或者恰恰相反，如果你的企业有一个更好的形象，这反映在最终的账本上，这就是动机（Intergovernmental Organisation ‘A’ Representative Interview 411）。

另外，正如普华永道在德国预委会的一份报告所表明的那样，具有积极文化的企业通常能更有说服力地向外部传达严格的反腐败政策，从而使其雇员显得“廉洁”，随后发现自己不会经常出现在可能行贿[PwC（Germany）2010：4]的情境下。西门子案是促进企业合规制度的一个例子。继本书第二章所讨论的贿赂丑闻之后，西门子实施了重大的制度变革，包括对反贿赂和腐败合规制度进行重大改革。西门子合规官员的一份报告指出：“西门子已经从根本上发生改变，现在被视为符合性和可持续性的行业基准”。[①] 西门子积极推广和推销其合规方法，并将这个

① Presentation available at：http://www. siemens. com/sustainability/pool/collectiveaction/ourlearnings/pdf/Siemens_ComplianceProgram_EN. pdf <Accessed 10/11/2013>.

方法卖给潜在的投资者、合作伙伴、订约机构等。该方法是一种创造业务的手段,也是为了安抚股东和监管部门(西门子设有由美国司法部和证券交易委员会任命的监督员,以观察其进展情况)。2011 年 6 月,西门子有意向美国和德国当局报告一项有潜在贿赂风险的计划,并建议展示其修订后须遵守的规章。西门子指出,实际上,随后的慕尼黑调查,对企业来说是积极的,因为它表明企业已经采取了足够的措施来防止腐败交易的发生。[①] 这是西门子合规计划的影响,英国《2010 年反贿赂法》第 7 条涉及的"适当程序指导"中概述的六项指导原则都可以在西门子方案中找到(尽管英国的指导方针并不广泛或详细)。这一企业合规计划的营销可能基于以下前提,它将通过获得更多的合同来赚取更多的收入(减去实施和监测的成本),因为订约机构更有可能将合同授予更加道德的企业。另外,它可能是满足监管机构、政府间或非政府组织要求的一种手段。在这两种情况下,次要好处是可以规避风险,而对企业来说,主要好处是这种促进企业合规计划的做法可以带来经济利益。这是一个次要的自发性自我调节的例子。

国家发起的特定部门和特定行业的反贿赂和腐败倡议也出现了,这种由国家触发的机制反映了目前的规制理论,即关注监

① See *Wall Street Journal* blog *Corruption Currents*: '*Siemens Compliance Program Made The Catch, Company Says*', 10/06/2011 available at: http://blogs.wsj.com/corruption-currents/2011/06/10/siemens-compliance-program-made-the-catch-company-says/ <Accessed 10/11/2013>.

管机构。这些倡议通常是促进特定行业目标更广泛意图的一部分，自从国际和国家日益重视跨国贿赂以来，这些举措变得更加突出。例如，联合规制是国家制造的一种自我规制形式，对受规制企业规定了强制性要求，以确保国家监督下的反贿赂合规情况。金融服务管理局是这种联合监管的一个例子。金融服务管理局由政府设立，并对财政部部长和议会负责。政府负责金融服务管理局的规制活动和权力的总体范围。然而，金融服务管理局独立于政府运作，但根据《2000 年金融服务和市场法》(the Financial Services and Markets Act 2000)的规定，该组织拥有法定权力。该组织有规则制定、调查和执行权力，以满足法定目标。金融服务管理局有一家担保有限公司负责监管金融服务行业提供的资金。金融服务管理局监管了大多数金融服务市场、交易所和企业(数量超过 2.9 万个)，并规定了他们必须满足的标准。如果这些标准没有得到满足，金融服务管理局可以对这些企业采取行动。作为其职权范围的一部分，金融服务管理局确保企业有足够的合规计划，以防止贿赂和腐败，特别是在某些情况下加强管理和执法的能力，以鼓励其标准得到满足。例如，金融服务管理局对保险经纪威利斯有限公司(Willis Limited)罚款 689.5 万英镑，因为该公司在反贿赂、腐败制度和控制上的失败。[①] 根据金融服务管理局的数据，这些缺陷造成了不可接受的风险，即保险经纪威利斯有限公司向海外第三方支付的款项可能被

① http://www.bbc.co.uk/news/business-14233610 <Accessed 10/11/2013>.

用于腐败。2013 年,金融服务管理局分为金融行为监管局和审慎监管局,并将其职责分配给每个组织。在德国,与前述等同的组织是联邦金融监督局(Bundesanstalt für Finanzdienstleistungsaufsicht, BaFin),其具有类似的职能和职权,且独立工作,但受联邦财政部(Bundesministeriums der Finanzen)的监督。然而,正如一位英国检察官所指出的:

> 我们与规制有何关系?例如,金融服务管理局的做法是基于对风险的规避,而这种方法意味着将重点放在更严格地审查那些在某些层面更有可能面临风险的组织。目前,这在某种程度上是一种更合理、更有效地使用精简资源的方法,但事实上,类似的风险规避方法也呈现出了缺点,即缺乏足够的资源来规范和审查市场中的各个部分(UK Investigator/Prosecutor Interview 112)。

因此,这种联合监管机构体现了一种更为传统的全行业自律模式,正如在更为狭隘的自我规制概念中所理解的那样。但这种方法在背后体现了国家层面资源匮乏,无力对整个市场进行同等程度的监管。

但部门、行业也可以更加自发地制定特定机制。英国医药工业协会(the Association of the British Pharmaceutical Industry, ABPI)就是一个例子,它是由该行业创办和资助的贸易联合会,代表英国研究型制药企业的意见。2011 年 6 月,英国医药工业协会出版了一份备忘录,其成员(占英国工业的 90%)就英国《2010 年反贿赂法》与英国医药工业协会"业务守则"中重叠的部分由"处方药执业机构守则"管理。这是在与反严重欺诈办公室联络(非正式对话)后发表的,概述了反严重欺诈办公室对行业自我规制政策的支持,反严重欺诈办公室虽然保留对会员企业采取行动的权利,但不会例行干预英国医药工业协会"业务守则"所涵盖的行动。在德国也可以找到贸易协会的类似规定和倡议。例如,2004 年,制药企业协会(Die Mitgliedsunternehmen des Verbands Forschender Arzneimittelhersteller)制定了"制药行业自愿自控"(Freiwillige Selbstkontrolle für die Arzneimittelindustrie e. V),其中概述了包含反腐败因素的实务守则。

因此,在中观层面,在市场和行业中出现自我规制机制的情况下,往往有自制组成部分和商业参与,而不是国家直接干预。了解这些自制机制,可以分析更宽泛的规制概念。这种机制可能产生主要或次要影响,因为反映出国家关切之外的议程和利益,并确保其能够得到充分遵守。例如,市场通过利用恐惧文化和对贿赂的关注给企业创造利润的机会,这是基于国家、商业和国际组织的论述构建的。

鉴于此,包括次要机制在内的各种自制机制,提供了在关注具体监管机构之外思考规制问题的新方法,也是对问题性质的回应。

(四)宏观层面的自我规制机制

在宏观层面,非正式的自制和他制混合机制,以及国家、商业、政府间和非政府组织的自我规制机制显而易见。国际自我规制标准和规则是为政府和企业的实施而设立。2013 年,艾伯特和斯尼达尔(Abbot and Snidal)(2013)之间的“跨国规制标准制定”有明显的共性。从这个意义上说,宏观层面自我规制机制的兴起往往是通过组织和行动者的道德创业来实现的。在这些组织和行为者的努力下,基于与腐败有关的“有根据的道德观”以及伦理原则的制定议程——正是这种道德创业的精神构筑了微观和中观层面的(自我)规制对策:

规则是某人主动性的产物,而且我们认为,可以把表现出这种主动性的人视为道德的企业家(Becker 1973:147,emphasis in original)。

如果正如霍华德·贝克(Howard Becker)所指出的那样,在社会中存在对现行规则不满并对某些特定恶行深感不安的“改革者”,那么在企业跨国贿赂方面,这些道德企业家很大程度上是在政府间组织和其他竞选组织中被找到的。最近几年最重大的变化是,现在“谁管谁”必须扩大到包括非政府和非企业行为者的参与(Haufer,2006:92)。诸如联合国、经合组织和反腐败国家集团等组织,以及透明国际、全球见证组织(Global Witness)和全球金融诚信组织(Global Financial Integrity)等组织,形成并叙述了反腐败的前景,随后发展反腐败的“规制”,意图影响企业行为:“事实是……合规不会自发出现,而是来自外部压力的增加。”[PwC (Germany) 2010:3]

这些机构以两种主要方式影响企业内部的自律机制：第一，通过对腐败程度和性质、国家执法等方面的论述，阐述和构建贿赂问题，目的是影响法律框架，随后增加私营部门的压力以实现反腐。第二，直接制定政策文件，专门为企业提供帮助，以建立有效的合规制度，从而协助企业管理自己的行为。这种机制已自发地出现，并为企业提供了正式且自愿实施的标准。例如，经合组织(2012)发表了一份题为《关于内部控制、道德和合规良好做法指导方针》的文件，依据是经合组织贿赂问题工作组的调查结果，以及与私营部门和民间社会的协商。这份文件为企业提供了一个框架和指导方针，具有很高的通用性，可以按照企业的意愿实施。这反映了经合组织的“功能对等”，即将“目标”置于“手段”之上。提供这种框架是因为企业文化具有多样性，为使企业能够适应、适合经合组织的机制：

企业文化可以是多方面的……我与各大企业有很多事情要做，令人难以置信，这跟自然人差不多。当走进一家企业时，可以感觉到文化是多么的不同，可以知道是什么类型的文化，因为它们是如此多样，可以说，我不相信，当局必须承担每个企业的责任(German Lawyer Interview 221)。

透明国际(2010)发布了《关于企业反贿赂计划良好做法程序的指导》，涉及英国《2010年反贿赂法》。这份文件比英国政府的官方指导或经合组织提供的框架更广泛、更详细，对英国

《2010年反贿赂法》提供了分析，以及关于建立一个充分的控制环境、风险评估、政策和程序实施的切实可行的指导方针，还应用了尽职调查、监测和审查。该份文件其他主要倡议包括“联合国全球契约”，这是为企业加强私营部门分担处理贪污和贿赂责任的战略政策倡议。这些虽然是自愿性的倡议，但对参与企业每年披露某些变化有强制性要求。此外，诸如“追踪”（TRACE）等非营利组织提供了若干核心服务和产品，例如，关于商业中间人的尽职调查报告、合规政策示范、在线资源中心、个人和在线反贿赂培训以及企业最佳实践的研究。这些倡议主要针对在特定部门经营的企业人员。这些组织通过其重要报告、政策框架、实际指导、提高公众认识、支持或政治游说，在制定立法和向企业提供良好做法或行为的建议方面发挥了重要作用——“加强发展，减少贫困，增强对市场的信心”。[①] 正如透明国际[②]所言：

然而，自1993年以来，那些一开始就指导我们工作的核心价值观和原则，一直是我们工作的重点。透明国际反腐败斗争的基本原则从一开始就被界定为：联合建设、渐进式和其他非对抗性方式。透明国际认为，只有政府、商界和民间社会的代表共同努力，就一套他们都支持的标准和程序达成一致意见，才能使腐败

① OECD website：http://www.oecd.org/department/0,3355,en_2649_34855_1_1_1_1_1,00.html <Accessed 10/11/2013>.

② TI website：http://archive.transparency.org/news_room/faq/corruption_faq#faqcorr3 <Accessed 10/11/2013>.

问题得到遏制。透明国际还认为,反腐不能指望一次性扫除行动。相反,打击腐败是一个循序渐进、按项目进行的过程。尽管透明国际并不试图揭露个别的贪污案件,但只要有可靠的证据,就会坚决和勇敢地谴责它。最后,为使相关各方参与,透明国际的非对抗性方法也非常必要。

透明国际所用的激励、修辞和象征性语言表明,这种长期目标是通过道德说服来实施规则和贯彻改革措施。透明国际在各国的分会和其他此类组织的高层主要由具有广泛经验的反腐败人员组成,这些成员具备法律、商业和政治背景,所以他们的知识和专业技能可以对立法机关产生重大影响。透明国际强调其关键成就是打破对腐败问题发表言论的禁忌,把腐败问题放在全球议程上,这在反腐败公约中发挥着重要作用(透明国际参与起草《联合国反腐败公约》并密切参与《经合组织反贿赂公约》),以及提高公共生活标准,帮助界定不当接受礼物等特定腐败行为。贝克认为,这种规则的改变是否对这些企业有利,在很大程度上取决于个人看法(有些商业领域的观点认为,贿赂是一种普遍做法,是一种文化需要,以便利合法商业,并且认为自己是“局外人”)。然而,必须同意的是,在贝克提到的等级结构中,那些处于不利地位的人可以从规则变化中受益。

在国际层面,还出现了一些全球性的多行业自发倡议,以协助各企业建立反贿赂和反腐败框架。这些倡议提供正式的自愿框架,一旦加入,企业就会面临强制性要求(例如,适当的合规制度)。这一行业和以市场为基础的机制显示了相当程度的合作和相互支持,并提供了一种手段,通过促进重要的国际"参与者"的良好做法,来触发企业行为的变化,最值得注意的是国际商会(the International Chamber of Commerce,ICC)和世界经济论坛合作反腐败倡议(the World Economic Forum Partnering Against Corruption Initiative ,PACI)的作用。国际商会认为,自己是"世界商业之声",代表世界各地企业在不同部门的权威发言。国际商会反腐败委员会鼓励企业在面对勒索和贿赂问题时进行自我规制,并为打击腐败的国际倡议提供商业投入。2005 年,国际商会公布了《打击勒索和贿赂行为准则与建议》(Rules and Recommendations to Combat Extortion and Bribery)的修订版本,为企业自愿申请提供了实务规则和执行程序。国际商会后续还出版了一些版本(较近的是 2008 年版),其中载有一本关于国际企业诚信和打击腐败的手册。世界经济论坛合作反腐败倡议是一项跨国、多行业的倡议,为企业通过网络会议,致力于给发展、实施和监测反贿赂和腐败方案和系统提供一个平台,并使用私营部门驱动的支持工具。合作反腐败倡议解决腐败问题的理由有四个方面,即财务、法律、道德和社会经济。例如,合作反腐败倡议指出,贪污腐败使全球商业业务的成本平均提高了 10% ,而诚信经商吸引并留住了有原则、有积极性的雇员和道德导向的投资者(但如果你的产品比别人的差,而且成本不够低,就不能通过腐败来获得业务)。

在这些国际组织之下,国家还制定了针对整个私营部门的反贿赂遵守框架,鼓励和建议企业自愿执行。例如,英国《2010年反贿赂法指引》解释了法律背后的政策,旨在支持各种规模和部门的商业组织,了解可以采取何种程序防止贿赂。这种指导没有规定性,而是采取更加非正式的自愿办法,针对可能从事跨国贿赂的所有企业。德国反腐败制度具有分散性质(参见本书第五章),即每个联邦州负责反腐败执法,但没有具体的反腐败机构,这意味着该指引更有可能在本级别产生效力,并由特定的公诉人或国家刑事调查办公室发出。例如,虽然法律中没有这种正式的指导文件,但像英国一样,执法机构仍然能够就适当的反贿赂机制向企业提供咨询意见。一个联邦州的倡议反映了联邦州的跨行业做法,即在过去几年中,由执法、学术界、律师、私营企业、法院等代表组成的"工作组"发表了关于贿赂和腐败的指导。英国《2010年反贿赂法指引》向企业提供了一个"红绿灯系统",可用于确定什么是贿赂或接受商业惯例。例如,个人被告知什么是允许的("绿色"),什么是禁止的("红色")和什么是需要授权的("黄色或琥珀色")。根据该指引,"'红绿灯系统'的目标是展示一个行动框架,由各企业将该框架融入合规战略框架并明确定义,除商定标准外,还要对标准的贯彻和落实进行长期见度,以确保标准得到遵守"。①

英国和德国在这些机制中的一个关键主题是,如何设计企业文化的变化过程,以及如何在企业内部的反贿赂伦理上塑造这一

① 摘自数据收集期间获得的出版物。

理念。一位德国律师认为，英国《2010 年反贿赂法》第 6 条反映了指导原则（参见本书第四章）：

我相信，为了改变企业文化，有一点绝对是最重要的。比任何指令更重要的是“顶层基调”。无论管理层是否认真对待，必须作出明确的决定。当管理层占据了中间的基础，那么就不可能建构一个伟大的合规系统……虽然西门子和其他公司引入了一个系统，但是“顶层基调”并不具有一致性，最后再好的系统也无用武之地，因为人们没有勇气说“我们只是主张正确行事”。这种勇气必须由企业文化提供（German Lawyer Interview 221）。

这概述了合规制度在减少贿赂发生时所触发的实际困难。例如，虽然英国《2010 年反贿赂法指引》可以提供一些框架，使企业在其中找到自己的自我规制模式，但国家有可能不完全支持这种模式，英国和德国检察官也对此表示关注：

……我不知道目前正在尝试改变企业文化的机制是否一定有效。众所周知，有些企业精神、政策等在美国已经运行了很多年，但似乎确实没有减少任何高级经理的严重欺诈行为或腐败问题（UK Investigator/Prosecutor 112）。

这些倡议对改变企业文化的影响需要进一步的证据证明。然而，在国家商业领域，主要是政府间或非政府组织宏观层面上的他制和自制机制，明显塑造了微观和中观层面的反腐景象。它们的产生反映了道德性创业的过程，而非商业利益，也非国家受压或受到审议的结果。

## 三、关键参照组

在概念化和自我规制的框架中，可以找到一些关键的参照组，每一组都在亟待创造与初步显现的自我规制格局中扮演了有影响力的角色。这些群体不是决定性的，也不是包罗万象的，甚至可能重叠或显著地相互作用，以下是在研究过程中出现的关键群体。

——企业：这是指公司、海外子公司、合伙企业等，类别不限。整体而言，作为海外经营的合法实体，需要有足够的反贿赂和腐败合规机制，以规范自己的行为，并巩固广泛的贿赂立法。企业可以从内部发展自己的自我规制，雇用“投机者”，从“道德企业家”或“谈判者”提供的文字中接受建议或学习，或者成为企业间倡议的一部分，并成为提供“最佳实践”信息的一员。

——投机者（其他私人部门组织）：包括法律事务所、会计事务所等，有反贿赂和腐败方面的专门知识以及专门提供反贿赂、反腐败的合规制度、举报人制度等服务（并从中获利）而成立的事务所。所有此类事务所均可被企业雇佣，作为其加强反贿赂和贪污腐败措施的手段。

——道德企业家（非私营部门组织）：包括非政府组织、政府间组织、慈善机构等。这些个人和组织在游说政府和商界方面发挥着重要作用，随后影响到立法的调整，并将贿赂和腐败问题列入议程。这些组织还与企业进行“协商”，就如何实施严格合规等问题提供文献和咨询意见。

——协商者（国家管理者）：包括监管机构、政府部门、政治腐败中的成功者等。国家行为者在与企业进行正式和非正式谈判以构建有效的合规制度方面发挥了重要作用，推动了自我规制做法的出现。此外，其还采用混合机制来触发商业部门内部的自我调节。

——受害者（个人和企业）：那些面临贿赂和腐败负面后果的人也可能影响市场内部的自我调节形式。因贿赂而失去合同的企业、受贿的股东，以及失去合同的员工作为“替罪羊”被不公平地解雇等，都可以对企业提起一般诉讼或集体诉讼，并使之成为市场自律的一种形式。

——其他：跨国企业倡议的代表。此外，媒体也大幅施加压力，迫使执法部门采取措施，同时也迫使企业采取措施。

因此，自我规制的协商已吸纳各种不同的国家干预和形式上的做法，涉及范围广泛的非国家行为者和机构。非国家行为者的合并呼应了早期的规制模式，如甘宁汉姆和格拉博斯基（1998：398）认为，扩大金字塔模式的明智型规制，主张第一方（政府作为监管机构）、第二方（企业作为自我规制者）和第三方（商业和非商业组织）在更广泛的理解层面上进行规制。然而，其中一个核心的理论难题是，它们促进了每一缔约方的执法反应升级，如艾尔斯和布雷斯韦特（1992）最初提议的等级金字塔——但当不符合企业跨国贿赂时，由于前面概述的障碍，很少能达到刑事起诉的标准。然而，与这些规制模式一样，此处讨论的这种自我规制做法扭曲了“公共”和“私人”之间的界限，并反映出国家作为唯一的安全、法律、秩序和犯罪控制提供者的责任分配模式。

## 四、结论

信息不对称意味着，单靠刑事手段和监管执法不太可能充分减少跨国贿赂，需要由自我规制机制加以补充。虽然通过执法实践获得了一些杠杆作用，但也出现了一种管理环境，其中还包括各种自制和他制的自我规制机制。这些机制来自微观（例如，私营企业）、中层（例如，个别市场）和宏观（例如，多部门或跨国举措）水平，并起源于三个主要“领域”（国家、商业、政府间或非政府组织）。在这三个领域内，自我规制机制已经出现，涉及国家和非国家的规制主体，反映了不同的形式，可以是特定的或普遍的，可能产生直接、间接的影响。

其中一些机制，特别是在国家管控范围内“制造”出来的机制，反映了当代的规制理论（国家引导、协商、反身性或反应性）。然而，更为自发出现的机制提供了新的思维方式，特别是在主要目标或意图可能不是“规制”的情况下进行“规制”。从这个意义上说，自我调节是不同领域的产物，因为不同的议程和利益决定了自我调节机制的起源（例如，国家对国际审议的绥靖策略、商业组织促进经济利益、企业家道德精神）。然而，这些新兴自我规制机制的有效性仍然不清楚。因此，我们的论点并不是说规制战略应该偏离“监管机构”（例如，国家监管机构；政府间组织的协调机构）所采取的应对手段，因为这些政府机构建立了重要的正式框架，应该保留主要作用。然而，可以将重点转移到更广泛的规制领域，以了解非正式和自制机制，从而对卷入跨国贿赂的企业内部行为变化进行分析和理论理解。

# 第八章　理解规制绩效并确定适当的执行

## 一、概述

国内和国际的主体为应对企业跨国贿赂做出了各种反应，本书反复出现的议题就是这些反应给国家造成的压力。在国际上，压力来自诸如欧盟这种超国家组织，联合国和经济合作与发展组织等政府间组织，以及非政府组织和运动团体，如透明国际、全球见证和全球金融诚信。这些组织制定国际标准和公约，在道义和政治上推动国家签署、实施上述国际标准和公约，并进行同级审查、监测和评估，以确保这些行动正在充分地进行。在国内，地方运动组织和压力集团，如非政府组织、志愿团体和第三方部门组织，以及代表私营部门企业利益的人（有时可能是肇事者和其他受害者），还可能鼓励国家参与有效执法，规制和减少企业跨国贿赂的活动。

正如本书第一章所讨论的那样，在这些方面，重点往往被放在执法和其他规制机制上，这是反映刑事司法的，具有象征性、道义性和适当性的应对政策。然而，这造成了跨国企业与各国政府的紧张关系，传统上人们倾向于对白领和法人罪犯采取规制（最好是自我规制）、劝说、谈判和非刑事手段（见本书第六章）（see

Slapper and Tombs, 1999; Wells, 2011; Nelken, 2012)。自我规制和对刑事诉讼的排斥将意识形态与实用主义结合起来,国家认为,保障经济利益(对大企业的起诉可能会对就业和税收造成损害)和起诉白领罪犯都存在障碍[起诉资源充足的"有意识反对者"(Sparrow, 2008),即对这些犯罪的个人或企业归因造成了障碍]。无论动机如何,刑事起诉都面临着重大的程序、证据、法律、财政和结构方面的挑战,从而降低了其作为控制犯罪、减少犯罪和司法制度代理人的合理性和合法性。正如本书所讨论的那样,向自我规制转变可以补充执法应对的不足,但由于这种做法是新近出现的,且缺乏数据支持,这些自制和他制的机制的真正影响尚且不知。这些阻碍解决企业跨国贿赂问题的障碍影响着我们如何确定"规制"的程度。

因此,了解规制执行情况的绩效和自我规制的应对举措是否足够,仍然是一个关键问题。但是,在即时的情况下,以及采取所有执法措施时,我们只有在了解国家和非国家活动对企业跨国贿赂的影响程度,以及这些犯罪的层次(如程度和范围)和组织情况时,才能适当评估具体执法是否充分。鉴于此,执法程度和(自我)规制与什么变量相关?问题在于如何才能制定一个适当的"阈值",对执法实施水平和(自我)规制情况进行比较,这是一个严重的问题。在国家层面,这是一个更困难的跨国问题。在这两种情况下,关于危害和执法行为的一致数据尚无法获取。

本章探讨了这些问题,并讨论了它们对研究企业跨国贿赂方法论的影响以及随后对警务战略的影响。本章首先从规制绩效的角度来考虑哪些是应该被理解的,然后简要分析认识绩效衡量的程度和范围是否具有价值和必要性。然后,本章继续探讨现有的数据,以提供一个范围并审视当前绩效衡量标准,由于我们对这一问题的认知有限,所以目前的绩效测量标准不能提供有效的执法水平指标。相反,旨在了解企业跨国贿赂组织和过程的研究,警务战略以及干预、扰乱和预防战略的相应影响,为其提供更有用的规制绩效的指标。本章最后概述了了解规制绩效的潜在数据源和模型。

## 二、理解规制绩效

为了明确什么是“适度执法”,我们需要了解可行的控制手段如何组合适用。在白领和企业犯罪领域,竞争性(如果往往只是隐含的)意识形态十分重要,在最适当的刑事司法和执法模式中,始终存在相互冲突的手段(详见本书第三章对当代规制模式分析)。一般而言,大多数欧洲司法管辖区对白领和法人犯罪的政策应对可以在一系列的规制机制中找到。在轴线的一端,这些措施包括各种执法举措,如刑事起诉、禁令、民事制裁,以及干扰、减缩、干预策略和许可机制,在这些举措中,国家往往保留战略和实践应对的主要作用。但在轴线另一端,政策应对还包括商业和行业内部的自我规制,如遵约机制和行业、部门规章,涵盖范围广泛的制度设计,并可根据垄断程度、程序正式化程度、法律地位以及外部参与规则制定和执行的程度而有所不同(see for example Ogus,1994: 108 - 9)。国家对这种做法的干预程度往往有所减少,尽管这种做法可能由国家推动或刺激而产生(例如,作为刑事、民事制裁,或强制自我规制的一部分),或其在实现中可能更具有自发性(例如,业务活动,互利互惠的市场反应)。这种应对或许针对的是特定罪犯或其所在的市场。此外,许多“规制主体”显然包括国家(如执法部门、行业内的监管机构)和非国家(如商业企业、志愿组织、商业界)组织和主体。

然而,如果我们采取包括传统警务、(强制)自我规制机制和规制主体多元化的“执法”策略,就需要了解所有这些手段的边界和影响,以及不能采取该策略的国家以及相应情形。在国家没有意愿或无法提供正式答复的情况下,可能采取和解、共谋或规制俘获的形式(for analysis of these concepts see Edwards and Gill, 2002; Gill,2002)。但是,即使对执法和非强制执行都有了认识,如上文所述,对规制绩效的理解也是意识形态的一部分。由于大多数白领犯罪到底在什么情况下发生缺乏明确的证据,因此很难在执法和规制的偏好之间作出决断,就像为了遵守最低限度惩罚的底线,“法律面前人人平等”的原则与纯粹的法律有效性之间仍然难以协调。

考虑到这一点,现今在理解充分的“规制绩效”时,存在一个明显的问题。因为起诉数量(见下文)等反映(狭义)执法水平的粗略指标经常被用来评估特定国家或地区在处理这些问题方面的积极性,从而忽视了对合规和自我规制等实践措施的表现的评估。如果我们接受这一点,并理解了更广泛的、与规制概念相关的绩效,那么第二个问题随之出现,即要确定此类执法和自我规制实践的充分性和有效性程度，就要了解该问题的程度和范围。那么，我们如何才能理解该问题的程度和范围呢？

## 三、认识企业跨国贿赂的程度和范围

令我感到有趣的是，报告提到的有些事情尚未发生，因为我们知道“知则知之”，有些事情我们可以知道。也知道“知而未知”，也就是说，我们知道有些事情无法知道。但也有“未知之数”，即那些我们更无法知道的（Donald Rumsfeld, former US Defence Secretary, 2002）。[①]

2002年，唐纳德·拉姆斯菲尔德（Donald Rumsfeld）在谈到大规模杀伤性武器时曾说过，“知则知之”“知而未知”和“未知之数”，他从商业词汇中拿出一句话来区分我们所知道的东西，知而未知之事，能知而知其在，未知之事则未知，故未能知其在。虽然这些短语可能有几个间接和直接的含义，因此可以用于修辞目的（例如，驳斥问责），但它确实体现了犯罪学研究的一个重要局限，即犯罪黑数，这与企业跨国贿赂有着千丝万缕的联系。企业跨国贿赂的程度和范围仍难以估计，原因如下：（1）查明谁对行为负有法律责任的复杂性；（2）此类犯罪的相对“隐形”，即有行为者的范围、关系和交易（认知有限、统计、理论、研究、控制、政

① Quote used in article *BBC*: ‘*Rum remark wins Rumsfeld an reward*’, 02/12/2003, available at: http://news.bbc.co.uk/1/hi/3254852.stm < Accessed 10/11/2013 >.

治和恐慌)不易被了解的特征(see Davies et al.,1999:5－23,对“隐形犯罪”的特点的更广泛的分析);(3)危害结果难以识别(例如,直接受害者和危害经常被掩盖);(4)国家在试图理解企业子系统时认知有限、权力有限(see Mayntz,1993)。

在白领犯罪和企业犯罪方面,人们试图从各种数据来源,如官方统计(限于执法应对)、感知研究、受害者调查(个人和组织)和自我报告研究,以及在可访问情况下的私营部门数据(Levi,2011)推断犯罪的程度和范围。更具体地说,在2007年《全球腐败报告》涉及的腐败和贿赂方面,考夫曼(Kaufmann)等(2007)指出了6个关于贪污腐败的观点:观点一,考夫曼等人认为,“腐败不能被衡量”并非现实,因此建议,第一,收集利益攸关方(例如,企业、公职人员、非政府间组织、专家等)的知情意见;第二,跟踪各国的体制特征(例如,明确腐败诱因发生作用的时机,从而展现腐败的产生迹象);第三,认真审计具体项目(例如,财务审计和与实际支出的比较项目,以提供项目具体腐败)。观点二和观点三涉及从感知研究中获得模糊、一般和不可靠的主观数据。考夫曼等辩称,有时腐败观念是最好和唯一的信息,这意味着感知将直接影响个人对机构的行为。这可能是事实,但并不能表明对测量或程度的理解。考夫曼等也提出了一些具体的调查问题,以使调查结果更具体和更有针对性(虽然可以说,这些问题仍然远离社会背景),但任何一种测量数据都包含着不确定的因素。观点四和观点五表明,尽管腐败的性质几乎无法满足政策制定者对客观措施的期望,但具体的重点调查可以帮助其确定优先行动领域。观点六认为,高腐败水平的国家也有快速增长经济的概念,这受到考夫曼等的质疑,他们辩称,从中长期来看,腐败的不利影响是可以看到的。简言之,现有的经验数据是薄弱的,没有任何战略可以产生一个完善的腐败衡量标准。

在国家收集数据的情况下,尽管数据记录的方式各有不同,但数据也可能无法获取。例如,在英国,反严重欺诈办公室保存了一份记录了所有怀疑、指控企业腐败案件的反腐登记册,尽管其他执法机构可以在得到准许的情况下获取,但这些数据仍是非公开的。英国反严重欺诈办公室的数据仅在其年度报告中提供,起诉也包括在司法部统计数据中,而不是记录在案的犯罪资料中。同样,一般的受害者调查自我报告研究(例如,英格兰和威尔士的犯罪调查)和商业损害调查(Home Office,2012)都没有包括企业对英国或其他地方消费者、工人或纳税人的犯罪行为。在其他地方也存在类似的困难,例如,在德国,在个别联邦州中无法集中收集和访问执法统计数据。

除官方统计数据之外,还有许多方法来衡量腐败现象。一些人关注一个国家发生的腐败犯罪中交易的数额,另一些人则关注腐败犯罪中转手交易的数额(Bardhan,2006:342)。理论模型测量了愿意接受贿赂官员的百分比(Çule and Fulton,2005)和规模(Cadot,1987; Choi and Thum,2005)。其他方法包括通过使用公共支出追踪调查、服务提供者调查和企业调查来收集定量微额数据(Reinikka and Svensson,2006)。此外,还有涉及公理测量的方法,它需要对某一措施的潜在重要属性进行正式定义,然后根据这些属性对量度进行分类(Foster et al. ,2009),也有涵盖基于调查研究的腐败受害量度的方法(Seligson,2006)。世界银行集团和世界经济论坛等国际组织进行了大规模调查,但主要的数据更广泛地来自感知研究,如透明国际的腐败指数和贿赂支付指数,但这种研究在方法论上受到限制,因为它们只注重感知。关键的问题是,若数字不准确,那所产生的趋势数据是否提供了有效的腐败指标。从这个意义上说,一些措施可能比其他方法更有说服力,例如,自我报告研究和受害者调查可能提供比感知研究更可靠的数据,而经验性研究所得数据的核对可以加强对跨国腐败的理解。然而,将分析重点放在对问题的测量上,只能让我们了解到该问题的某种程度和范围。

总而言之,测量和理解腐败程度和范围(特别是跨国腐败)的局限性,提出了一个问题,即如何确定一个适当的"阈值",并据此对执法和自律工作进行比较?鉴于存在这个缺陷,我们应对哪些变量进行"充分执行"的测量?更具体地说,"充分执法"能被测量吗,能够确定"充分执法"吗?

## 四、确定充分性的方法

根据2013年透明国际《关于执行1997年〈经合组织反贿赂公约〉的进度报告》,欧洲只有三个国家(德国、英国、瑞士)被认为是反外国贿赂的"积极执法者"。该报告所列的其余欧洲国家位于"适度""有限""很少或不"的执法类别之内。使用任意阈值评估执行水平,综合考虑了一个国家的世界出口份额与最近四年间对外国贿赂案件的调查和制裁的数目。强制执行的门槛是一个积分系统，根据该国家在全球市场内的出口额百分比，并对不同执法活动进行加权计算，最后通过积分来衡量执法活动的情况：开始调查（预审阶段）得1分，开始审理（法律程序的审判阶段）得2分，开始重大案件审理或以制裁方式结束的得4分，结束重大案件并有实质性进展的得10分（目前还不清楚这些阈值的分配标准）。

实质性制裁的定义是由透明国际作出的，包括"威慑性监禁、大额罚款、任命合规监督员，或者取消未来的业务资格"。在以前的报告中，透明国际没有定义什么是"实质性"，而在该报告中，作出了模糊的定义。例如，没有明确说明哪种长短以及形式的监禁刑能够起到威慑的作用（或者是否应该包括缓刑），也没有说明大额罚金是否与个人或企业的整体营业额和利润有关，更没有说明是否应该由执法机构而不是企业来任命监督官，以上都是关键问题。这种方法在多个司法管辖区内全面应用，却没有考虑到当地的具体情况，例如，有必要去了解企业在哪些国家或地区有海外业务，这些业务又涉及了哪些部门，这些都是非常重要的。在该报告中，归类为"积极的"要求是152分至344分，英国和德国分别获得251分和464分。此外，在四年内，还需要至少开始或办结一个重大案件。总的趋势似乎是在全球市场的出口份额越大，一个国家在执行经合组织公约方面的"积极"程度就越高——这种略显浅显的方法，加强了理解贿赂案件执法对策的必要性，否则这种分析除了增强对腐败和贿赂的认识外毫无意义。

在以前的报告中，透明国际使用的方法是累积原始数字（例如,自《经合组织反贿赂公约》生效以来的起诉、调查和案件数量),加上该国在世界出口总额中所占的份额。使用原始数字而不是估计案件的处理比例再次给了解和比较司法管辖区之间的执法水平带来了问题。在2012年透明国际的报告中,“积极执行者”指的是那些国家:占世界出口份额超过2%,累计至少提起10起重大案件,同时,其中至少有3起是在过去3年中启动的,并导致“实质性制裁”。“积极执行者”也可以是在世界出口总额中,所占份额低于2%的国家,但这些国家必须提起至少3起重大案件的调查或诉讼,其中至少1起涉及实质性制裁,以及至少有1起未决案件是在过去3年中提起的。同样,这些数值是任意的,不以任何逻辑基础为前提(例如,目前还不清楚为什么数值是10件重大案件——有可能只是定一个数字,允许“合理数量”的国家达标)。英国和德国被认定为“积极的”执法者——从《经合组织反贿赂公约》生效之日起到2011年年底,德国已经完成了176件案件(其中16件以上是重大案件),英国已经结束了23件案件(全是重大案件——直到2012年8月)。

在这两种方法中,一旦进行了一定数量的调查和起诉,或者当起诉人数满足了有远见的“企业道德精神”的要求时,执法就会被认为是更加积极和可接受的。这两种方法在规制的形成中扮演了重要的角色。但是,这些措施如何反映起诉人数减少是由于有效的预防战略,例如,企业通过合规或采取其他措施消除腐败。不了解检控比例的数字,则不足以度量“执法和规制表现”。

尽管透明国际的统计数据包含了世界出口份额等经济变量

作为比较点，但由于缺乏对其他关键变量的认定，因此无法进行有意义的比较，更不用说确定规制和贿赂的社会背景。举例来说，这些执法统计数据体现了哪些共性，又是以什么标准衡量这些共性并可以体现执法的积极性？虽然全球市场内的出口份额可作为这些管辖区在“积极执行”中的一个分类标准，但从更广泛的规制环境来看（例如预防、干扰、减缩策略），这是一个积极执法的假象，因此，可能无法解释，为什么当地的规制制度和文化能更好地解释这些（明显的）差异。

例如，假设德国有大量未被发现的腐败，却因为起诉了一小部分腐败而保留了“积极执行者”的称呼，而对芬兰、瑞典等其他司法管辖区而言，其腐败程度虽然远低于德国，①但起诉的比例可能会更高——目前，在任何国家起诉贪污罪的百分比都不可知。同样，荷兰被认为是“很少或不”的执法类别，但根据 2011 年透明国际的贿赂支付人指数，荷兰企业最不可能在国外行贿，这可能反映了一套有效的自我规制机制，但在执行情况的数据中没有得到承认。此外，统计数据没有区分不同的案件，在德国的起诉中，西门子案占了 20 多起，这扭曲了现实情况。在国际研究中，如透明国际的贿赂支付人指数和腐败感知指数等国际研究，使人们了解跨国贿赂的程度，也许比执法当局对问题的估计更有

---

① 在透明国际 2012 年的腐败感知指数中，基于感知的调查有明显的局限性，他们都被列为腐败程度较低的国家。透明国际 CPI 的受访者样本是使用 13 个来源的数据计算的。2012 results available here：http://cpi. transparency. org/cpi2012/results/ <Accessed 10/11/2013>.

意义(这些估计是基于那些被他们注意到的案件)。另外,其他变量还包括注册数量,企业规模及其在经济中的重要性,交易的产品类型,国内生产总值,等等。而且,现有的执法资源以及许多重要的法律、程序、证据和财务程序都没有得到承认。这些变量将提供不同的衡量标准,包括可考虑的检控数字。因此,现行条款中的"积极执行"不一定反映有效的反腐败制度或措施,也不能被用于了解腐败问题的严重性。

了解执行的情况需要对多个数据源进行排序和分析。这种数据来源在某种程度上确实存在,来自私营、公共和第三部门,并存在于地方、国家和超国家的范围内(见表8.1)。从这个意义上说,这些资源填补了上述的无法获得的数据空缺,并提供了关于国家调查和起诉的传统执法机制的数据,以及那些具有自我规制性质的机制。

**表8.1　微观、中观和宏观层面的潜在数据源**

| 层级 | 主要组织 | 数　据 |
|---|---|---|
| 微观 | 跨国经营的个人公司和商业企业 | ——关于大环境的数据,例如,企业在特定领域(不同地域和行业)被索贿的概率(见下文第1到6点)。 |
| | 媒体 | ——通过持续和集中的调查,发布调查性新闻报道。<br>——曝光跨国企业,例如,《卫报》的报道以及BAE系统公司案。 |
| | 积极团体 | ——案例构建和分析,以推动成功游说以及确立企业道德精神。<br>——曝光。 |

续表

| 层级 | 主要组织 | 数　　据 |
|---|---|---|
| 中观 | 跨国部门和市场的行业和贸易协会 | ——通过成员调查和监测金融交易和市场绩效产生的行业、贸易数据。 |
| | 企业外部的披露组织 | ——关于来自多个部门或行业、内部或外部报告以及答复和结果的报告案例的数据。 |
| 宏观 | 国家或地区的执法和监管机构 | ——对被查出的案件数目(通过无数来源)进行核对,对调查(或不调查)的案件数以及结案数(不论是否起诉,或是已经结案)进行了统计。 |
| | 政府间组织,例如,经合组织、联合国 | ——国家进行监测,以确定执法活动,以便司法管辖区核对调查和起诉。 |
| | 跨国商业活动,例如,世界经济论坛 | ——通过成员企业披露金融交易,以及通过成员调查收集的数据而产生的市场或部门的数据。 |

为了确定“充分”或“积极”执行,需要考虑各种执法和自我规制机制,以及约束、预防、减缩贿赂和腐败的各个方面。在上文概述的若干理由中,确定适当的“阈值”,以便对执行和自我规制机制存有的问题进行比较。然而,合适的开始方式是基于此类贿赂和腐败行为的社会背景,充分探索和理解企业贿赂的必要关系和偶然关系。例如,除了上述方法(如受害人调查和自我报告研究等)外,企业反贿赂和腐败合规部门就以下程序收集的数据将有助于自我规制机制发挥效用:

1. 实施“经认证的”反贿赂和腐败合规制度的企业数量,以及这些制度在多大程度上受到定期监测和调整,例如,正式或非正式自我规制机制的强制性要求。

2. 频率(如向企业索贿的次数)、强度(如索贿行为的强硬程度)、意图(如为其他合法服务提供便利、赢得或维持将在招标过程中接受的商业合同)和类型(如现金贿赂、服务、招待等),受贿和这些因素变化的程度,随着时间的推移,与不同地区产生联系。

3. 企业或第三方专家对域外国家或地区进行的风险评估(例如,应当如何确定腐败风险)以及这些风险评估在多大程度上随时间而变化及其原因。例如,企业是否有合规制度,以何种方式减少了 A 国的贿赂频率。

4. 由外部索贿者在企业内识别和招募潜在行贿者,例如,在组织层面上与雇员接触(如行政人员、中层管理人员、低级雇员),这些特别代表“处于危险”的职位(如与外国官员的高接触率、独立的职位等),是否有某些行业的企业试图接近(如电讯、建筑等)。

5. 公开披露和提高向外国公职人员及政府支付公共合同付款的透明度(这与在采掘业中公布支付的倡议有关,即 PWYP:http://www.publishwhatyoupay.org/)。

6. 公开披露按国家分列的财务业绩报告,分为生产、利润、销售和费用,合同和交易的透明度以及有待查明的差异。

这些过程只展现了一些涉贿个人,但对这些行为的理解将使人们了解企业跨国贿赂行为,更具体地说,是对“有效”预防和控制的理解。因此,企业合规机制对企业跨国贿赂规制的影响可以随时加以衡量。例如,在高风险国家经营的企业在多大程度上越来越少地接受索贿,以及这种情况如何受到企业政策的影响。当然,这种做法的假设前提是大多数企业都是善意的,有愿意准确而诚实收集这些数据的具有行业道德的组织(他们可能有许多正当理由,例如,合法的商业交易过于透明,因为这可能会影响竞争和市场)。他们也只关注贿赂的“需求方”或被动贿赂。如果不采取某种形式的强制性、规制性干预措施,那些积极行贿的企业就不可能与监管方达成协议(尽管强制性的自我报告可以说是侵犯了反对被迫自证其罪的权利)。如果可以鼓励或迫使企业收集这些数据,就可以探讨并理解自我规制机制在减少贿赂方面的影响(尽管在没有正式规制威压的情况下获得这些数据颇为困难)。因此,企业受害者调查等针对严重犯罪组织的创新性研究方法,可以使企业跨国贿赂问题更加具体,同时,也可以通过改变研究问题达到目的,例如,询问已知的贿赂事件是如何组织并发生的,以增进对犯罪学“已知未知数”的理解。后者将有助于企业自身的发展和“培养”企业犯罪学思维。

然而,正如情况所表明的那样,如果没有对受害者进行调查和自我报告研究,以及对官方记录和其他数据来源的犯罪量进行一些推断,就无法确定“充分”或“积极”的执法情况(如企业)。鉴于检测和访问企业子系统存在困难,虽然上述建议可能会开始弥合这一差距,但目前尚不具备这样的能力,也不太可能在不久的将来出现。这不仅有形地展示了跨国腐败,还突出了企业跨国贿赂的已知未知数的数量。

## 五、对“组织”范围的理解与扩张

有两个问题显而易见:第一,确定适当的执法水平只对关于程度和范围的准确判断有意义,但后者的努力是方法论上的理想主义。第二,在欧洲地区,解决适当执行问题的唯一尝试,是上述通过对透明国际公布的起诉人数的比较研究。然而,这些做法体现出对该领域执行问题的狭隘理解,将其仅限于对跨国腐败的调查、起诉和制裁,这使得我们无法深入了解那些以预防和自我规制为特征的执行措施,而这些措施涉及被广泛接受的非国家主体和组织的作用。此外,正如本书通篇所论证的那样,企业贿赂的复杂组织结构为起诉和定罪带来了障碍,使得刑事执法在当前的控制贿赂的环境中令人难以信服:对企业提起刑事起诉的困境、转向民事协议和谈判、有效利用资源的必要性、跨国调查的举证负担等,都抑制了英国和德国应对跨国贿赂的政策反应。虽然其有可能采取一些规制措施,但负责机构和行动者的执法能力不能满足对起诉“需要”或“需求”的最保守估计,在紧缩时期更是如此。

了解这些限制可能有助于决策者、立法者和监管机构改进现行做法。诚然,有人可能会基于公正惩罚和社会公平,要求惩罚贿赂行为,而不论威慑效果如何,或者采取其他替代或补充的方法。考虑到这一点,除了对跨国贿赂和腐败的发生率、接受程度和集中程度进行估计之外,分析的重点还可以转移到如何运作这些贿赂的作案手法(这确实会引起当局的注意和成功处理:see

Edwards and Levi,2008)和特定的技术上来,这些社会特征和跨国贿赂关系将有利于补足更多的应对政策。通过“机会论视角”方法对白领犯罪进行分析,而主要运用的工具是犯罪情景预防、日常活动理论和犯罪模式理论(see Benson et al.,2009; Benson and Simpson,2009)。例如,基于“犯罪三角”(犯罪者的动机、机会和有能力的监管人),假定某白领有犯罪倾向,并将分析重点放在“机会结构”上,执法部门通过确定白领犯罪发生的直接“情况”和所涉过程的特点,可以干预和减少(或可能消灭)这种罪行。了解企业贿赂规制中的技术问题对执法部门来说显得尤为重要。然而,这类办法必须辅以在社会纬度的理解(例如,企业贿赂中存在的必然和偶然关系,以及这些关系在不同地缘、历史时期中的性质;see Edwards and Hughes,2005)。干预政策在两个维度同时进行了引导,包括基于对风险的认识而对潜在腐败市场、部门和企业进行评估,也包括个体可以战略性地制定执法对策。

换言之,重要的是要了解在政治、文化和经济结构背景下白领和企业犯罪的过程、关系和日常活动。例如,分析特定主体(如行政人员、企业)特别是经济部门(如建筑、金融、国防等)以及在有法律或文化背景下的必要参与者(如英国、德国),使人们理解为什么这些罪行会在特定的社会环境中被组织实施。为了解跨国腐败在不同时间和地点的组织情况,为执法敢于提供有用信息,进而使跨国腐败这种社会问题足够“显而易见”,必须有一些理解自我规制和非压制性机制的影响后产生的“知则知之”。

此外,分析这种背景还可以理解旨在应对或减少腐败活动的各项机制的影响。例如,在不起诉和民事制裁谈判的执法文化中,一至两个典型的刑事起诉案的连锁反应可能会对企业和市场产生较大的影响,因此规制方式应转变到改善合规情况和内部规制。为了解跨国腐败的背景、社会过程、关系和做法,执法机构和致力于研究企业跨国贿赂的人员可能旨在制定以下过程和特征有关的干预要点,包括技术、社会层面以及风险评估[借鉴利瓦伊(2007:781)跨国“严重犯罪”的过程模式]。

**表 8.2　跨国商业贿赂的必然性与偶然性**

| 条件 | 具体问题 |
| --- | --- |
| 必要 | 贿赂的资金是如何获得的?例如,合法企业如何为行贿基金筹集资金,以及涉及哪些隐蔽做法(例如,使用幌子公司,伪造会议以筹集资金;虚高的价格)。 |
| | 贿赂支付者和接收方(如内部或外部、国内或海外)如何提高贿赂的专门知识、技术能力?哪些标准用以确定潜在中间人和贿赂接收人(如政治家、国家官员)。 |
| | 利用哪些企业制度和工具来贿赂(如难以获取管辖权的银行账户)?如何向国内和外国当局(如执法部门、税务当局)隐瞒和转换贿赂所得(洗钱),以及有哪些具体的法律以及系统使这一情况得以实现。 |
| | 哪些外部和内部主体(如外部会计师、高级管理层)被要求成为贿赂的同谋而不被发现,这些关系是如何随着时间而发展的。 |
| | 为贿赂而送礼者如何化解执法应对以及如何应对“高水平管理人员”。 |

续表

| 条件 | 具体问题 |
| --- | --- |
| 偶然 | 哪些司法管辖区，哪些行业、部门（如建筑业、制药业、制造业）以及哪些企业员工（如销售代理、中层管理人员）的行贿风险最高，以及如何在特定的地缘、历史背景下定位这种风险。 |
| | 在违规情况下，有哪些先行因素有助于腐败（例如组织文化、透明度和问责制等）。 |
| | 宏观的社会、经济和政治结构在多大程度上塑造了当地的商业，即贿赂送礼者和接收方可以运作的环境如何。 |

如表8.2所示，了解贿赂的必要和偶然条件，可以确定上述过程中的关键漏洞，即使无法在短期内政治性地填补这些漏洞，但是也方便了战略干预的进行。但是，执法机构迫于压力需要产出业绩，以确保其存在、维持其职能，而这些业绩通常体现为起诉数量。向预防和干扰措施的转变减少了重大成果的数量，但也可能与法定承诺相抵触，尤其是在德国：

公诉人不做预防的事。我们只在镇压……根据法律，我们是一个明确的检察机关，没有被授权采取干预措施（German Prosecutor Interview 212）。

然而，如果要改变企业的行为，执法机构必须在传统刑事起诉的被动执法机制之外纳入更多创新的干预性策略。“混合机制”，如企业自我报告和自我清理是策略转变的关键。其他可能的做法，如改进的吹哨条款［尽管像《多德—弗兰克法案》（Dodd-

Frank Act)所述的美国式财务奖励"高质量"小费可能会与企业反贿赂政策相矛盾,并对其产生不利影响]和认证计划(提供这些与起诉和制裁企业的能力不相互抵触)需要考虑,但这种机制是在法律文化和管辖边界的制约下形成的。然而,在涉及多个管辖权和跨国层面的创新还有很大空间——不同司法管辖区的反腐败机构和主体之间基于风险的协调性干预策略具有很大潜力,但在政治上和法律上仍然存在很多困难。像反腐败国家集团、经合组织和联合国这种政府间组织确实在各司法管辖区生成了主题报告,并为协调合作提供了框架,但在体制上不存在联合预防或主动参与,除非通过行业倡议。例如,英国和德国当局可以通过相互协调,在突袭行动中针对高风险部门(如制造业或国防业)或高风险司法管辖区(如在腐败问题仍然存在的特定国家运营的企业)进行,但目前,在刑事申诉之前,没有明显的预防机制或立法权力。

各种方法和数据源将有助于理解这些问题。例如,可以通过引起当局注意的案件的文本分析、受害调查、自我报告研究、感知研究、对罪犯的访谈来生成主要数据;同时,次要数据则由企业、执法机构、商业和特定行业协会和机构收集,国际组织和开发银行以及法院记录、警察通知也可提供对贿赂问题的理解。

## 六、结论

本章引发了一场辩论,讨论我们如何确定反贿赂执法的充分程度以及执法机构的积极程度。需要认识到的关键问题是,充分性取决于我们对违规行为水平了解的情况或可能了解的情况:在没有有效地阐释此类犯罪或"公害"的等级或组织性的情况低下,我们对执法的相对影响的理解也是片面和主观的。各种来源都提供了关于起诉数或调查数等狭义指数的数据,但如果不了解这些案件的重要性,或没有"足够好"的标准来衡量犯罪的规模,这些数据就很大程度上无意义。这是一个国家层面的问题,在跨国一级更是如此,在这种情况下,就难以获得有关执法和危害的现有数据。

为解决这一问题,我们认为数据来源有可能"填补空白",并对接受程度、程度和范围提供更有效的理解。整理和分析来自地方、国家和超国家的各级公共部门、私营部门和第三方部门的数据,这些数据填补了空缺。但是,如果辅以国内和跨国组织对此类犯罪的定性,就能有助于我们对问题程度进行定量理解,这也就更有意义了。一旦我们了解了"犯罪市场"的规模和分布情况,就会面临一个重大挑战,那就是如何将不同的执法模式与实际和正式的执法变革联系起来。我们没有理由认为"哪一项工作"是独立于文化背景和期望存在的,包括但不限于监管部门、检察官和法院的独立性。在合规性与他人对合规性的期望相联系的情况下,与违规行为普遍存在或者"被认为"普遍存在的情况相比,渐进的激励方式似乎更加合理。

鉴于此,关键的论点是,对企业跨国贿赂组织的理解提供了一种替代手段,我们可以通过这种手段衡量执法水平,并了解警务战略。为此,确定了一些关键问题,以探讨这些活动的必要和偶然条件及其产生的背景。这种思维过程和研究问题可用于所有白领和企业犯罪,并可对超出倡议组织正常要求的合理评估提供有用的经验研究框架。

然而,这里的假设是,执法机构可能对干预、预防和减少犯罪感兴趣。如本书第一章所述,腐败和贿赂的社会经济危害导致国家和国际两级的有关主体将重点置于刑事司法应对之上,进而以起诉为主要手段,本章对执法水平的分析反映了以上情况。然而,从哲学上来说,执法的目标可能需要重新调整,即不是将重点放在刑事司法上(例如,旨在起诉个人和企业),而是纳入社会正义(如公平对待普通犯罪和白领犯罪、企业犯罪,解决更广泛、潜在的社会问题),恢复性司法(如以受害者为中心的遣返等)和风险评估(如针对高危部门和企业)。本章已经提出了一些建议,但在这些措施和目标有效性得到证明和理解之前,如何才能确定适当的执法应对仍是困难的。

# 第九章 “默认立场”:对企业跨国贿赂的妥协

妥协与勾结反映了一个事实,即所有监管机构都没有足够的资源推动政策全面执行。他们选择优先(事项)后,不可避免的结果是,许多非法交易和法律规避的情形发生,而没有任何规制层面的回应(Edwards and Gill,2002:213)。

## 一、概述

本书致力于研究对此类情形的规制:企业在国际商业交易中使用贿赂以赢得或维持在海外司法管辖区的商业合同。监管机构因执法权而受到限制,要么因无力采取其他措施,要么因决定优先考虑或关注其他问题,而在一定程度上通融企业贿赂。通融的产生不仅是因为实际情况,还往往与政治、经济和意识形态有关。最后一章的目的是通过详细说明如上所述的妥协而非强制执行或自我规制是如何成为正常的政策回应,对本书的首要论点得出结论,德国和英国等理论上可进行比较的司法管辖区正围绕着这一回应趋同。

## 二、"默认立场"的诱因

在本书中,英国和德国的应对政策受到了阻碍,就不在此一一赘述,但为了证明某些情况下默认了对贿赂的妥协,将对其中一些阻碍予以重新审视。例如,由于对企业提起刑事诉讼存在较大困难,因此转而使用民事手段(并引入了暂缓起诉协议,尽管仍然存在问题)以及对企业犯罪的谈判和劝说;如何"有效"使用资源的压力;跨国调查的举证责任受限,并且自我规制的影响力尚未得到证实。换言之,显而易见,不同程度的政治影响使得负责管理企业跨国贿赂的主管当局在结构、法律、程序、证据和财政方面遇到障碍。这些问题在紧缩时期更是如此,抑制了英国和德国应对企业跨国贿赂的政策应对:

> 你是不会想创造一种风险可以被承受的氛围的,因为一旦有了这样的氛围,就会威胁到威慑效果,……那么必须问自己,如果一定会被抓住,它会有多大的威慑力……。如果没有禁令、排除资格或取消资格,甚至任何民事罚金,这还是一种很大的威慑吗(UK Lawyer Interview 121)?

资源分配不足或不平等加剧了这种情况,当然,也同样受到政治意愿和地方利益的影响。这种情况下,不可避免地导致了对跨国贿赂的妥协。例如,反严重欺诈办公室"接收标准"(参见本书第五章)明确指出,只有大型复杂的案件才会被调查,这意味着可以通融较小的贿赂案件。实际上，被优先处理的大型案件同样面临起诉障碍。通融费同样如此，即使英国法律明文禁止，但如果数额较小且是一次性的。因为，在有些国家，想要进入该国的市场，需要支付一定的通融费；所以，为了照顾在这些国家开展业务的企业，则不对小额通融费展开调查。

德国也存在类似的妥协，在这种情况下，资金分配不均，专业知识水平存在差异，导致一些联邦州较其他地区而言，反贿赂执法的“热情较低”，甚至无法充分从事反贿赂执法工作，即使有这么做的强烈意愿。一位德国检察官总结道：

> 我相信，这不是联邦州之间的区别，而是检察机关之间的区别……起诉力度或起诉意愿存在差异等。我经常注意到的是，当我们接触其他联邦州时，发现在整体上，其他同事也有着强烈的意愿，警方亦是如此。因为人员分配各不相同，所以这种可能性也不同——有些州拥有更多的可支配人员，但联邦州之间只有贫穷和富有之别，只是警察更有钱。检察机关并不总是工作，但确有合作的意愿……检察官办公室不太重视它，也不愿意提起诉讼。但这也取决于检察机关的合作（German Police Investigator Interview 231）。

即使在执法意愿很高的情况下，妥协也可能是所有刑事犯罪控制与应对策略的重要组成部分。在这种情况下，更重要的是了解如何运用自由裁量权、如何分配资源以及如何使用情报（例如,确定轻重缓急以及干扰因素)来处理任何特定形式犯罪行为的某些方面。换言之,"妥协"或"不妥协"的姿态是什么样的(或应该是什么样的),如何进行系统性分析。对于该问题不应当进行二元区分,而应线性理解,因为政治意愿(例如,资源匮乏;抑或是尽管资源丰富,但被用于其他方面,而非该领域)、案件优先次序、国际合作与援助、执行水平等问题可以有多种形式。

在某些情况下,由于共同的意识形态和人员、奖励或威胁,规制者与被规制者之间的关系错综复杂,在这种情况下,规制者可能被"俘获",并在之后不采取执法活动(Gill,2002:537)。正如多恩(Dorn)(2010:34)所说,这可以从两个角度来理解:从有利于公共监管的角度看,最初独立的监管机构可能会通过与被监管者的反复互动,成为他们的规制"俘虏";从放松规制的角度来看(Thatcher-Reagan),规制不力源于规制过度,这一点市场最清楚。无论哪种情况,规制都注定失败。前者的"俘获"概念反映了英国和德国的反腐败格局中发生的情况,国家等监管主体已经受到商业利益的影响。例如,在商业游说之后,英国政府修订了英国《2010年反贿赂法指引》,内容涉及海外企业在英国从事业务的情况,反映了国家对商业活动的关注。一位英国受访者(调查员或检察官)指出:

我当然不认为我们生活在一个政治例行干预刑事司法制度的国家,但有时海外腐败案件可能会对国家安全等问题产生影响,当然,在我们放弃沙特案件的情况下,可能会发生政治干预,但没有任何违宪的必要（UK Investigator/Prosecutor Interview 111）。

BAE 系统公司案涉及英国和沙特阿拉伯政府之间的军火合同，但在这笔交易中，作为武器生产商和供应商的 BAE 系统公司提供了一个典型例子——政府明白大型企业对国家的经济和国家安全利益的重要性，且是由跨国商业协议（例如，英国—沙特阿拉伯）决定的。然而，与此同时，它们不仅有执行法律的法定义务（在批准了主要国际公约之后），还必须处理来自政府间组织和非政府组织的批评，这些机构似乎只能通过增强成功执法的影响力来缓解实际中明显存在的紧张局势。此外，英国反严重欺诈办公室与企业之间频繁的非正式对话缺乏透明度引起了进一步的关注。

德国政府仍未修改有关“企业刑事责任”的法律框架以确保德国企业免于刑事起诉。正如一位专家所说：

执法当局大多没有意愿，因为他们认为自己过度劳累。当海外腐败变得非常密集时，他们没有那么多的人员从事调查工作，且政界往往不希望花费几年长期工作在这之上……然后也有政治影响，因为大企业是他们政党同僚，反过来还与大臣和政党有联系（German Country Expert Interview 241）。

因此，这种做法就有一个风险，即“规制体系的运作只符合受规制企业的利益，而不是一般公共利益”（Ricketts，2006：38）。例如，如果跨国金融市场不受规制，则有利于财富创造和税收收益，那么，某些腐败和贿赂就会被视为“必然的恶行”。

此外，在一些极端情况下，监管机构持有被监管企业的股份，此类监管者可以分享市场收益份额（Gill，2002：537）。监管方和企业之间的“旋转门”现象揭示了这一“灰色”地带。这一术语是指：“个人在公共部门的职位和私营部门的岗位之间的流动，无论方向如何。”（TI，2011b：2）其中一个相关的例子是BAE系统公司和英国驻沙特阿拉伯前特使谢拉德·考贝爵士（Sir Sherard Cowper-Coles）。① 谢拉德·考贝爵士于2010年10月离开外交部，但在促使反严重欺诈办公室放弃对BAE系统公司的调查中发挥了核心作用，解决了BAE系统公司与沙特阿拉伯间的亚玛玛武器问题。有争议的是，2011年2月，BAE系统公司将其聘为国际商业发展总监，重点负责中东和东南亚的业务。这一举动引发了民众对BAE系统公司与英国政府之间关系的质疑，以及围绕反严重欺诈办公室案件撤销的讨论。正如一位英国前受访者（调查员或检察官）所评论的：

问题是BAE系统公司案的高度政治化。可以说，在亚玛玛合同达成协议时，一些国防部的人员已经在BAE系统公司和国

① See *Guardian*：‘*BAE Systems hire Britain's former envoy to Saudi Arabia*’，18/02/2011，available at：http://www.guardian.co.uk/business/2011/feb/18/envoy-saudi-bae-systems <Accessed 10/11/2013>.

防部之间来回移动。在几年前还有其他人与之有关,随着时间的推移,这已经在英国政府中传播开来(Former UK Investigator/Prosecutor Interview 113)。

人们对这种“公→私”和“私→公”的流动表达了担忧,原因在于个人在担任政府职务前后或期间,存在发生“利益冲突”的可能性。如透明国际报告(2011b:3)所述,国家公职人员可能允许他们以前所在的私营部门雇主影响政府的工作,公职人员可能会在政府部门在职期间滥用权力,偏袒某家企业,以期讨好雇主并获得未来就业机会,接受商业聘用的前公职人员可能会为了新雇主的利益,而在采购等程序中,影响在政府部门工作的前同事的决策,或者泄露机密信息。此外,“旋转门”现象也有其积极意义,这些人具备贿赂和腐败控制相关的专业知识,当他们受雇于国家时,很难接触到这些企业,但是在上述情况下,他们在改变企业行为方面可能会有更大的影响力。

反严重欺诈办公室这类“旋转门”实践是一个典型例子。曾担任反腐败主管,随后担任首席调查官和执行委员会成员的基思·麦卡锡(Keith McCarthy),于2012年1月离开了在普华永道取证团队。[①] 2011年1月,时任反严重欺诈办公室反腐败领域负责人的罗伯特·阿玛伊(Robert Amaee)离职,并加入美国科文

① See PwC press release, 11/10/2011, available at: http://www.ukmediacentre.pwc.com/News-Releases/PwC-appoints-Keith-McCarthy-to-its-Forensics-practice-1115.aspx <Accessed 15/12/2011>.

顿—伯林律师事务所伦敦办事处，就英国《2010 年反贿赂法》和其他反腐败问题向客户提供咨询和协助。[①] 同样在 2011 年 1 月，起草英国《2010 年反贿赂法》的关键人物查理 · 蒙（Charlie Montieth），时任反严重欺诈办公室审计主管，离职后加入了怀特—凯斯法律事务所的伦敦办事处。[②] 反严重欺诈办公室的王室法律顾问维维安 · 罗宾逊也于 2011 年离开该组织，加入了国际律师事务所的伦敦办事处。[③] 作为他新角色的一部分，罗宾逊一直在向客户提供关于英国贿赂行为、欺诈和腐败的建议。有趣的是，这三个例子都表明，参与规制的主体会转而协助他们在离开反严重欺诈办公室后的规制对象，并就其以前参与起诉过的具体犯罪行为提供帮助和建议。这些核心人员的离开（具有宝贵专业知识和经验的专家的流失），引发了人们对反严重欺诈办公室调查和起诉的资源、能力的质疑（虽然反严重欺诈办公室的工资永远无法与那些私营部门相提并论），由此，该组织作为反腐败机构的正当性同样受到质疑。加强反严重欺诈办公室和私营部门之间的联系，虽然可能有潜在效益，但鉴于规制者和被规制者关系密切、公私边界模糊，因此还需要加强透明度。

---

① See Covington and Burling press release, 17/01/2011, available at: http://www. cov. com/news/detail. aspx? news = 1593. <Accessed 10/11/2013>.

② See White and Case press release, 17/01/2011, available at: http://www. whitecase. com/press-01172011-1/ <Accessed 10/11/2013>.

③ See publication by McGuireWoods from *Bribery Library*: '*The SFO's Vivian Robinson to join McGuireWoods*', 27/04/2011, available at: http://www. briberylibrary. com/fcpa/sfos-vivian-robinson-to-join-mcguirewoods/ <Accessed 10/11/2013>.

当然,在任何情况下,都有一些程序来规制这一现象。部长和高级公务员在前往私营部门就业前,必须征求商业任命咨询委员会(the Advisory Committee on Business Appointments, ACOBA)的意见,但商业任命咨询委员会没有资源评估个别案件的具体风险或监测合规情况。一些变化是显而易见的,有倡议禁止前公职人员在离任后的两年内进行游说,但透明国际的报告认为这些还不够。

## 三、结论

简而言之,国家当局迫于压力,要利用国家间执法框架对企业跨国贿赂作出反应,但在控制复杂有组织企业跨国贿赂多重管辖问题上面临着重大困难。诸如本书第二章所讨论的西门子案和英诺斯派案等典型案例展现了一种复杂的组织结构,而且,在这种组织结构之下,反腐败主管机构受限于国家管辖权范围以及程序、证据、法律、结构、财政等方面的障碍(参见本书第五章、第六章和第七章)。官方叙述以及犯罪学理论对白领和企业犯罪的控制的研究,已经表达了对此类问题的关注,但是在这些正式的研究或者表述中,企业有组织的跨国贿赂行为尚未得到充分分析。

针对这一研究空白,本书通过借鉴诸多规制领域的文献,补充了犯罪学领域对于这一问题的成果,而这一犯罪学研究成果主要侧重于研究国家内部而非不同国家间的企业犯罪问题。具体而言,规制理论更加倾向于基于具体行业(如制药业)总结经验,要么该行业的危害后果较为容易检测与衡量(如涉及健康和安全的犯罪,或者涉及环境废物的犯罪等),要么该行业已受到法定规制(如金融服务业)。与这些例子不同的是,企业跨国贿赂涉及所有进行国际营商的公司和企业的问题,因此不限于任何特定司法管辖区、部门或监管机构。相反,在英国和德国采用了多机构、部门控制企业贿赂的方法,但是这些“警务”部门所采用的是与具体行业相关且较为传统的规制技术和手段。

规制理论提及的关键问题仍然是本书各种分析方法的研究基础,需要涵盖一系列不同的制裁和战略,包括执法和自我规制机制,规制者与被规制者之间的“谈判关系”及其必要性,合规计划的完成,监管机构的反身性、应对和代理情况,以及非国家行动者和机构的参与等。尽管存在不同程度的国家干预,但所有这些原则在这项研究中都具有重要意义。然而,当前规制理论的难点在于跨国问题。企业跨国贿赂本质上是一种市场现象,在其他法律商业和商业交易中发生了受排斥的具体腐败行为。

考虑到这一点,本书已经提出了一个框架,通过外部执法和自我规制机制的混合手段,以了解规制协商的情况。爱德华兹和吉尔(2002)提出的这一框架为市场社会行为的规范奠定了基础,可以说是“西方”现代警务(Gill,2002)的主要背景。在这一背景下,规制被视为一种在合法和非法市场中,规制者和被规制者之间的协商性社会关系,分析的焦点从对个人的关注,转移到对群体的规制之上(see Gill,2000,2002;Edwards and Gill,2002;Edwards,2010)。通过对规制的广泛而包容的定义,可以理解在市场和社会中的行为如何受直接和间接参与规制谈判的不同国家和非国家监管主体的规制。合规结果和行为变化是通过这些规制者和被规制者(跨国企业)的互动和协商实现的。从这个意义上说,尽管这些社会主体在规制中发挥了关键作用,但仍然缺乏对正规的监管机构及其规制策略的关注,即应该专注分析市场,关注对企业人员管理的分析,而不是个别企业本身。这使我们可以分析执法机制(如刑事起诉和民事和解)、混合机制(如自我报告和自我清理)和(强制)自发或人为的自我规制机制等各种机制的结合情况(参见本书第五章、第六章和第七章),这些章节的内容有利于规范国际营商企业的跨国贿赂行为。

然而,有一种假设认为,这些机制为处理企业跨国贿赂提供了充分的手段。事实上,这个结论过于绝对。许多企业贿赂目前未被发现,因此,除直接当事人外,其他主体难以知悉这些贿赂行为。英国和德国的调查人员和检察官对企业跨国贿赂的广度和深度缺乏全面可信的估计,其往往只能了解到那些引起他们注意的案件。这些案件在英国和德国都有集中记录,代表了执法当局对贿赂行为的了解程度,也就是说,可以推定跨国企业贿赂的规模比目前所知悉的更大。当然,这种对贿赂案件的了解程度只反映了调查的深度,或其他当事人向执法人员举报的意愿的强烈程度。然而,关键的问题是,即使这些相对保守的估计也超过了英国和德国的执法能力。

根据《经合组织反贿赂公约》的要求,经合组织和透明国际等政府组织间和非政府组织收集了关于调查、起诉和制裁案件数量的数据。这些数据能帮助确定企业跨国贿赂的范围,但无益于估计辖区内的案件存量，只有通过执法时所获悉的案件数量和比例，辅以对执法水平的洞察，特别是在比较不同司法管辖内的情况时，才能较为准确地估计出这些数量和情况。这些数据常被用以确定执法活跃的国家及其活跃程度的排序，有人试图更好地衡量腐败的程度和范围，但人们仍然专注于感知研究。当然，这种研究受到各种方法论问题的制约。

难以确定这些执法、混合和自我规制机制在多大程度上实现了规制，因为缺乏其影响产生“前后”的有效数据。尽管可以实现一定程度的规制，但由于可靠数据缺失，显然难以确定“是什么发挥了影响”。英国和德国在执法应对上存在显著差异，例如，英国集中式的系统和德国分散式的系统，英国存在刑事责任而德国不存在，以及英国是正式地使用自由裁量权而德国是非正式地使用自由裁量权。原则论据是，尽管存在这些差异，英国和德国的负责当局在执法方面也面临着类似的困难，因为受到国家管辖范围的限制，并面临若干程序、证据、法律、财政和结构障碍。此外，还有趋同的起诉政策影响（例如，与实施犯罪行为的企业进行民事和解的协商）。这一新兴局面的特点是，本书分析的执法、混合和自我规制机制，确实提供了某种程度的规制。正如我们在调查、起诉和批准的大量案例中所见到的那样。然而，虽然这些机制正在相互协作进而作出应对，但在本书中讨论的问题表明，即使其执行法律的意愿很高，但可能仍存在不足，导致国家机构的“默认立场”。

企业跨国贿赂的存在是众所周知的，但其整体程度却不得而知。因此,有必要将分析焦点从“一个问题的严重程度”(相对于执法能力)转移到已知贿赂是如何组织的,以及这种感知和分析如何有助于减少、预防(参见本书第六章)和分析企业贿赂,而不是评估执法机制的成果,这有助于减少实施这种行为的机会。通过对企业跨国贿赂有关的现行规制和犯罪学理论的质疑,可以将企业跨国贿赂的研究和理论中不足的领域列入犯罪学议程,转变它目前处于白领和企业犯罪的框架边缘的现象。本书在发展企业跨国贿赂犯罪学的知识方面迈出了最初的一步,随着研究的深入这些理解可能会被进一步阐明。

# 参考文献


Abbott, K. and Snidal, D. (2006) *The Governance Triangle: Regulatory Standards Institutions and the Shadow of the State*. Working Paper, Global Governance Project, Oxford University.

Abbott, K. and Snidal, D. (2009) 'Strengthening International Regulation through Transnational New Governance: Overcoming the Orchestration Defcit', *Vanderbilt Journal of Transnational Law*, 42: 501 – 78.

Abbott, K. and Snidal, D. (2013) 'Taking Responsive Regulation Transnational: Strategies for International Organizations', *Regulation and Governance* 7(1): 95 – 113.

Almond, P. (2013) Corporate Manslaughter and Regulatory Reform. *Crime Prevention and Security Management*. Basingstoke, Palgrave Macmillan.

Annan, K. (2004) 'Foreword' to UN Convention against Corruption, available at: http://www.unodc.org/documents/treaties/UNCAC/Publications/Convention/08-50026_E.pdf < Accessed 10/11/2013 >.

Arrowsmith, S., Priess, H-P. and Friton, P. (2009) 'Self-cleaning as a Defence to Exclusions for Misconduct: An Emerging Concept in EC Public Procurement Law?' *Public Procurement Law Review*, 6: 257 – 82.

Ayres, I. and Braithwaite, J. (1992) *Responsive Regulation: Transcending the Deregulation Debate*. New York: Oxford University Press.

Baldwin, R., Scott, C. and Hood, C. (1998) (eds) *A Reader on Regulation*. Oxford: Oxford University Press.

Baldwin, R. and Cave, M. (1999) *Understanding Regulation. Theory, Strategy, and Practice*. Oxford: Oxford University Press.

Bardhan, P. (2006) 'The Economist's Approach to the Problem of Corruption', *World Development*, 34(2): 341 – 8.

Beare, M. E. and Naylor, R. T. (1999) *Major Issues Relating to Organized Crime: within the Context of Economic Relationships*. Prepared for Law Commission of Canada, available at: https://www.ncjrs.gov/nathanson/organized.html <Accessed 10/11/2013>.

Becker, H. S. (1973) *Outsiders: Studies in the Sociology of Deviance*. New York: The Free Press.

Benson, M. L. and Simpson S. S. (2009) *White-collar Crime: An Opportunity Perspective*. Abingdon, Oxfordshire: Routledge.

Benson, M. L., Madensen, T. D. and Eck, J. E. (2009) 'White-collar Crime from an Opportunity Perspective', in S. S. Simpson and D. Weisburd (eds), *The Criminology of White-Collar*

Crime. New York: Springer.

Bernstein, S. and Cashore, B. (2007) 'Can Non-state Global Governance be Legitimate? An Analytical Framework', *Regulation and Governance*, 1: 347 – 71.

Black, J. and Baldwin, R. (2010) 'Really Responsive Risk-based Regulation', *Law and Policy*, 32(2): 181 – 213.

Bottoms, A. and Tankebe, J. (2012) 'Beyond Procedural Justice: A Dialogic Approach to Legitimacy in Criminal Justice', *The Journal of Criminal Law and Criminology*, 102(1): 119 – 170.

Braithwaite, J. (2000) *Regulation, Crime, Freedom*. Aldershot: Dartmouth Publishing Company Limited.

Braithwaite, J. (2008) *Regulatory Capitalism: How It Works, Ideas for Making It Work Better*. Cheltenham: Edward Elgar.

Braithwaite, J. and Drahos, P. (2000) *Global Business Regulation*. Cambridge: Cambridge University Press.

Braithwaite, V. (2010) 'Criminal Prosecution within Responsive Regulatory Practice', *Criminology and Public Policy*, 9(3): 515 – 23.

Cadot, O. (1987) 'Corruption as a Gamble', *Journal of Public Economics*, 33: 233 – 44.

Chayes, A., Chayes, A. H. and Mitchell, R. B. (1998) 'Managing Compliance: A Comparative Perspective', in E. Brown Weiss and H. K. Jacobson (eds), *Engaging Countries: Strengthening Compliance with International Environmental Accords*. Cambridge,

MA: MIT Press.

Choi, J. P. and Thum, M. (2005) 'Corruption and the Shadow Economy', *International Economic Review*, 46(3): 817-36.

Christie, N. (2000) *Crime Control as Industry: Towards Gulags, Western Style*. 3rd ed., London: Routledge.

Clarke, M. (1990) *Business Crime. Its Nature and Control*. Oxford: Polity Press. Council of Europe (1999a) *Criminal Law Convention on Corruption*. Council of Europe, available at: http://conventions.coe.int/Treaty/en/Treaties/Html/173.htm <Accessed 10/11/2013>.

Council of Europe (1999b) *Civil Law Convention on Corruption*. Council of Europe, available at: http://conventions.coe.int/treaty/en/Treaties/Html/174.htm <Accessed 10/11/2013>.

Cragg, A. W. (1998) 'Business, Globalization, and the Logic and Ethics of Corruption', *International Journal*, 53: 643-60.

Croall, H. (2001) *Understanding White-collar Crime*. Buckingham: Open University Press.

Çule, M. and Fulton, M. (2005) 'Some Implications of the Unofficial Economy Bureaucratic Corruption Relationship in Transition Countries', *Economic Letters*, 89: 207-11.

Davies, P., Francis, P. and Jupp, V. (1999) 'The Features of Invisible Crimes', in P. Davies, P. Francis and V. Jupp (eds), *Invisible Crimes: Their Victims and their Regulation*. Basingstoke:

Palgrave Macmillan.

Defem, M. (1995) 'Corruption, Law, and Justice: A Conceptual Clarification', *Journal of Criminal Justice*, 23(3): 243 – 58.

Delaney, P. X. (2007) 'Transnational Corruption: Regulation Across Borders', *Virginia Journal of International Law*, 47(2): 413 – 61.

Dixon, D. (1997) *Law in Policing: Legal Regulation and Police Practices*. Oxford: Clarendon Press.

Djelic, M-L. and Sahlin-Andersson, K. (2006) *Transnational Governance: Institutional Dynamics of Regulation*. Cambridge: Cambridge University Press.

Doig, A. (1984) *Corruption and Misconduct in Contemporary British Politics*. Harmondsworth: Penguin Books.

Doig, A. (2003) 'Political Corruption in the United Kingdom', in M. J. Bull and J. L. Newell (eds), *Corruption in Contemporary Politics*. Basingstoke: Palgrave Macmillan.

Doig, A. (2006) *Fraud*. Cullompton, UK: Willan Publishing.

Doig, A. and Theobald, R. (eds) (1999) *Corruption and Democratisation*. London: Frank Cass.

Dorn, N. (2010) 'The Governance of Securities: Ponzi Finance, Regulatory Convergence, Credit Crunch', *British Journal of Criminology*, 50: 23 – 45.

Edwards, A. (2010) 'Evaluation of the Cardiff Night-Time Economy Co-ordinator (NTEC) Post'. Working Paper 133, School of Social Sciences (SOCSI), Cardiff University, available at: http://www.cardiff.ac.uk/socsi/resources/wp133.pdf < Accessed 10/11/2013 >.

Edwards, A. and Gill, P. (2002) 'Crime as Enterprise? The Case of "transnational organised crime"', *Crime, Law and Social Change*, 37: 203 - 23.

Edwards, A. and Hughes, G. (2005) 'Comparing the Governance of Safety in Europe: A Geo-historical Approach', *Theoretical Criminology*, 9(3): 345 - 63.

Edwards, A. and Levi, M. (2008) 'Researching the Organisation of Serious Crimes', *Criminology and Criminal Justice*, 8(4): 363 - 88.

Ekblom, P. (1999) 'Can We Make Crime Prevention Adaptive by Learning from Other Evolutionary Struggles?' *Studies on Crime and Crime Prevention*, 8(1): 27 - 51.

Elliot, L. (2009) 'Combating Transnational Environmental Crime: "joined up" Thinking about Transnational Networks', in K. Kangaspunta and I. H. Marshall (eds), *Eco-Crime and Justice: Essays on Environmental Crime*. Turin, Italy: Public Information Department UNICRI.

Foster, J. E., Horowitz, A. W. and Méndez, F. (2009) 'An Axiomatic Approach to the Measurement of Corruption: Theory and Applications'. OPHI Working Paper No. 29, available at: http://

www. ophi. org. uk/wp-content/uploads/OPHIwp29. pdf < Accessed 10/11/2013 >.

Foucault, M. (1991) ‘Governmentality’, in G. Burchell, C. Gordon and P. Miller (eds), *The Foucault Effect: Studies in Governmentality*. Hemel Hempstead: Harvester Wheatsheaf, 87 – 104.

Fraud Trials Committee Report (1986) (Roskill Report) London: HM Stationery Office.

Freckmann, A. and Wegerich, T. (1999) *The German Legal System*. London: Sweet and Maxwell.

Garland, D. (1996) ‘The Limits of the Sovereign State: Strategies of Crime Control in Contemporary Society’, *British Journal of Criminology*, 36(4): 445 – 71.

Garland, D. (2001) *The Culture of Control: Crime and Social Order in Contemporary Society*. Oxford: Oxford University Press.

George, B. C., Lacey, K. A. and Birmele, J. (2000) ‘The 1998 OECD Convention: An Impetus for Worldwide Changes in Attitudes Toward Corruption in Business Transactions’, *American Business Law Review*, 37(3): 485 – 525.

Gerring, J. and Thacker, S. C. (2004) ‘Political Institutions and Corruption: The Role of Unitarianism and Parliamentarism’, *British Journal of Political Science*, 34: 295 – 330.

Gibbs, C., McGarrell, E. F. and Axelrod, M. (2010) ‘Transnational Whitecollar Crime and Risk: Lessons from the Global

Trade in Electronic Waste', *Criminology and Public Policy*, 9(3): 543-60.

Gill, P. (2000) *Rounding Up the Usual suspects? Developments in Contemporary Law Enforcement Intelligence*. Aldershot: Ashgate Publishing Ltd.

Gill, P. (2002) 'Policing and Regulation: What is the difference?' *Social and Legal Studies*, 11: 523.

Gobert, J. (2011) 'Squaring the Circle. The Relationship between Individual and Organizational Fault', in J. Gobert and A-M. Pascal (eds), *European Developments in Corporate Criminal Liability*. London: Routledge.

Gobert, J. and Punch, M. (2003) *Rethinking Corporate Crime*. London: Butterworths.

Goodin, R. E. (2010) 'Perverting the Course of Politics', *British Journal of Political Science*, 40(4): 725-39.

Goldstein, J. (1960) 'Police Discretion not to Invoke the Criminal Process: Low Visibility Decisions in the Administration of Justice', *Yale Law Journal*, 69: 543-94.

Grabosky, P. (2013) 'Beyond Responsive Regulation: The Expanding Role of Non-state Actors in the Regulatory Process', *Regulation and Governance*, 7: 114-23.

Grabosky, P. and Braithwaite, J. (1986) *of Manners Gentle: Enforcement Strategies of Australian Business Regulatory Agencies*.

Melbourne: Oxford University Press.

GRECO (2001) *First Evaluation Round. Evaluation Report on the United Kingdom*. Council of Europe, available at: http://www.coe. int/t/dghl/monitoring/greco/evaluations/round1/GrecoEval1%282001%298_UnitedKingdom_EN. pdf < Accessed 10/11/2013 >.

GRECO (2009) *Third Evaluation Round. Evaluation Report on Germany on Incriminations* (*ETS* 173 *and* 191, *GPC* 2). Council of Europe, available at: http://www. coe. int/t/dghl/monitoring/greco/evaluations/round3/GrecoEval3% 282009% 293 _ Germany _ One_EN. pdf < Accessed 10/11/2013 >.

Gunningham, N. and Grabosky, P. (1998) *Smart Regulation: Designing Environmental Policy*. Oxford: Clarendon Press.

Haines, F. (2011) 'Addressing the Risk, Reading the Landscape: The Role of Agency in Regulation', *Regulation and Governance*, 5(1): 118 – 44.

Haufer, V. (2006) 'Global Governance and the Private Sector', in C. May (ed.), *Global Corporate Power*. Boulder, CO: Lynne Rienner.

Hawkins, K. (1998) *Law as Last Resort: Prosecution Decision-making in a Regulatory Agency*. Oxford: Oxford University Press.

Hefendehl, R. (2001) 'Corporate Criminal Liability: Model Penal Code Section 2. 07 and the Development in Western Legal

*Systems'*, *Buffalo Criminal Law Review*, 4(1): 283 – 300.

Home Office (2012) Crime Against Businesses: Headline Findings from the 2012 Commercial Victimisation Survey, Home Office, available at: https://www.gov.uk/government/uploads/system/uploads/attachment_data/file/147935/crime-business-prem-2012-pdf.pdf < Accessed 10/11/2013 >.

Judiciary of England and Wales (2010) R -v-Innospec Limited. Crown Court at Southwark Sentencing Remarks, available at: http://www.judiciary.gov.uk/Resources/JCO/Documents/Judgments/sentencing-remarks-thomas-lj innospec.pdf < Accessed 10/11/2013 >.

Juy-Birmann, (2002) 'The German System', in M. Delmas-Marty and J. R. Spencer (eds), *European Criminal Procedures*. Cambridge: Cambridge University Press.

Kagan, R. A. (1984) 'On Regulatory Inspectorates and Police', in K. Hawkins and J. M. Thomas (eds), *Enforcing Regulation*. Boston: Kluwer-Nijhoff.

Karstedt, S. (2007) 'Creating Institutions: Linking the "local" and the "global" in the Travel of Crime Policies', *Police Practice and Research*, 8(2): 145 – 58.

Karstedt, S. and Farrall, S. (2006) 'The Moral Economy of Everyday Crime. Markets, Consumers and Citizens', *British Journal of Criminology*, 46: 1011 – 36.

Kaufmann, D., Kraay, A. and Mastruzzi, M. (2007) 'Measuring Corruption: Myths and Realities', in Transparency International (TI) *Global Corruption Report* 2007, available at: http://archive.transparency.org/publications/gcr/gcr_2007 < Accessed 10/11/2013 >.

Khanna, V. S. (2004) 'Corporate Crime Legislation: A Political Economy Analysis', *Washington University Law Quarterly*, 82: 95 – 141.

Kooiman, J. (1993) 'Findings, Speculations and Recommendations', in J. Kooiman (ed.), *Modern Governance: New Government-Society Interactions*. London: Sage.

KPMG (2010) *Blessing in Disguise: How the UK Bribery Act Creates Opportunities for Better Corporate Culture and Control*, KPMG, available at: http://www.kpmg.com/UK/en/IssuesAndInsights/ArticlesPublications/Documents/PDF/Advisory/251554%20BID_Accessible1_new%20brand.pdf < Accessed 10/11/2013 >.

Krygier, M. (1999) 'Ethical Positivism and the Liberalism of Fear', *Australian Journal of Legal Philosophy*, 24: 65 – 94.

Lambsdorff, J. Graf (2007) *The New Institutional Economics of Corruption and Reform: Theory, Evidence and Policy*. Cambridge: Cambridge University Press.

Lange, B. (1999) 'Compliance Construction in the Context of

Environmental Regulation', *Social and Legal Studies*, 8(4): 549–67.

Leighton, P. (2010) 'Fairness Matters-More than Deterrence: Class Bias and the Limits of Deterrence', *Criminology and Public Policy*, 9(3): 525–33.

Levi, M. (1986) 'Fraud in the Courts: Roskill in Context', *British Journal of Criminology*, 26(4): 394–401.

Levi, M. (1987) *Regulating Fraud*. London: Tavistock.

Levi, M. (2007) 'Organized Crime and Terrorism', in M. Maguire, R. Morgan and R. Reiner (eds), *The Oxford Handbook of Criminology*. Oxford: Oxford University Press.

Levi, M. (2010) 'Serious Tax Fraud and Noncompliance: A Review of Evidence on the Differential Impact of Criminal and Noncriminal Proceedings', *Criminology and Public Policy*, 9(3): 493–513.

Levi, M. (2011) 'Assessing the Costs of Frauds', in D. Gadd, S. Karstedt and S. Messner (eds), *The SAGE Handbook of Criminological Research Methods*. London: Sage.

Levi, M. (2013) 'Legitimacy, Crimes and Compliance in "the city": *De Maximis non Curat Lex*?' in J. Tankebe and Liebling, A. (eds), *Legitimacy and Criminal Justice: An International Exploration*. Oxford: Oxford University Press.

Levi, M. and Lord, N. (2011) 'Links between Corruption and

Organised Crime and Research Gaps', in D. Thelesklaf and P. Gomes Pereira (eds), *Non-State Actors in Asset Recovery*. Bern: Peter Lang.

Levi, M. and Maguire, M. (2004) 'Reducing and Preventing Organised Crime: An Evidence-based Critique', *Crime, Law and Social Change*, 41(5): 397 - 469.

Mascini, P. (2013) 'Why was the Enforcement Pyramid so Infuential? And what Prices was Paid?' *Regulation and Governance*, 7: 48 - 60.

Mauro, P. (1997) 'Why Worry About Corruption?', *Economic Issues* 6. International Monetary Fund.

Mayntz, R. (1993) 'Governing Failures and the Problem of Governability', in J. Kooiman (ed.), *Modern Governance: New Government-Society Interactions*. London: Sage.

Michalowski, R. and Bitten, K. (2005) 'Transnational Environmental Crime', in P. Reichel (ed.), *Handbook of Transnational Crime and Justice*. Thousand Oaks, CA: Sage.

Ministry of Justice (2010) *The Bribery Act* 2010. *Guidance about Procedures which Relevant Commercial Organisations can put into Place to Prevent Persons Associated with them from Bribing* (*section* 9 *of the Bribery Act* 2010). Ministry of Justice, available at: http://www.justice.gov.uk/downloads/legislation/bribery-act-2010-guidance.pdf <Accessed 10/1/2013>.

Montinola, G. R. and Jackman, R. W. (2002) 'Sources of Corruption: A CrossCountry Study', *British Journal of Political Science*, 32: 147 – 70.

Moran, M. (2001) 'The Rise of the Regulatory State in Britain', *Parliamentary Affairs*, 54: 19 – 34.

Nelken, D. (2012) 'Comparing Criminal Justice', in M. Maguire, R. Morgan and R. Reiner (eds), *The Oxford Handbook of Criminology*. 5th ed. Oxford: Oxford University Press.

Nichols, P. M. (2000) 'The Myth of Anti-bribery Laws as Transnational Intrusion', *Cornell International Law Journal*, 33: 627 – 56.

Nye, J. S. (1967) 'Corruption and Political Development: A Cost-Benefit Analysis', *American Political Science Review*, 61 (2): 417 – 27.

OECD (2007a) *United Kingdom Phase 2. Follow-up Report in the Implementation of the Phase 2 Recommendations*. OECD Publishing, available at: http://www.oecd.org/investment/anti-bribery/anti-briberyconvention/38962457.pdf <Accessed 10/11/2013>.

OECD (2008a) *Corruption: A Glossary of International Criminal Standards*, available at: http://www.oecd.org/daf/anti-bribery/41194428.pdf <Accessed 10/11/2013>.

OECD (2008) *United Kingdom: Phase 2bis Report on the*

*Application of the Convention on Combating Bribery of Foreign Public Officials in International Business Transactions and the* 1997 *Recommendation on Combating Bribery in International Business Transactions*. OECD Publishing, available at: http://www.oecd.org/investment/anti-bribery/anti-briberyconvention/41515077.pdf <Accessed 10/11/2013>.

OECD (2009) *Recommendation of the Council for Further Combating Bribery of Foreign Public Officials in International Business Transactions*. OECD Publishing, available at: http://www.oecd.org/investment/anti-bribery/antibriberyconvention/44176910.pdf <Accessed 10/11/2013>.

OECD (2011a) *Convention on Combating Bribery of Foreign Public Officials in International Business Transactions and Related Documents*. OECD Publishing, available at: http://www.oecd.org/daf/anti-bribery/ConvCombatBribery_ENG.pdf <Accessed 10/11/2013>.

OECD (2011b) *Phase* 3 *Report on Implementing the OECD Anti-Bribery Convention in Germany*. OECD Publishing, available at: http://www.oecd.org/germany/Germanyphase3reportEN.pdf <Accessed 10/11/2013>.

Ogus, A. I. (1994) *Regulation: Legal Form and Economic Theory*. Oxford: Clarendon Press.

O'Malley, P. (1992) 'Risk, Power and Crime Prevention',

*Economy and Society*, 21: 252 – 75.

O'Malley, P. and Palmer, D. (1996) 'Post-Keynsian Policing', *Economy and Society*, 25(2): 137 – 55.

Parker, C. (2002) *The Open Corporation: Self-regulation and Corporate Citizenship*. Melbourne: Cambridge University Press.

Parker, C. (2013) 'Twenty Years of Responsive Regulation: An Appreciation and Appraisal', *Regulation and Governance*, 7: 2 – 13.

Passas, N. (1999) 'Globalization, Criminogenic Asymmetries and Economic Crime', *European Journal of Law Reform*, 1(4): 399 – 423.

Passas, N. (2002) 'Cross-border Crime and the Interface between Illegal and Illegal Actors', in P. C. van Duyne, K. von Lampe and N. Passas (eds), *Upperworld and Underworld in Cross-border Crime*. Mijmegen, the Netherlands: Wolf Legal.

PBS Frontline Documentary (2009) *Black Money*, available online at: http://www.pbs.org/wgbh/pages/frontline/blackmoney/view/ <Accessed 10/11/2013>.

Pearce, F. and Tombs, S (1998) *Toxic Capitalism: Corporate Crime and the Chemical Industry*. Aldershot: Ashgate.

Price Waterhouse Coopers (2010) *Will You Act Now or Pay Later?* PwC, available at: http://www.pwc.co.uk/en_UK/uk/assets/pdf/act-now-pay-later-workshop.pdf <Accessed on 10/11/

2013 >.

PricewaterhouseCoopers (Germany) (2010) *Compliance und Unternehmenskultur*, PwC, available at: http://www.pwc.de/de/risiko-management/assets/studie_Compliance-und-Unternehmenskultur.pdf < Accessed 10/11/2013 >.

Punch, M. (2011) 'The Organizational Component in Corporate Crime', in J. Gobert and A-M. Pascal (eds), *European Developments in Corporate Criminal Liability*. London: Routledge.

Reiner, R. (2010) *The Politics of the Police*. 4th ed. Oxford: Oxford University Press.

Reinikka, R. and Svensson, J. (2006) 'Using Micro-surveys to Measure and Explain Corruption', *World Development*, 34(2): 359-70.

Reiss, A. (1984) 'Consequences of Compliance and Deterrence Models of Law Enforcement for the Exercise of Police Discretion', *Law and Contemporary Problems*, 47(4): 83-122.

Ricketts, M. (2006) 'Economic Regulation: Principles, History and Methods', in M. Crew and D. Parker (eds), *International Handbook on Economic Regulation*. Edward Elgar: Cheltenham.

Rogall, K. (2011) 'Country Report: Germany', in J. Gobert and A-M. Pascal (eds), *European Developments in Corporate Criminal Liability*. London: Routledge.

Rose-Ackerman, S. (1997) 'The Political Economy of Corruption', in K. A. Elliot (ed.), *Corruption and the Global Economy*. Washington, DC: Institute for International Economics.

Rose-Ackerman, S. (1999) *Corruption and Government. Causes, Consequences and Reform*. Cambridge: Cambridge University Press.

Rothe, D. L. (2010) 'Global E-waste Trade: The Need for Formal Regulation and Accountability beyond the Organization', *Criminology and Public Policy*, 9(3): 561–7.

Scott, C. (2001) 'Analysing Regulatory Space: Fragmented Resources and Institutional Design', *Public Law*, Summer: 329–53.

Seligson, M. A. (2006) 'The Measurement and Impact of Corruption Victimization: Survey Evidence from Latin America', *World Development*, 34(2): 381–404.

Shihata, I. F. I. (1997) 'Corruption-A General Review with an Emphasis on the Role of the World Bank', *Dickinson Journal of International Law*, 15(3): 451–85.

Shover, N. and Hochstetler, A. (2006) *Choosing White-collar Crime*. Cambridge: Cambridge University Press.

Silbey, S. S., Huising, R. and Coslovsky, S. (2009) 'The Sociological Citizen: Recognizing Relational Interdependence in Law and Organizations', *L'Année Sociologique*, 59: 201–29.

Silbey, S. S. (2011) 'The Sociological Citizen: Pragmatic and

Relational Regulation in Law and Organizations', *Regulation and Governance*, 5(1): 1 – 13.

Slapper, G. and Tombs, S. (1999) *Corporate Crime*. London: Longman.

Smarzynska, B. K. and Wei, S-J. (2000) 'Corruption and the Composition of Foreign Direct Investment: Firm-Level Evidence', *Policy Research Working Paper* 2360, The World Bank.

Snider, L. and Bittle, S. (2011) 'The Challenges of Regulating Powerful Economic Actors', in J. Gobert and A-M. Pascal (eds), *European Developments in Corporate Criminal Liability*. London: Routledge.

Sparrow, M. K. (2008) *The Character of Harms. Operational Challenges in Control*. Cambridge: Cambridge University Press.

Spencer, J. R. (2002) 'The English system', in M. Delmas-Marty and J. R. Spencer (eds), *European Criminal Procedures*. Cambridge: Cambridge University Press.

Straw, J. (2009) 'Foreword' to Ministry of Justice's *Bribery: Draft Legislation*, available at: http://www.justice.gov.uk/downloads/legislation/bribery-act-2010-guidance.pdf < Accessed 10/1/2013 >.

Sutherland, E. (1983) *White-collar Crime: The Uncut Version*. New Haven, CT: Yale University Press.

Tankebe, J. and Liebling, A. (2013) 'Legitimacy and Criminal

Justice: An Introduction' in J. Tankebe and A. Liebling (eds), *Legitimacy and Criminal Justice: An International Exploration*. Oxford: OUP.

Tanzi, V. and Davoodi, H. (1998) 'Roads to Nowhere: How Corruption in Public Investment Hurst Growth', *Economic Issues* 12, International Monetary Fund.

Teubner, G. (1998) 'Juridification: Concepts, Aspects, Limits, Solutions', in R. Baldwin, C. Scott and C. Hood (eds), *A Reader on Regulation*. Oxford: Oxford University Press.

Tombs, S. (2011) 'State Complicity in the Production of Corporate Crime', in J. Gobert and A-M. Pascal (eds), *European Developments in Corporate Criminal Liability*. London: Routledge.

Tombs, S. and Whyte, D. (2007) *Safety Crimes*. Cullompton: Willan Publishing.

Tombs, S. and Whyte, D. (2013) 'Transcending the Deregulation Debate? Regulation, Risk, and the Enforcement of Health and Safety Law in the UK', *Regulation and Governance*, 7: 61–79.

Transparency International (2009a) *Progress Report* 2009: *Enforcement of the OECD Convention on Combating Bribery of Foreign Public Officials in International Business Transactions*. Transparency International, available at: http://archive.transparency.org/publications/publications/conventions/oecd_report_2009 <Accessed 10/11/2013>.

Transparency International (2009b) 'The Anti-corruption Plain Language Guide', available at: http://www. transparency. am/misc_docs/TI_Plain_Language_Guide_280709. pdf < Accessed 10/11/2013 >.

Transparency International (2011a) *Bribe Payers Index* 2011. Transparency International, available at: http://bpi. transparency. org/bpi2011/results/ < Accessed 10/11/2013 >.

Transparency International (2011b) *Cabs For Hire? Fixing the Revolving Door between Government and Business*. Transparency International, available at: http://www. transparency. org. uk/our-work/publications/10-publications/132-cabs-for-hire-fxing-the-revolving-door-between-government-and-business < Accessed 10/11/2013 >.

Transparency International (2012) *Enforcing Corruption? Country Enforcement of the OECD Anti-Bribery Convention Progress Report* 2012. Transparency Internal, available at: http://www. transparency. org/whatwedo/pub/exporting_corruption_country_enforcement_of_the_oecd_anti_bribery_conventio < Accessed 10/11/2013 >.

Transparency International (2013) *Exporting Corruption: Progress Report* 2013: *Assessing Enforcement of the OECD Convention on Combating Foreign Bribery*. Transparency International, available at: http://www. transparency. org/whatwedo/pub/exporting_corruption_progress_report_2013_assessing_enforcement_of_the_oecd < Accessed

10/11/2013 >.

United Nations (2003) *United Nations Convention against Corruption*, UN, available at: http://www.unodc.org/pdf/crime/convention_corruption/signing/ Convention-e.pdf < Accessed 10/11/2013 >.

United Nations (2009) *Technical Guide to the United Nations Convention against Corruption*, UN, available at: http://www.unodc.org/documents/corruption/Technical_Guide_UNCAC.pdf < Accessed 10/11/2013 >.

Vogel, D. (2010) 'The Private Regulation of Global Corporate Conduct. Achievements and Limitations', *Business and Society*, 49(1): 68 – 87.

Wells, C. (2011) 'Containing Corporate Crime. Civil or Criminal Controls?' in J. Gobert and A-M. Pascal (eds), *European Developments in Corporate Criminal Liability*. London: Routledge.

Whyte, D. (2007) 'The Crimes of Neo-Liberal Rule in Occupied Iraq', *British Journal of Criminology*, 47(2): 177 – 95.

Williams, S. (2006) 'The Mandatory Exclusions for Corruption in the New EC Procurement Directives', *European Law Review*, 31(5): 711 – 34.

Windsor, D. and Getz, K. A. (2000) 'Multilateral Cooperation to Combat Corruption: Normative Regimes Despite Mixed Motives and Diverse Values', *Cornell International Law Journal*, 33: 731 – 72.

Wolf, S. (2006) 'Modernization of the German Anti-corruption Criminal Law by International Legal Provisions', *German Law Journal*, 7(9): 785-92.

Zimring, F. E. and Johnson, D. T. (2005) 'On the Comparative Study of Corruption', *British Journal of Criminology*, 45(6): 793-809.

# 索　　引

Page numbers in *italics* indicate tables

**图书在版编目(CIP)数据**

国际商业活动中的企业合规：英国和德国的反贿赂实践／（英）尼古拉斯·洛德著；王秀梅等译. -- 北京：法律出版社，2024

书名原文：Regulating corporate bribery in international business：anti-corruption in the UK and germany

ISBN 978－7－5197－8082－1

Ⅰ.①国… Ⅱ.①尼… ②王… Ⅲ.①反贪污贿赂－研究－英国②反贪污贿赂－研究－德国 Ⅳ.①D956.14 ②D951.64

中国国家版本馆 CIP 数据核字（2023）第 126835 号

**国际商业活动中的企业合规：英国和德国的反贿赂实践**
**GUOJI SHANGYE HUODONG ZHONG DE QIYE HEGUI：YINGGUO HE DEGUO DE FANIIUILU SHIJIAN**

［英］尼古拉斯·洛德 著
王秀梅 侯撼岳 苏津冬 崔鑫铭 译

责任编辑 孙东育 刘梦瑀
装帧设计 鲍龙卉

**出版发行** 法律出版社
**编辑统筹** 学术·对外出版分社
**责任校对** 王 丰 郭艳萍
**责任印制** 胡晓雅
**经　　销** 新华书店

**开本** A5
**印张** 10.25　**字数** 200 千
**版本** 2024 年 3 月第 1 版
**印次** 2024 年 3 月第 1 次印刷
**印刷** 天津嘉恒印务有限公司

地址：北京市丰台区莲花池西里 7 号（100073）
网址：www.lawpress.com.cn
投稿邮箱：info@lawpress.com.cn
举报盗版邮箱：jbwq@lawpress.com.cn

销售电话：010－83938349
客服电话：010－83938350
咨询电话：010－63939796



**书号**：ISBN 978－7－5197－8082－1
**定价**：48.00 元